I0540899

Tajemnica Nilsa

Copyright © 2015 Werner Skalla. All rights reserved.

Published by Skapago KG, Furth im Wald, Germany.
1st edition published in October 2015

No part of this publication may be reproduced, stored in a retrieval system, or transmitted in any form or by any means, electronic, mechanical, photocopying, recording, scanning, or otherwise, except as permitted by law, without the prior written permission of the Publisher. Requests to the Publisher for permission can be addressed to nils@skapago.eu.

Picture credits:
All photos © Daniela Skalla except:
Chapter 11 – map of Europe: © kebox – Fotolia.com
Chapters 17, 19, 21 – background images for exercises: © Elmastudio – https://www.flickr.com/photos/elmastudio
Chapter 18 – breads: © Daniel Mock – Fotolia.com
Chapter 18 – sliced bread: © womue – Fotolia.com
Chapter 19 – telephone: © 2fake – Fotolia.com
Chapter 22 – silhouettes of people: © kritchanut – Fotolia.com
Chapter 24 – couple on Trolltunga in Norway: © Alex Koch – Fotolia.com
Chapter 25 – competition on ski: © Ruslan Kudrin – Fotolia.com
Chapter 25 – 50 kr bill: © Sandnes – Fotolia.com
Chapter 25 – Norwegian money (background image for exercises): © S-Christina – Fotolia.com
Chapter 26 – roasted lamb chops: © Gresei – Fotolia.com
Cover designed by Mónica Gabriel after winning a contest on 99designs
Cover image: To Come, published by Geir Tønnessen at https://secure.flickr.com/photos/nuddaladden/10883470573/ under a Creative Commons BY 2.0 licence (https://creativecommons.org/licenses/by/2.0/)

ISBN: 978-3-945174-05-0

Tajemnica Nilsa

Część 1 – Kurs norweskiego dla początkujących
Ucz się norweskiego, poznając historię Nilsa

Napisał
Werner Skalla

Historia oparta na pomyśle
Sonji Anderle

W projekcie brali udział nauczyciele i uczniowie szkoły Skapago

Jan Blomli
Sébastien Le Martelot
Clemens Pötsch
Alexandr Svezhenets
Dominik Timmermann

Borgar Emanuelsen Bohlin
Anna Myrer
Tyra Meininger Saudland
Daniela Syczek

Martin Löhndorf
Audun Heggdal Pedersen
Joachim Schönberger
Marit Ruud Talseth

Zdjęcia i ilustracje
Daniela Skalla

Korekta tekstu norweskiego

Richard Fjellaksel
Anders Kristiansen

Runar Werningsen Jenssen
Yngve Nordgård

Na polski przetłumaczyła
Maria Klewicz

Korekta tekstu polskiego
Wojciech Onyśków

książka wydana przez
Skapago – internetowa szkoła językowa
www.skapago.eu

Spis treści

Rozdział	Strona	Gramatyka	Słownictwo
Zaczynamy	8		
1	13	czasowniki i zaimki, szyk zdania	«jeg forstår ikke»
2	17	rodzaje, liczby 1-10	cześć i do widzenia, śniadanie
3	23	dwa czasowniki w jednym zdaniu, pytania, den/det	dziękowanie
4	29	szyk zdania, rodzajnik określony, nieokreślone *det*, wyrazy pytające	meble, jak się przedstawić i rozpocząć rozmowę
5	41	liczby, zaimki osobowe – dopełnienia, własność	å like/å være glad i, rodzina
6	47	czasowniki zwrotne, własność (część 2), dwa czasowniki w jednym zdaniu, preteritum (czas przeszły)	czas, dni tygodnia
7	55	od jednego do wielu, noe/noen, wydawanie poleceń	w kuchni, rozkład dnia
8	61	przymiotniki, rodzajnik określony (liczba mnoga), szyk zdania	gdzie jest... ?
9	67	å kjenne/å vite, man, przymiotniki nieregularne	opowiadanie o sobie, pracowity dzień, kolory
10	73	liten, mange/mye, verken/eller, posiadanie rzeczy (i osób)	ciało, u lekarza
11	85	hvilken, przymiotniki (forma określona), przyszłość, slags	jedzenie, co gdzie kupić, kraje
12	97	denne/dette/disse, iść a być, czas przeszły	wskazywanie drogi
13	105	czas, perfektum (czas teraźniejszy dokonany)	zwroty grzecznościowe, posiłek w restauracji
14	113	stopień wyższy, enn/som	obowiązki domowe
15	119	synes/tro, przysłówki, kommer til å ...	media
16	125	annen, *noen* z rzeczownikami, podawanie daty (liczebniki porządkowe)	pogoda, pory roku, miesiące i ważne wydarzenia
17	133	som	hva vet du om Norge?
18	139	zdania podrzędne, kanskje, noe(n)	ubrania
19	145	zdania główne i podrzędne, pozbywamy się *som*, hos/med/ved	numery telefonu i literowanie
20	151	langt/lenge, brak rodzajnika, pozbywamy się *at*	hobby i czas wolny, codzienne zwroty (część 2)
21	159		bank, post, politi
22	167	czasowniki kończące się na -s	hvem sier hva om seg selv?
23	173	burde, sin	transport
24	181		miłość i uczucia
25	185		økonomi
26	191	så	styl życia i dieta
Lista słówek	197		
Klucz do ćwiczeń	211		
Czasowniki nieregularne	223		
Gramatyka w pigułce	224		
Wymowa	226		
Indeks słownictwa	227		
Indeks zagadnień gramatycznych	228		

Gratulacje!

Zdecydowałeś się uczyć norweskiego:

wspaniały pomysł!

Materiały pomocnicze

Teksty z podręcznika w formie nagrań, filmiki objaśniające wymowę, dodatkowe ćwiczenia, program do nauki słownictwa, testy i wiele innych materiałów – w większości darmowych, znajdziesz na www.skapago.eu/nils.

Pomoc nauczyciela

Nie łatwo jest uczyć się języka na własną rękę. Moim zdaniem warto jest postarać się o pomoc nauczyciela. Pomyślisz może, że mówię tak, bo chcę ci sprzedać nasze kursy – Skapago to przecież internetowa szkoła językowa. Przyznam jednak szczerze, że inne szkoły również mają świetnych nauczycieli, tak więc śmiało możesz skontaktować się z naszą konkurencją.

Nasi nauczyciele będą się z tobą komunikować przy pomocy Skype'a i wideokonferencji, tak byś mógł brać udział w indywidualnych zajęciach na żywo, bez względu na to, gdzie się znajdujesz. Są oni współautorami tej książki, a darmową lekcję próbną możesz zamówić tutaj: www.skapago.eu.

Błędy

Nie zdajesz sobie sprawy, ile razy przejrzeliśmy tę książkę, zanim zdecydowaliśmy się ją wydać. Mimo to nie jesteśmy w stanie zagwarantować, że nie zawiera ona błędów. Jeśli jakiś zauważysz, prześlij wiadomość na: nils@skapago.eu. Nils osobiście ci podziękuje!

Najlepszy na świecie podręcznik do nauki norweskiego?

Gdy rozpoczynaliśmy pracę nad tą książką, naszą ambicją było stworzenie najlepszego na świecie podręcznika do nauki norweskiego. Bądźmy jednak realistami. Daj nam znać, co o niej myślisz! Są w niej ćwiczenia, które ci się nie podobają? Wyjaśnienia, których nie rozumiesz? Teksty, które cię nudzą? Obrazki, które uważasz za brzydkie? Jeśli masz jakieś uwagi lub propozycje poprawek, albo jeśli chcesz się po prostu odezwać do Nilsa – śmiało wyślij wiadomość na adres: nils@skapago.eu.

Zaczynamy!

Zaprezentuję ci teraz pierwszy tekst po norwesku. Jest pewnie znacznie trudniejszy niż się spodziewasz, ale nie chodzi o to, żebyś uczył się z niego słówek. Chcę ci jedynie pokazać, jak wygląda i brzmi język norweski. Posłuchaj tekstu kilka razy (nagrania znajdziesz na stronie www.skapago.eu/nils) i czytaj wraz z lektorem. Następnie postaraj się zgadnąć, o czym opowiada, nie patrząc na polskie tłumaczenie. Potem przeczytaj tekst po polsku. Jest to wstęp do opowieści, na której opiera się podręcznik.

Ernas drøm

En mann kommer langs veien.
En turist? Nei.
Erna kjenner mannen. Han smiler.
Det er mannen fra stasjonen.
Hun smiler også.

Mannen går forbi.
Hun roper etter ham. Men han hører ikke.
Han forsvinner.

Adressen. Hun må skrive adressen!
Hvor er adressen?

Nå ser hun tre personer:
En gutt – han spiser sjokolade.
Ei dame – hun gir ei bok til en mann.
Erna tenker:
Nei, ikke spis sjokoladen!
Ikke gi ham boka!

Erna våkner. Hun må le.
Men hun tenker: Hva med adressen?

Sen Erny

Drogą nadchodzi mężczyzna.
Turysta? Nie.
Erna zna tego mężczyznę. On się uśmiecha.
To mężczyzna ze stacji.
Ona też się uśmiecha.

Mężczyzna przechodzi obok.
Woła za nim. Ale on nie słyszy.
Znika.

Adres. Musi zapisać adres!
Gdzie jest ten adres?

Widzi teraz trzy osoby:
Chłopaka – je czekoladę.
Kobietę – daje książkę jakiemuś mężczyźnie.
Erna myśli:
Nie, nie jedz czekolady!
Nie dawaj mu książki!

Erna się budzi. Nie może powstrzymać się od śmiechu.
Myśli jednak: Co z tym adresem?

Ile zrozumiałeś?

 Zupełnie nic

Nie martw się.
W rozdziale 1 rozpoczniemy od zera! Nigdy jeszcze nie trafił się nam uczeń, który nie byłby w stanie nauczyć się norweskiego. Pamiętaj, żeby nie wymagać od siebie zbyt wiele i robić przerwy, gdy tego potrzebujesz.

 Trochę

Norweski jest łatwiejszy niż się spodziewałeś, prawda?

 Większość

Zapewne uczyłeś się wcześniej podobnego języka, na przykład niemieckiego lub szwedzkiego.
Świetnie! Nauka norweskiego przyjdzie ci z łatwością.

Zanim przejdziesz dalej

Możliwe, że porównując norweską i polską wersję tekstu zwróciłeś uwagę na następujące szczegóły:

Trzy zabawne litery: Æ, Ø, Å

Znajdują się na końcu alfabetu (nie szukaj więc numeru telefonu z Ålesund pod literą A). Na końcu książki znajdziesz Omówienie Wymowy, opisujące jak je wymówić.

Norweska wymowa

...może twoim zdaniem brzmieć dziwnie. Począwszy od rozdziału 1 wprowadzimy listy słówek, gdzie zaznaczymy nieregularną wymowę, a na końcu książki znajdziesz pełne omówienie norweskich dźwięków. Dostępne są też filmiki prezentujące wymowę. By dowiedzieć się więcej, zajrzyj na www.skapago.eu/nils.

Gotowy na rozdział 1?

Poznasz w nim

- **Ernę**, 84-letnią Norweżkę
- **Lise** (48), jej córkę
- **Susanne** (8), córkę Lise oraz resztę jej rodziny
- wiele **innych osób** z różnych regionów Norwegii

... i oczywiście Nilsa!

Jednak kim tak naprawdę jest Nils, będziesz musiał odkryć sam.

Poznaj historię Nilsa i rozpocznij swoją przygodę z norweskim!

Lise:	Erna, hva gjør du?
Erna:	Jeg lager en gave til Susanne.
	Hun har bursdag.
Lise:	Hva er det?
Erna:	Det er en nisse.
Lise:	Jeg forstår ikke. En nisse?
Erna:	Ja. Susanne trenger en liten venn.
	Derfor lager jeg en nisse.

Erna sitter og arbeider. Nå er hun nesten ferdig.

Jak uczyć się nowych słówek.

- ucz się nie więcej niż 5-7 słówek dziennie
- zapisz nowe słówka na fiszkach. Z jednej strony po polsku, z drugiej po norwesku.
- powtarzaj je codziennie
- spoglądaj na polskie słówko i staraj się przypomnieć sobie norweską formę
- najtrudniejsze słówka odłóż na bok i powtarzaj je częściej

Erna sitter og arbeider.

hva [va]	co
gjør [jør]	robi
du	ty
jeg [jæj]	ja
lager	robi, przygotowuje
en	[rodzajnik nieokreślony]
en gave	prezent
til	dla
hun	ona
har	ma
en bursdag	urodziny
er	jest
det [de]	to
nisse	*istota z norweskich legend. Tutaj: lalka przypominająca taką istotę*
forstår [får-]	rozumie
ikke	nie
ja	tak
trenger	potrzebować
liten	mały
en venn	przyjaciel
derfor [dærfår]	z tego powodu, dlatego
sitter	siedzi
og [å]	i
arbeider	pracuje
nå	teraz
nesten	prawie
ferdig [æ]	gotowy

Czasowniki i zaimki

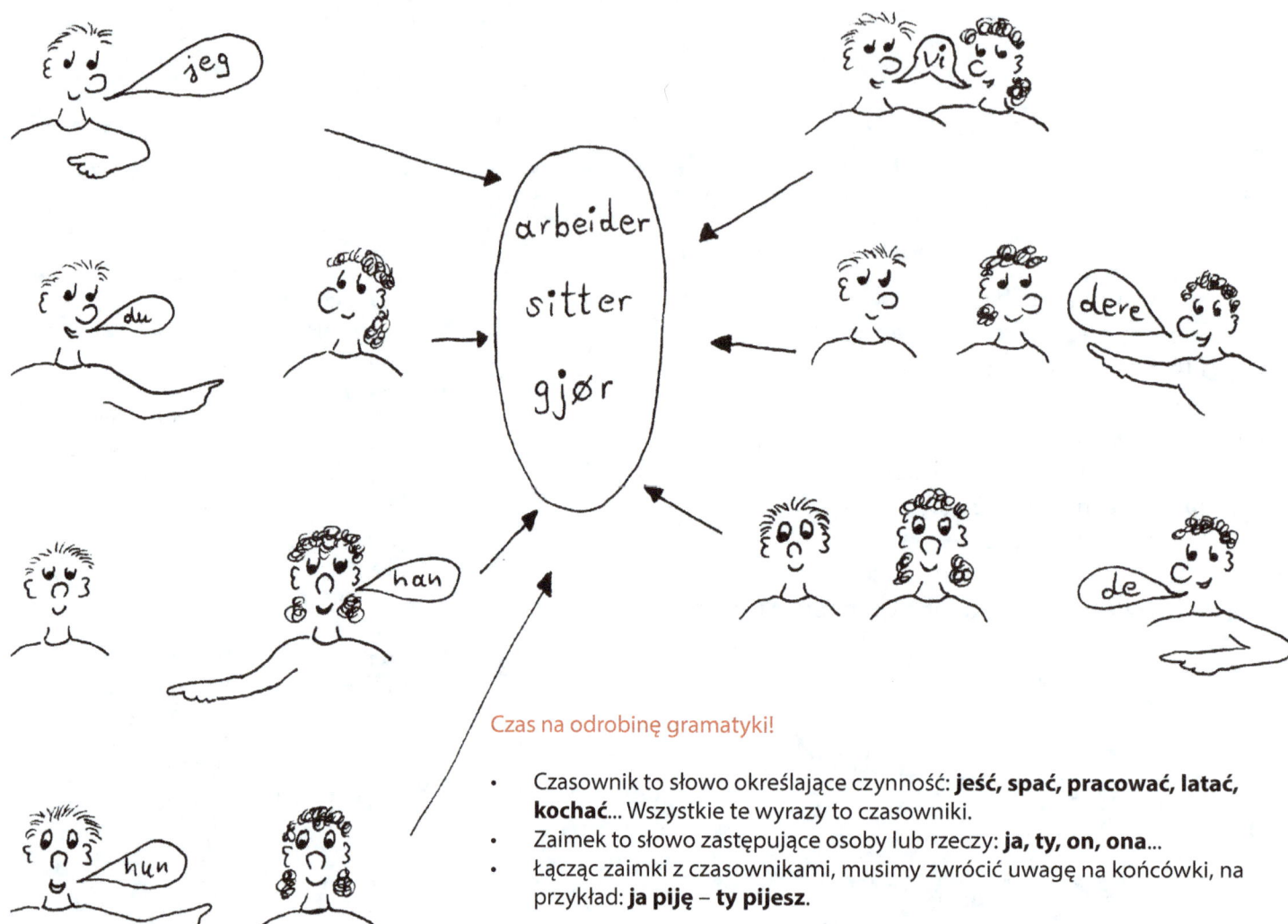

Czas na odrobinę gramatyki!

- Czasownik to słowo określające czynność: **jeść, spać, pracować, latać, kochać**... Wszystkie te wyrazy to czasowniki.
- Zaimek to słowo zastępujące osoby lub rzeczy: **ja, ty, on, ona**...
- Łącząc zaimki z czasownikami, musimy zwrócić uwagę na końcówki, na przykład: **ja piję** – **ty pijesz**.

W języku norweskim jest o wiele łatwiej! Istnieje tylko jedna forma danego czasownika w danym czasie gramatycznym. Tak więc niezależnie od tego, kto wykonuje czynność, forma czasownika będzie taka sama.

W czasie teraźniejszym forma ta ma najczęściej końcówkę **-r**

Kilka uwag odnośnie zaimków:
- Dawniej w języku norweskim używano formy grzecznościowej **De** (*pan, pani*), ale obecnie niemal wszyscy mówią sobie na ty.
- Istnieje też zaimek odnoszący się do rzeczy, ale poznasz go w rozdziale 3.

jeg	ja
du	ty
han	on
hun	ona
vi	my
dere	wy
de	oni

Szyk zdania

W języku norweskim czasownik jest zawsze drugą informacją, jaką otrzymujemy. To najważniejsza reguła dotycząca struktury norweskich zdań. Nawet jeśli pozostałe zasady sprawiają ci trudność, tej trzymaj się zawsze.

Hun **har** bursdag.
Susanne **trenger** en liten venn.
Derfor **lager** jeg en nisse.

dowolna informacja   czasownik   reszta

Nie rozumiem.

Jeg forstår ikke.	Nie rozumiem.
Kan du gjenta?	Mógłbyś powtórzyć?
Jeg snakker bare litt norsk.	Mówię po norwesku tylko trochę.
Hva betyr ... på polsk?	Co oznacza ... po polsku?

1 Uzupełnij luki.

Erna ____ en gave til Susanne. Susanne ___ bursdag. Det ___ en nisse.
Lise forstår _____ . Erna sitter ____ arbeider. Hun er nesten _____ .

2 Ułóż zdania z podanych wyrazów. Wykorzystaj wszystkie.

a) Lise   ikke   forstår
b) Erna   nesten   ferdig   er
c) venn   trenger   Susanne   en   liten
d) lager   Erna   bursdag   Susanne   har   gave   en   og

3 Zmień szyk następujących zdań. Rozpocznij od "Nå ..."
Razem z szykiem zmieni się również znaczenie zdań.

Przykład: Erna er nesten ferdig. → Nå ...
Nå er Erna nesten ferdig.

a) Hun lager en gave til Susanne. → Nå ...
b) Susanne har bursdag. → Nå ...
c) Susanne trenger en liten venn. → Nå ...
d) Erna arbeider. → Nå ...
e) Erna er nesten ferdig. → Nå ...

2

Susanne våkner. Er det onsdag i dag? Nei, det er torsdag allerede! Og hva betyr det?

Selvfølgelig! Hun har bursdag. Nå er hun åtte år gammel. Lise kommer.

Lise:	God morgen, Susanne. Gratulerer med dagen!
Susanne:	God morgen. Tusen takk!
Lise:	Vi spiser frokost nå. Skolen begynner snart.

Susanne står opp. Hun spiser frokost: et egg, et rundstykke og ei brødskive med ost. Hun drikker en kopp varm sjokolade.

«Gratulerer med dagen!»

å våkne	budzić się
onsdag	środa
i dag	dziś
nei	nie
torsdag [å]	czwartek
allerede	już
å bety	znaczyć
selvfølgelig [sellfølgelli]	oczywiście
åtte	osiem
et år	rok
åtte år	osiem lat
gammel	stary
å komme [å]	przychodzić
god [go]	dobry
en morgen [mårn]	poranek
god morgen	dzień dobry
gratulerer med dagen	wszystkiego najlepszego z okazji urodzin
tusen	tysiąc
takk	dziękuję
tusen takk	dziękuję bardzo
vi	my
å spise	jeść
(en) frokost [-kåst]	śniadanie
skolen	szkoła
å begynne [bejy-]	zaczynać
snart	wkrótce
å stå opp	wstawać
et egg	jajko
et rundstykke [runns-]	bułka
ei brødskive [brø-]	kromka chleba
med [me]	z
(en) ost	ser
å drikke	pić
en kopp [å]	filiżanka
varm	ciepły
(en) sjokolade	czekolada
en kopp sjokolade	czekolady

Rodzaje

en   kopp   ⟶   męski

ei   brødskive   ⟶   żeński

et   rundstykke ⟶   nijaki

Jak widzisz, w języku norweskim kubki są rodzaju męskiego, kromki chleba rodzaju żeńskiego, a bułki nijakiego. W języku polskim rzeczowniki również mają rodzaje, ale w norweskim towarzyszy im też odpowiedni rodzajnik:

        en (dla osób i rzeczy rodzaju męskiego)
        ei (dla osób i rzeczy rodzaju żeńskiego)
        et (dla osób i rzeczy rodzaju nijakiego)

Oznacza to, że nie możesz powiedzieć ~~et kopp~~ – byłoby to niepoprawne. Kubki są rodzaju męskiego, dlatego mówimy **en kopp.**

Rodzaje polskich rzeczowników nie zawsze odpowiadają tym norweskimi – bułka jest w języku polskim rodzaju żeńskiego, a w norweskim nijakiego. Skąd więc masz wiedzieć, jakiego rodzaju jest dane słowo? Niestety, nie ma na to sposobu. Musisz nauczyć się na pamięć rodzaju wszystkich poznawanych wyrazów. Być może zdarzyło ci się to już podczas nauki innego języka, na przykład niemieckiego, francuskiego, hiszpańskiego albo rosyjskiego.

Jakby tego było mało, oto kolejna zasada: norweskie słowa rodzaju żeńskiego (tylko żeńskiego!) mogą też być męskie! Można więc powiedzieć **en brødskive** zamiast **ei brødskive**, ale nie można zamienić **en kopp** na ~~ei kopp~~. Dlaczego? Lepiej nie pytać. Jeśli naprawdę chcesz wiedzieć, będziesz musiał poczytać o historii języka norweskiego.

Rodzajniki w języku norweskim posiadają formę nieokreśloną i określoną. W tym rozdziale poznałeś tę pierwszą. Rodzajniki określone wyjaśnię ci w rozdziale 4.

Liczby 1–10

0	null
1	en
2	to
3	tre
4	fire
5	fem
6	seks
7	sju (*możesz też powiedzieć*: syv)
8	åtte
9	ni
10	ti

Jak powtarzać liczby.

- Licząc najszybciej jak potrafisz, staraj się dojść do jak najwyższej liczby!
- Jeśli utkniesz, zerknij na listę i ponownie zacznij od 0.

Cześć i do widzenia

god morgen	dzień dobry
god kveld [kvell]	dobry wieczór
hei	cześć
god natt	dobranoc
ha det [ha de]	na razie / do zobaczenia
ha det bra	do widzenia

et rundstykke	bułka	et egg	jajko
et brød [-ø]	chleb	(en) kaffe	kawa
(en) ost	ser	(en) te	herbata
et eple	jabłko	(ei) frokostblanding	płatki śniadaniowe
(et) smør	masło	(ei) melk	mleko
en salami	salami	(en) juice	sok
(en) honning [å]	miód	(et) syltetøy	dżem

1 Wstaw odpowiedni rodzajnik (*en*, *ei* lub *et*).

a) ___ gave
b) ___ egg
c) ___ brødskive
d) ___ rundstykke
e) ___ kopp

2 Odpowiedz na pytania.

a) Er det onsdag i dag?
b) Er Susanne ni år gammel?
c) Hva spiser Susanne?

3 Co jesz na śniadanie?

4 Połącz liczby.

0	en
1	fire
2	åtte
3	tre
4	ni
5	fem
6	sju
7	to
8	null
9	seks

5 Użyj zaimków osobowych.

Przykład (et eksempel): Erna og Susanne snakker. → De snakker.

Du og jeg arbeider. →
Martin har bursdag. →
Du, Erna og Susanne våkner. →
Lise sitter. →
Erna, Susanne og Martin spiser. →
Du og Lise kommer ikke. →
Susanne og jeg står opp. →

Erna:	Gratulerer med dagen, Susanne! Du må få en klem.
Susanne:	Takk. Får jeg en gave også?
Erna:	Ja, selvfølgelig. Her er den.
Susanne:	Hva er det?
Erna:	Vil du ikke åpne den først?
Susanne:	Er det en smarttelefon?
Erna:	Jeg forstår ikke. Hva er en «smarttelefon»?
Susanne:	Det er en telefon. Du kan ikke bare ringe, men også sende e-post, gå på Internett og ta bilder.
Erna:	Te-post? Hva betyr te-post?
Susanne:	E-post, bestemor. Elektronisk post.
Erna:	Men det koster mye, ikke sant?

«Det er en nisse, Susanne.»

å måtte, czas teraźniejszy: må	musieć
å få	dostać, otrzymać
en klem	uścisk
også [åså]	też, także
her [æ]	tutaj
den	on/ona *(o rzeczach, patrz wyjaśnienie gramatyczne)*
å ville, czas teraźniejszy: vil	chcieć
å åpne	otwierać
først	pierwszy
en telefon	telefon
en smarttelefon	smartfon
å kunne, czas teraźniejszy: kan	móc
bare	tylko
å ringe	dzwonić
men	ale
å sende [senne]	wysyłać
(en) e-post [å]	e-mail
å gå	iść
på	na, w
på Internett	w Internecie
å gå på Internett	"wejść" do Internetu, surfować po Internecie
å ta	brać
et bilde	obrazek, zdjęcie
bilder	obrazki, zdjęcia
ei bestemor	babcia
elektronisk	elektroniczny
å koste [å]	kosztować
mye	dużo
sant	prawdziwy
... ikke sant?	... nieprawdaż?

23

Susanne svarer ikke. Hun vil ikke vente.

Erna: Det er en nisse, Susanne. Han heter Nils.
Susanne: Aha.
Erna: Er du ikke glad?
Susanne: Jo.

Men det er ikke sant. Erna føler det. Hun er litt trist. Susanne er ikke glad. Det kan hun se. Men hvorfor ikke? Er en telefon så mye bedre?

å svare	odpowiadać
å vente	czekać
å hete	nazywać się
Han heter Nils.	Nazywa się Nils.
aha	aha
glad [gla]	szczęśliwy, wesoły
jo	tak (*w odpowiedzi na pytanie z* **ikke**)
å føle	czuć
litt	trochę
trist	smutny
å se	patrzeć, oglądać
hvorfor [vorfår]	dlaczego
så	następnie
bedre	lepszy

Dwa czasowniki w jednym zdaniu

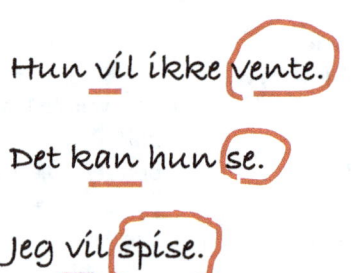

O czasownikach uczyliśmy się w pierwszym rozdziale. Jeśli w jednym zdaniu występują dwa czasowniki, drugiego z nich należy użyć w bezokoliczniku. Bezokolicznik jest podstawową formą czasownika, pozbawioną końcówki osobowej. Tę właśnie formę znajdziesz w słowniku.

W języku polskim obowiązuje ta sama zasada. Na przykład w zdaniu **Muszę poczekać**, pierwszy czasownik ma formę osobową – **ja muszę**, a drugi jest w bezokoliczniku (końcówka -**ć**).

Pytania

Istnieją dwa rodzaje pytań. Zacznijmy od tych, na które można odpowiedzieć **tak** lub **nie**.

ja - jo
Jeśli chcesz odpowiedzieć twierdząco na pytanie zawierające słowo **ikke** (oznaczające *nie* w połączeniach z czasownikiem), nie możesz powiedzieć **ja**. Zamiast tego powinieneś użyć słowa **jo**.
Jeśli znasz niemiecki: norweskie **jo** oznacza to samo, co niemieckie **doch**.

W pytaniach postawionych przy użyciu wyrazu pytającego, wyraz ten znajduje się na początku (logiczne, prawda?).

den/det

Mówiąc o osobach, używamy zaimka **han** w odniesieniu do mężczyzny i **hun** w odniesieniu do kobiety. Możemy też mówić o rzeczach, ale należy przy tym *pamiętać o ich rodzaju*!

W norweskim istnieją dwa zaimki, które to umożliwiają:

* Używamy **den** mówiąc o rzeczach rodzaju żeńskiego i męskiego.
  Susanne vil ha en telefon. Den koster mye.

* Używamy **det** mówiąc o rzeczach rodzaju nijakiego
  Susanne vil ha et rundstykke. Det koster ikke mye.

Czasem używamy zaimka nijakiego, gdy mówimy o czymś nieokreślonym. Na przykład **det blåser**, które oznacza tyle co *wieje*. W języku norweskim czasownik nie może pojawić się sam, to znaczy bez rzeczownika lub zaimka.

Dziękowanie

W norweskim nie istnieje proste słowo oznaczające **proszę**. Może się to wydać niegrzeczne, ale z drugiej strony Norwegowie mają wiele wyrażeń oznaczających dziękuję. Poza tymi, które widzisz na rysunku, zapamiętaj także:

Takk for maten! = Dziękuję za posiłek!

(Tak w norweskim domu można grzecznie podziękować po zjedzonym posiłku.)

Takk for sist! = Dziękuję za ostatni raz!

(Tego wyrażenia używamy, spotykając kogoś ponownie po dłuższym czasie. "Dłuższy czas" może oznaczać tydzień, miesiąc, a nawet rok...)

Gratulerer med dagen!

Wszystkiego najlepszego!

Takk!

Dziękuję!

Tusen takk!
Mange takk!
Takk skal du ha!

Dziękuję bardzo!

1 Odpowiedz na pytania.
a) Hva får Susanne?
b) Hvorfor er Erna trist?
c) Hvorfor er Susanne ikke glad?

2 Odpowiedz *ja* lub *jo*.
a) Er Erna trist?
b) Får Susanne en gave?
c) Spiser hun ikke frokost?
d) Koster en smarttelefon mye?

3 Wstaw *det* lub *den*.
a) Koster en smarttelefon mye? – Ja, _____ koster mye.
b) Har du et rundstykke? – Ja, her er _____ .
c) Spiser Susanne ei brødskive? – Ja, hun spiser ____ .
d) _____ er torsdag i dag.
e) Hva er ____ ? – _____ er et egg.

4 Wstaw czasowniki w odpowiedniej formie (w bezokoliczniku lub w czasie teraźniejszym).
a) vente: Susanne vil ikke _____ .
b) vente: Susanne _____ ikke.
c) ha: Susanne vil ikke _____ en nisse.
d) spise: Hun _____ et rundstykke med ost.
e) gratulere: Erna _____ .
f) åpne: Susanne _____ en gave.
g) forstå: Erna ____ ikke.
h) spise: Kan jeg ____ et rundstykke?
i) stå: Jeg vil ikke ____ opp.
j) svare: Susanne ____ ikke.
k) koste: En telefon ____ mye.

5 Połącz wyrazy z lewej i prawej kolumny w taki sposób, by utworzyć sensowne zdania.

Susanne åpner	ikke sant.
Jeg forstår	ei brødskive.
Hun spiser	år gammel.
Det er	en gave.
En telefon	bare litt norsk.
Susanne er åtte	koster mye.
Kan du	ikke.
Gratulerer	med dagen.
Erna drikker	en kopp kaffe.
Jeg snakker	gjenta?

Susanne ser på Nils. Hun er skuffet. Hva skal hun gjøre med en nisse? Hun vil så gjerne ha en smarttelefon.

Hun ser ut av vinduet. Hva skal hun gjøre nå? Leke med nissen?

Hun tar Nils i hånda.

«Hei» sier hun.

Nils svarer ikke.

«Jeg heter Susanne. Jeg kommer fra Norge. Hva heter du?»

Nils svarer ikke.

«Hvor kommer du fra? Kommer du fra skogen?»

Nils sier ingenting.

«Hvor gammel er du?»

Nils svarer ikke.

«Du er kjedelig.»

Nå vil hun ikke leke med Nils lenger.

Hvor skal hun sette nissen? Ikke på senga, i hvert fall. På bordet og på kommoden er det ikke plass. Men kanskje i et skap eller på en stol? Ja, Nils kan sitte på en stol. Eller ved vinduet? Nei, han kan sitte ved siden av døra.

Han kan sitte ved siden av døra.

skuffet	zawiedziony
å skulle, czas teraźniejszy: skal	musieć, powinno się
å gjøre [jø-]	robić
gjerne [jær-]	chętnie
å ha	mieć
hun vil gjerne ha	ona chce mieć
ut	na zewnątrz
av [a]	z, od
et vindu	okno
å leke	bawić się
ei hånd [hånn]	dłoń
hei	cześć
å si, czas teraźniejszy: sier	mówić
Hva heter du?	Jak się nazywasz?
fra	z, od
Norge [å]	Norwegia
hvor [vor]	gdzie
hvor kommer du fra?	skąd pochodzisz?
en skog	las
ingenting	nic
hvor gammel	Ile lat...? (dosł. jak stary...?)
kjedelig [-li]	nudny
ikke ... lenger	już nie
å sette	posadzić
ei seng	łóżko
hvert [vært]	każdy
i	w
i hvert fall	w każdym razie
et bord [bor]	stół
en kommode	komoda
(en) plass	miejsce
kanskje	być może
et skap	szafka
eller	lub, albo
en stol	krzesło
ved [ve]	przy
ved siden av	obok
ei dør	drzwi

Szyk zdania

Jeśli chodzi o odmianę czasownika, norweski jest językiem łatwym (Nie wierzysz? Przejdź się do najbliższej księgarni i otwórz podręcznik do gramatyki języka rosyjskiego, niemieckiego, francuskiego, a nawet polskiego!), za to bardzo ważny jest w nim szyk zdania. Dlatego będziemy często do niego wracać. Wyobraź sobie, że norweskie zdanie to pociąg. Siedzenia w każdym wagonie zarezerwowane zostały dla konkretnych informacji. Pierwszy wagon dostępny jest prawie dla wszystkich, ale za to drugi przeznaczony jest wyłącznie dla czasownika.

W zdaniu mogą wystąpić różne elementy, ale nie każde zdanie zawiera je wszystkie. Niektóre składają się tylko z podmiotu (osoby lub rzeczy wykonującej jakąś czynność) i czasownika (wykonywanej czynności). Te dwa elementy są niezbędne, by zbudować zdanie po norwesku. Inne można pominąć – reszta wagonów pociągu pozostałaby więc w tym przypadku pusta.

Podmiot bardzo często, choć nie zawsze, jest pierwszym elementem zdania. Jeśli nim nie jest, musi znajdować się w trzecim wagonie (po czasowniku), bo drugi zajęty jest przez czasownik! Możliwe, że wyda ci się to skomplikowane, bo tej zasady nie ma w języku polskim.

Spójrz na to inaczej: jeśli zdanie składa się tylko z podmiotu i czasownika, podmiot musi znajdować się na pierwszym miejscu. Dlaczego? Bo inaczej pierwszy byłby czasownik, a on przecież MUSI być drugi.

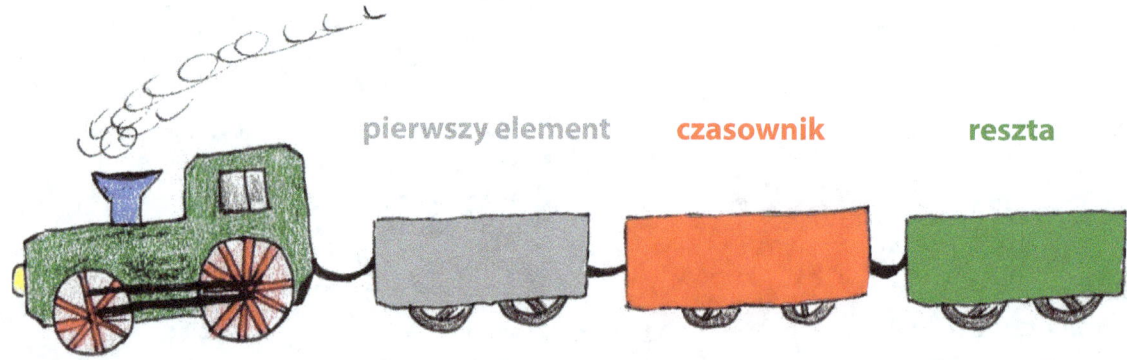

pierwszy element   czasownik   reszta

Na razie nie będziemy sobie zaprzątać głowy wagonami, które następują po czasowniku. Dlatego na obrazku umieściłem tam tylko jeden. Wszystkie wagony są ważne, ale na razie nie chcę, żeby ci się myliły.

Jeszcze jedno: pierwsza informacja w zdaniu może być bardzo długa. Na przykład:
     På bordet og på kommoden er det ikke plass.
     På bordet og på kommoden → pierwszy wagon (dodatkowa informacja o miejscu, odpowiadająca na pytanie "gdzie?")
     er → czasownik, w drugim wagonie
     det → podmiot

Łączenie zdań
Zdania możemy łączyć za pomocą **og**. Jeśli podmiot jest ten sam, nie musimy go powtarzać:
     Erna sitter. Erna arbeider.
     → Erna sitter og (Erna) arbeider.

Podsumowując: jeśli wszystkie te zasady wydają ci się zbyt trudne, na razie zapamiętaj tylko:

Czasownik jest drugą informacją, jaką otrzymujemy w zdaniu.

et vindu

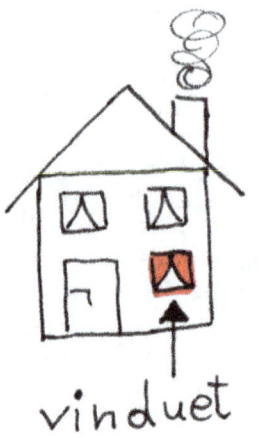

vinduet

en nisse

nissen

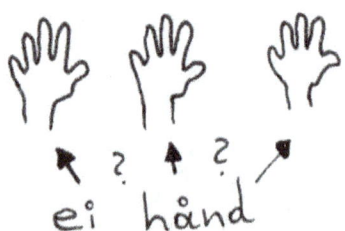

ei hånd

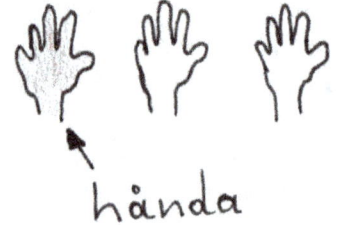

hånda

Rodzajnik określony

W języku norweskim, tak jak w angielskim, występują rodzajniki określone i nieokreślone. Mogą ci one sprawić trudność, gdyż nie ma ich w języku polskim. Na rysunkach przedstawiono różnicę między **et vindu** – jakimkolwiek oknem oraz **vinduet** – konkretnym, określonym oknem (na przykład jedynym oknem w pokoju lub oknem, o którym wcześniej była już mowa).

Nie zapomnij o tym, że rzeczowniki mają swój rodzaj, który związany jest z rodzajnikiem. W rozdziale 2 omówiliśmy trzy rodzajniki nieokreślone, które stawiamy przed rzeczownikiem. Rodzajnik określony też ma trzy formy, ale dodajemy je na końcu wyrazu:

- wyrazy rodzaju nijakiego kończą się na **-et**
- wyrazy rodzaju męskiego kończą się na **-en**
- wyrazy rodzaju żeńskiego kończą się na **-a**

Dla ułatwienia możesz traktować wyrazy rodzaju żeńskiego jak męskie i dodawać do nich końcówkę **-en** (ale nigdy na odwrót).

Uwaga! Końcówka wyrazów rodzaju nijakiego to **-et**, ale "**t**" pozostaje w niej nieme. Nie wymawiamy go również w wyrazie **det**, ale za to czytamy we wszystkich innych słowach!

Nieokreślone "det"

Ta część jest dość zaawansowana, jeśli więc masz dosyć gramatyki na dzisiaj, możesz ją pominąć.
Spójrzmy raz jeszcze na następujące zdanie:

> På bordet og på kommoden er det ikke plass.
> Na stole i na komodzie nie ma miejsca.

Zdradziłem ci już, że podmiotem w tym zdaniu jest króciutkie słowo **det**.

Jeśli nie wiadomo, kto wykonuje daną czynność w zdaniu, używamy **det**. Pamiętasz **det regner**? Kto lub co pada? Po polsku możemy powiedzieć, że pada deszcz lub śnieg, ale po norwesku ta informacja zawiera się w czasowniku: **det regner** oznacza, że pada deszcz, a **det snør**, że pada śnieg (śnieży). Jak wiesz, w języku norweskim nie możemy pozostawić czasownika bez podmiotu i dlatego używamy podmiotu nieokreślonego **det**.

Tak samo jest w przypadku zdania **På bordet og på kommoden er det ikke plass**.
På bordet og på kommoden nie jest podmiotem, ponieważ mówi nam *gdzie* coś się dzieje, a nie kto wykonuje jakąś czynność. Kto ją wykonuje? Nie wiadomo – i dlatego używamy **det**. Jaką czynność wykonuje w tym zdaniu **det**? Po prostu istnieje, dlatego **er**.
Brzmi to niemal filozoficznie, prawda? Uprzedzałem, że nie będzie łatwo. Nie martw się jednak, jeszcze kilka przykładów i wejdzie ci to w nawyk.

Meble

Naucz się nowych słówek i znajdź odpowiadające im obrazki:

en TV [teve]	telewizja, telewizor
et skrivebord [-r]	biurko
ei lampe	lampa
ei bokhylle	regał/półka na książki
en komfyr	kuchenka
en ovn [å]	piekarnik
en vask	zlew
en kaffemaskin	ekspres do kawy
et kjøleskap	lodówka
ei dør	drzwi
en datamaskin	komputer

Jak się przedstawić i rozpocząć rozmowę

Norwegowie nie są zbyt formalni, dlatego możesz powiedzieć "hei" prawie do każdego, poza królem: "God dag, Deres Majestet." :-)

Hei!   Cześć!
Jeg heter ...   Nazywam się...
Hva heter du?   Jak się nazywasz?
Hva gjør du?   Co robisz? Czym się zajmujesz?
(w taki sam sposób pytamy o to, co ktoś robi w danej chwili, jak i o czyjś zawód, zależnie od okoliczności)
Jeg er elektriker.   Jestem elektrykiem.

Hyggelig å hilse på deg. [-li]   Miło cię poznać. (gdy spotykasz kogoś po raz pierwszy)
Hyggelig å treffe/møte deg.   Miło cię widzieć. (do osób, które już znasz)
Jeg kommer fra ...   Jestem/Pochodzę z…
Hvordan går det?   Jak się masz?
Takk, det går bra.   Dziękuję, dobrze.
Takk, ikke så verst. [æ]   Dziękuję, nie najgorzej.
Det går dårlig.   Nie najlepiej.
Hva med deg? [dæj]   A ty?

God helg!   Miłego weekendu!
I like måte! [lige måde]   Nawzajem!
(Drugiego z tych wyrażeń możesz też użyć w innych sytuacjach, na przykład gdy ktoś życzy ci miłego dnia.)

Hvor kommer du fra?   Skąd jesteś/pochodzisz?
Hvor bor du?   Gdzie mieszkasz?
Hvor gammel er du?   Ile masz lat?
(Ostrożnie z tym ostatnim…)

Wyrazy pytające

Hvor?	Gdzie?
Hva?	Co?
Hvem?	Kto?
Hvorfor?	Dlaczego?
Når?	Kiedy?
Hvor gammel ...?	Ile lat (ma)…?
Hvordan?	Jak?

Zauważ, że **jak** to po norwesku hvordan, ale w złożeniach **jak dużo, jak często**… używamy hvor: hvor mye, hvor ofte…

1 Nie zrozumiałeś słów oznaczonych "XXX". Jak byś o nie zapytał?

Eksempel: Jeg heter XXX. → Hva heter du?

a) Jeg kommer fra XXX.

b) Hun heter XXX.

c) Hun vil spise XXX.

d) Nils sier XXX.

e) Jeg sitter ved XXX.

f) Jeg er XXX år gammel.

g) Vi kommer fra XXX.

h) De heter XXX.

2 Zamień formę nieokreśloną na określoną.

Eksempel: en nisse → nissen

a) et skap

b) en telefon

c) ei brødskive

d) en kommode

e) ei dør

f) en gave

g) en venn

h) et egg

i) et bord

j) en kopp

k) en stol

l) et rundstykke

m) ei hånd

n) ei seng

o) et vindu

3 Forma określona czy nieokreślona? Wybierz właściwą opcję!

Nils er en nisse/nissen. Susanne er ikke glad i en nisse/nissen. Hun vil gjerne ha en telefon/telefonen. Men en telefon/telefonen koster mye.

Susanne ser ut av et vindu/vinduet. Hun tar Nils i ei hånd/hånda.

Susanne har ei seng/senga. Kan Nils sitte på ei seng/senga? Nei. Han kan sitte ved siden av ei dør/døra.

4 Przepisz następujące zdania, rozpoczynając od podanych słów. Pamiętaj o szyku!

a) Jeg vil ikke sitte ved bordet. → Ved bordet ...
b) På bordet er det ikke plass. → Det ...
c) Jeg vil ikke spise et egg. → Et egg ...
d) Ved vinduet sitter Erna. → Erna ...
e) Hun vil ikke leke med Nils nå. → Nå ...
f) Hun har bursdag i dag. → I dag ...

5 Dopasuj poprawne odpowiedzi.

Hva heter du?	Takk, ikke så verst. Hva med deg?
Hvor gammel er du?	Jeg er elektriker.
Hvor bor du?	Ha det bra!
Hvordan går det?	I Bergen.
Hva gjør du?	Jeg heter Truls.
Jeg må gå.	Jeg er fra Oslo.
Hvor kommer du fra?	Hyggelig å treffe deg! Jeg er Nils.
God helg!	Jeg er 36 år.
Hei, jeg heter Irene.	I like måte!

5

Dagen etter bursdagen er Susanne i stua med familien: Mora heter Lise og er 48 år gammel. Faren heter Lars og er 52 år gammel. Broren til Susanne heter Per og er 16 år gammel. Og selvfølgelig Susanne – hun er åtte år gammel. Erna er ikke der. Hun bor ikke sammen med dem.

«Susanne, hvor er Nils?», spør Lise.

«Jeg vet ikke.»

«Vil du ikke lete etter ham?»

«Nei, egentlig ikke. Jeg er ikke glad i ham.»

«Det er synd. Jeg liker Nils.»

«Du kan gjerne ha Nils. Jeg vil heller ha en smarttelefon.»

«Susanne, du må ikke være frekk. En smarttelefon er veldig dyr. Erna har ikke penger til den. Det er hyggelig av henne å gi deg en nisse. Men han kan være på kjøkkenet sammen med meg. Jeg liker Nils.»

Susanne går og henter Nils. Hun gir ham til mora.

«Bra. Nå vil jeg se på TV med dere. Per, vil du se på TV med oss?»

«Vil du ikke lete etter ham?»

etter	po
ei stue	salon
en familie	rodzina
ei mor	matka
en far	ojciec
en bror	brat
der [æ]	tam
å bo	mieszkać
sammen	razem
dem	ich/nimi
å spørre, czas teraźniej-szy: spør	pytać
å vite, czas teraźniejszy: vet	wiedzieć
å lete etter	szukać
ham	jego, go, nim
egentlig [-li]	właściwie
synd [synn]	szkoda
det er synd	szkoda
å like	lubić
heller	raczej, bardziej
å være, czas teraźniej-szy: er [ær]	być
frekk	zuchwały, bezczelny
veldig [-di]	bardzo
dyr	drogi
penger	pieniądze
hyggelig [-li]	miło
henne	nią, jej
å gi [ji]	dawać
deg [dæj]	ciebie/tobą
et kjøkken	kuchnia
meg [mæj]	mnie, mi
å hente	przynosić
bra	dobrze
(en) TV	telewizja, telewizor
å se på TV	oglądać telewizję
dere	wy
oss [å]	nas, nam

Liczby

		alternatywna forma	komentarze/wymowa
0	null		
1	en/ei/ett		en = rodzaj męski, ei = rodzaj żeński, ett = rodzaj nijaki
2	to		
3	tre		
4	fire		
5	fem		
6	seks		
7	sju	syv	
8	åtte		
9	ni		
10	ti		
11	elleve		[ellve]
12	tolv		[tåll]
13	tretten		
14	fjorten		
15	femten		
16	seksten		[sæjsten]
17	sytten		[søtten]
18	atten		Zapamiętaj: **atten** = 18, **åtti** = 80
19	nitten		
20	tjue	tyve	
21	tjueen	enogtyve	
22	tjueto	toogtyve	
30	tretti	tredve	
31	trettien	enogtredve	
40	førti	førr	
50	femti		
60	seksti		
70	sytti		[søtti]
80	åtti		
90	nitti		
100	(ett) hundre		
101	(ett) hundreogen		po **hundre** dodajemy **og**...
143	(ett) hundreogførtitre		
200	tohundre		
1000	(ett) tusen		
1015	(ett) tusenogfemten		...nawet jeśli słowo **hundre** się nie pojawia
5130	femtusenetthundreogtretti		W tym przypadku nie możemy po prostu powiedzieć **hundre**, jeśli mamy na myśli **sto**. Przy liczbach powyżej tysiąca mówimy **ett hundre**.
1 000 000 en million			

Niektóre liczby mają dwie formy: 7, 2, 30, 40.
W wielu podręcznikach nazywa się je "starymi formami", ale używa ich wielu młodych Norwegów, dlatego wolę określenie "alternatywne formy". Możesz używać tej formy, która bardziej ci się podoba – obie są poprawne i obie są w użyciu.

Są dwa sposoby na liczenie po dwudziestu:
• licz, jak liczyłbyś po polsku, używając "standardowych" form: **tjueen** (*dwadzieścia-jeden*)
• licz, jak liczyłbyś po niemiecku, używając "alternatywnych" form: **enogtyve** (*jeden-i-dwadzieścia*)

Zaimki osobowe – dopełnienia

W rozdziale 4 mówiłem o strukturze zdania, a także o podmiocie. Wyjaśniłem, że podmiot to osoba (lub rzecz), która wykonuje jakąś czynność. Każde norweskie zdanie musi mieć podmiot.

Zdanie może też mieć *dopełnienie* (jedno lub więcej). Dopełnienie to osoba (lub rzecz), która niczego nie robi, ale jest obiektem działań wykonywanych przez podmiot.

Może się to wydać skomplikowane, ale weź pod uwagę, ilu nieporozumień można dzięki temu uniknąć:
On lubi ją to zdecydowanie co innego niż **ona lubi jego**.

Spójrz na poniższe zdanie:
>   Susanne henter Nils.

Jasne jest, że Susanne wykonuje jakąś czynność (przynosi Nilsa), podczas gdy Nils nie robi nic (jest przynoszony). Susanne jest więc podmiotem, a Nils dopełnieniem.

Podmiot i dopełnienie możemy zastąpić zaimkami (patrz: rozdział 1), ale forma zaimków zmienia się, gdy określają one dopełnienie. Spójrz:

Han liker henne.

Hun liker ham.

Podmiot	Dopełnienie
jeg	meg
du	deg
han	ham (han)
hun	henne
den	den
det	det
vi	oss
dere	dere
de	dem
	seg

Han ser seg.

Han ser ham.

- Zwróć uwagę na różnicę między **seg** i **ham/henne/dem**:
  ham/henne/dem = jego, ją, ich – dotyczy innej osoby
  seg = siebie – dotyczy tej samej osoby
  Han ser ham. – On widzi jego.
  Han ser seg. – On widzi siebie (np. w lustrze).
- Zamiast **ham** możesz też użyć **han**.

Własność

broren til Susanne

Aby zaznaczyć, że brat należy do Susanne, użyj **til**. Oczywiście *należy* to w tym przypadku nie najlepiej dobrane słowo, ale na pewno rozumiesz, o co mi chodzi.
Nie zapomnij, że słowo poprzedzające **til** musi być w formie określonej. Nie możemy powiedzieć ~~bror til Susanne~~.

Możesz używać tej struktury zarówno w odniesieniu do osób, jak i rzeczy (np. wyrażenie **bordet til Susanne** też jest poprawne).

å like – å være glad i

Te dwa wyrażenia oznaczają to samo:
Jeg liker Nils. = Jeg er glad i Nils.
Możesz je też połączyć z innym czasownikiem:
Jeg liker å bo i Oslo.
Jeg er glad i å bo i Oslo.

Familie (rodzina)

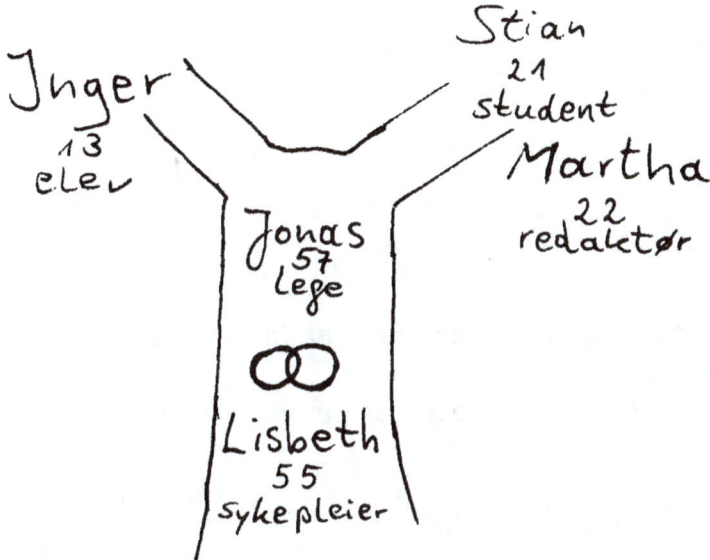

en lege	lekarz
en sykepleier	pielęgniarka
en student	student
en elev	uczeń
en redaktør	redaktor
min	mój
ei søster	siostra
å studere	studiować, uczyć się
økonomi	ekonomia
en kjæreste	chłopak (ukochany), dziewczyna (ukochana)
som [å]	jako
å gifte [ji-] seg [sæj]	wychodzić za mąż / żenić się
mine	moje
besteforeldre [å]	dziadkowie
en pensjonist	emeryt
en gutt	chłopak
ei jente	dziewczyna
ei dame	pani, kobieta
en mann	mężczyzna
ei kone	żona
en mann	*tu:* mąż
et søsken	rodzeństwo
en sønn	syn
ei datter	córka

Jeg heter Stian og kommer fra Trondheim.

Nå bor jeg i Oslo, men min familie bor i Trondheim. Min familie, det er Jonas, min far, Lisbeth, min mor, og Inger, min søster.

Min far er lege, og min mor er sykepleier. Jeg studerer økonomi. Min kjæreste, Martha, arbeider som redaktør. Vi vil gifte oss snart. Mine besteforeldre arbeider ikke – de er pensjonister.

Kilka słów na temat określeń członków rodziny. W tekście powyżej użyto **min** (**mój/moja**), gdy chodziło tylko o jedną osobę i **mine** (**moi/moje**), gdy chodziło o dwie lub więcej: **min far**, ale **mine besteforeldre**. Nauczysz się o tym więcej w rozdziale 10.
Norwegowie mają dziwne wyrazy na określenie dziadków. Mama twojej mamy to **mormor**, a mama taty to **farmor**, itp.

Zapamiętaj:
Stian er en gutt.
Inger er ei jente.
Lisbeth er ei dame.
Jonas er en mann.

Odpowiedz na pytania:
Hva gjør Stian?
Hvor bor han?
Hva heter kona til Jonas?
Hvor bor familien til Stian?
Hva gjør foreldrene til Stian?
Hvem er Martha?
Hva gjør en pensjonist?
Hvor gammel er Jonas?
Hvem er Ingers bror?
Hvor gammel er Lisbeth?
Er faren til Stian sykepleier?
Hvem er søsknene i familien?

1 Przeczytaj następujące liczby:

18	80	17	27	14	93	22	46	64	98	12	16	23
836	5322	8818	312	4067	9900	2147	1987	1818	1511	951	777	787

2 Wstaw odpowiedni zaimek w formie dopełnienia.

a) Her kommer Per. Ser du ...?

b) Jeg er her. Ser du ...?

c) Vet du hvor Per og Susanne er? Jeg kan ikke se ...

d) Nina! Anders! Hyggelig å treffe ...!

e) Her er et rundstykke. Vil du spise ...?

3 W wolne miejsca wstaw odpowiednie zaimki. Pamiętaj, żeby wybrać poprawną formę. Mogą się tu pojawić zarówno formy podmiotu, jak i dopełnienia.

a) Maria er glad: Martin kommer til ... i dag. ... kommer kl. 07. Maria vil spise frokost sammen med ...

b) Jeg vet ikke hvor Runar og Karina er. Skal jeg ringe ...?

c) Liker du Karina? Jeg liker ikke ..., men ... liker Marthe.

d) Jan og jeg spiser frokost med Runar og Karina. ... spiser med ...

4 Do każdego członka rodziny dopisz odpowiednik przeciwnej płci.

Eksempel: brat – siostra

a) bror   b) mor   c) far   d) datter

e) bestemor   f) mormor   g) kone

5 Co lubisz, a czego nie lubisz robić? Użyj *liker* i *er glad i.*

Eksempel: Jeg er glad i Norge. Jeg liker ikke å vente.

6 Opisz rodzinę Susanne.

Susanne er ... til Per.

Per er ... til Susanne.

Per er ... til Lise.

Susanne er ... til Lars.

Erna er ... til Per.

Lise er ... til Susanne.

Lars er ... til Susanne.

Lars er ... til Lise.

Lise er ... til Lars.

Klokka er seks. Nils hører noe. Hva er det? Å ja. Det er Lars, faren til Susanne. Han lager kaffe. Så spiser familien frokost. Lars spiser brød med smør og syltetøy. Susanne spiser frokostblanding med melk. Per og Lise spiser brød med ost og skinke.

«Mamma! Nils beveger seg!» roper Susanne.

Nils er skremt. Han sitter helt rolig nå.

«Susanne, nå tuller du.»

«Nei, jeg ser det!»

Per flirer. Så dum hun er! tenker han.

«Susanne, nå er det nok. Nå spiser du opp, pusser tennene, vasker deg, og så går du på skolen. Jeg vil ikke høre en dum historie», sier faren.

En dum historie? Nils er sjokkert.

Han lever ikke? Hvorfor tenker Lars, Lise og Per det? Det er bare i Susannes fantasi, tror de. Men det stemmer ikke. Selvfølgelig lever han. Han kan snakke,

«Mamma! Nils beveger seg!»

han kan gå, han kan bevege seg, han kan tenke, han kan glede seg – men nå er han redd. Han slutter å bevege seg og sitter helt stille. Endelig er familien ferdig med frokosten. Nå kan han slappe av og bevege seg igjen.

ei klokke [å]	zegar
Klokka er seks.	Jest szósta.
å høre	słyszeć
noe	coś
(ei) skinke	szynka
mamma	mama
å bevege seg	ruszać się
å rope	krzyczeć, wołać
skremt	przestraszony
helt	całkiem
rolig [-li]	spokojny
å tulle	wygłupiać się, żartować
å flire	uśmiechać się drwiąco
dum [o]	głupi
å tenke	myśleć
nok [å]	dość
å pusse	szczotkować, myć
tennene	zęby
å vaske	zmywać
en historie	historia, opowieść
sjokkert	zszokowany
å leve	żyć
(en) fantasi	wyobraźnia, fantazja
å tro	wierzyć
å stemme	zgadzać się
det stemmer ikke	to się nie zgadza
å snakke	mówić, rozmawiać
å glede seg	cieszyć się
redd	przestraszony
å slutte	kończyć
stille	cichy, spokojny
endelig [-li]	nareszcie, w końcu
å slappe av	odpoczywać
igjen [ijen]	znowu

Czasowniki zwrotne

Czasami ta sama osoba jest w zdaniu zarówno podmiotem, jak i dopełnieniem. Można *się* na przykład umyć. Takie czasowniki nazywamy czasownikami zwrotnymi. Niektóre z nich wymagają dopełnienia i jeśli inne dopełnienie nie zostanie określone, odsyłają do podmiotu: np., **å glede: Jeg gleder meg, du gleder deg ...**

Własność (część 2)

Zamiast **broren til Susanne** możesz powiedzieć **Susannes bror**.

Zauważ, że w przypadku drugiej możliwości **bror** jest w formie nieokreślonej. Ta wersja brzmi nieco bardziej elegancko, ale w mowie używa się częściej tej pierwszej. Jeśli imię kończy się na **-s**, **-x** lub **-z**, piszemy: **Lars' far**

Dwa czasowniki w jednym zdaniu – raz jeszcze

W rozdziale 3 wyjaśniłem ci, gdzie umieszczamy czasowniki, jeśli w jednym zdaniu występują dwa. Pamiętasz? Jeśli nie, przeczytaj jeszcze raz. Dzisiaj chciałbym ci opowiedzieć o czymś innym. Zauważyłeś, że na listach słówek przed bezokolicznikami pojawia się zawsze małe **å**? Jak w **å gjøre, å arbeide** ...

Wiesz już, że:
- drugi czasownik w zdaniu przyjmuje formę bezokolicznika
- bezokolicznik zaczyna się od **å**

Jeśli więc weźmiesz pod uwagę oba te stwierdzenia i przyjrzysz się następującemu zdaniu:

Han slutter å bevege seg.

...zauważysz, że zasady zostały zachowane.

Ale co z tym zdaniem?

Han kan snakke.

Snakke to przecież bezokolicznik, ale nie ma przed nim **å**. Dlaczego?

Tajemnica tkwi w czasowniku **kan**. **Kan** jest *czasownikiem modalnym*. Co to takiego? Cóż, jeśli zapytasz o definicję dwóch lingwistów, otrzymasz trzy różne odpowiedzi. Moim zdaniem najlepszym wyjaśnieniem jest, że czasowniki modalne określają, co chcemy/możemy/musimy zrobić. Innymi słowy, mówią coś o naszym stosunku do czynności w zdaniu. Spójrz na następujące przykłady (czynność = iść do domu):

Jeg vil gå hjem.	→ stosunek: chęć
Jeg må gå hjem.	→ stosunek: obowiązek
Jeg kan gå hjem.	→ stosunek: możliwość
Jeg skal gå hjem.	→ stosunek: decyzja
Jeg bør gå hjem.	→ stosunek: powinność

W języku norweskim następujące czasowniki są modalne:

å ville (jeg vil)
å måtte (jeg må)
å kunne (jeg kan)
å skulle (jeg skal)
å burde (jeg bør)

...oraz w niektórych przypadkach (nauczysz się o tym później)

å få (jeg får)

Jeśli zniechęcają cię wszystkie te wyjaśnienia, po prostu naucz się czasowników modalnych na pamięć. Pamiętaj, że jeśli czasownik modalny jest w zdaniu czasownikiem głównym, nie stawiamy po nim **å**.

Czas przeszły (nieobowiązkowy)

W czytankach czas przeszły wprowadzimy dopiero w rozdziale 12. Oznacza to, że nie musisz się go uczyć teraz, jeśli wydaje ci się, że to za dużo. Jeśli jednak chciałbyś móc już opowiedzieć swoim norweskim przyjaciołom, co *robiłeś wczoraj*, oto jak to zrobić.

Poznamy *czas przeszły prosty* (po norwesku: *preteritum*). Na szczęście, czasowniki w *preteritum* również mają tylko jedną formę:

> jeg gikk, du gikk, han gikk, vi gikk, dere gikk, de gikk

Po dobrej wiadomości pora na złą. Skąd wiadomo, jaką formę przyjmują czasowniki w *preteritum*? Jeśli czasownik jest nieregularny, trzeba się jej po prostu nauczyć. Oto lista czasowników nieregularnych, które już poznałeś:

jeg gjør	→ jeg gjorde
jeg går	→ jeg gikk
jeg (for)står	→ jeg (for)sto
jeg sitter	→ jeg satt
jeg får	→ jeg fikk
jeg tar	→ jeg tok
jeg ser	→ jeg så
jeg sier	→ jeg sa

(uważaj na różnicę między **jeg så** / **jeg sa**!)

jeg setter	→ jeg satte
jeg må	→ jeg måtte
jeg er	→ jeg var
jeg gir	→ jeg ga
jeg spør	→ jeg spurte

Jeśli czasownik jest *regularny*, ma jedną z *czterech możliwych końcówek*, a dobranie tej odpowiedniej może okazać się niełatwe:

końcówka –et: å våkne → jeg våknet
å arbeide → jeg arbeidet

(większość czasowników z dwiema spółgłoskami/końcówką bezokolicznika -te/-de)

końcówka –te: å spise → jeg spiste
(większość czasowników z pojedynczą spółgłoską)

końcówka –de: å leve → jeg levde
(większość czasowników z końcówką bezokolicznika -ve, -eie)

końcówka –dde: å bo → jeg bodde
(większość czasowników kończących się samogłoską)

Dobrym pomysłem może być zapamiętanie formy przeszłej wszystkich czasowników – nawet tych regularnych. Na listach słówek będziemy podawać też formę przeszłą

Jest jeszcze jedna zasada godna zapamiętania. W języku norweskim unikamy pisania trzech spółgłosek z rzędu, jeśli więc w podstawowej formie czasownika występują dwie takie same spółgłoski, po dodaniu trzeciej spółgłoski opuszczamy jedną z nich:

> jeg begynner → jeg begynte

(Zauważ, że ten czasownik jest złym przykładem powyższych zasad: ma dwie spółgłoski, ale dodajemy do niego końcówkę **-te**.)

Ostatnia uwaga: kilka czasowników regularnych może należeć do dwóch różnych grup odmiany, co powinno być ułatwieniem, gdyż ryzyko popełnienia błędu jest wtedy mniejsze. Jednym z nich jest **å lage**: w czasie przeszłym możesz powiedzieć lagde albo laget.

Czas

15.00   Klokka er tre.

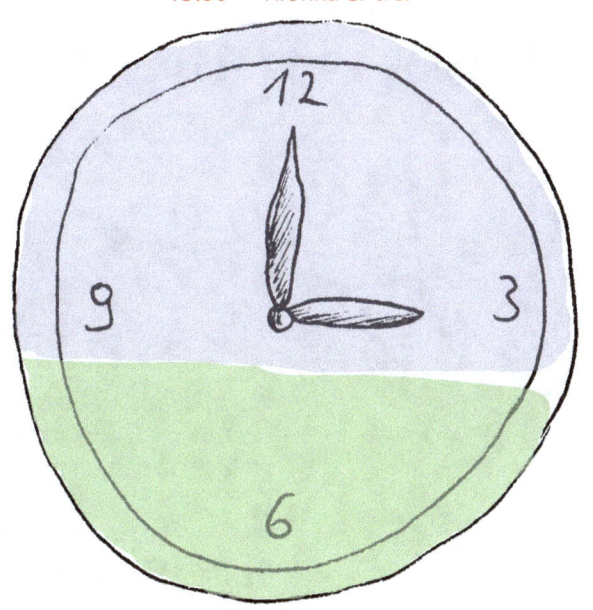

15.55   Klokka er **fem på** fire.
15.50   Klokka er **ti på** fire.
15.45   Klokka er **kvart på** fire.

15.05   Klokka er **fem over** tre.
15.10   Klokka er **ti over** tre.
15.15   Klokka er **kvart over** tre.

15.40   Klokka er **ti over** halv fire.
15.35   Klokka er **fem over** halv fire.

15.20   Klokka er **ti på** halv fire.
15.25   Klokka er **fem på** halv fire.

15.30   Klokka er halv fire.

W Norwegii, tak jak w Polsce, korzysta się z zegara 24-godzin-nego. Aby uniknąć nieporozumień, np. na stacjach kolejowych, godziny podawane są następująco:

      18.37 atten trettisju

Na co dzień jednak liczy się tylko do dwunastu i zaokrągla liczbę minut (kontekst pozwala domyślić się, czy chodzi o ranek, czy popołudnie). O godzinie 17:04 nie mówimy więc, że jest "cztery po siedemnastej", tylko "pięć po piątej".

O godzinę pytamy:
      Hva er klokka?
albo: Hvor mye er klokka?
Odpowiedź: Klokka er ...
Chcąc zaznaczyć, że coś dzieje się *o godzinie ósmej*, mówimy po prostu **klokka åtte**:
      Skolen begynner klokka åtte.
      Szkoła zaczyna się o ósmej.

Ukedager = Dni tygodnia

mandag	poniedziałek	i dag	dzisiaj
tirsdag	wtorek	i går	wczoraj
onsdag	środa	i morgen [mårn]	jutro
torsdag [å]	czwartek		
fredag	piatek	på mandag	w poniedziałek
lørdag	sobota	på mandager	co poniedziałek
søndag	niedziela		

1 Dopisz odpowiedni zaimek.
a) Jeg vasker ...
b) Vi vasker ...
c) Dere vasker ...
d) Du vasker ...
e) Han vasker ...
f) De vasker ...
g) Hun vasker ...

2 Która godzina?
08.00   12.00   06.00   19.00   21.00   14.00   15.30   07.30   10.30   22.30   21.15   09.15
03.10   15.50   09.45   08.55   16.50   05.05   17.25   13.40   13.00   06.40   11.35   23.25

3 Når gjør du hva? Co kiedy robisz?
W ćwiczeniu jest kilka nowych słówek. Zapisz je i się ich naucz.

Kl. 06.30 ...   spiser jeg frokost.

Kl. 11.30 ...   begynner skolen.

Kl. 20.00 ...   står jeg opp.

Kl. 08.00 ...   spiser jeg kveldsmat.

Kl. 06.45 ...   spiser jeg lunsj.

Kl. 16.00 ...   legger jeg meg.

Kl. 22.30 ...   spiser jeg middag.

4 Wypełnij luki odpowiednim słowem.
Per sier:
Jeg ... Per. Jeg kommer ... Norge. Jeg er 16 ... gammel og bor i Oslo. Jeg ... på skolen. Skolen ... kl. 8, mandag til fredag. Jeg liker skolen, men jeg er ... glad i engelsk. Jeg har ... søster. Hun heter Susanne. Hun ... bare åtte år gammel. Egentlig liker jeg ..., men hun er ofte frekk.

5 Zmień formę podanych wyrażeń.

Eksempel: Susannes bror → broren til Susanne

a) Lises far

b) familien til Susanne

c) Ernas telefon

d) kommoden til Erna

e) Lars' skap

f) Susannes kopp

g) døra til Per

h) Kristines brød

i) kjøkkenet til Lise

6 Bezokolicznik z *å* czy bez?

a) Jeg må (å) vaske opp.

b) Hun slutter (å) flire.

c) Nils kan ikke (å) høre noe.

d) Vil du endelig (å) være stille?

e) Når vil du (å) stå opp?

f) Lars begynner (å) arbeide kl. 08.00.

7 Co robisz w poniedziałek? Co robisz we wtorek? ...

8 Czas przeszły (ćwiczenie nieobowiązkowe): Przepisz tekst, zamieniając czas teraźniejszy na preteritum.

Klokka er seks. Nils hører noe. Hva er det? Å ja. Det er Lars, faren til Susanne. Han lager kaffe. Så spiser familien frokost. Lars spiser brød med smør og syltetøy, Susanne spiser frokostblanding med melk. Per og Lise spiser brød med ost og skinke.

Nils slutter å bevege seg og sitter helt stille. Endelig er familien ferdig med frokosten. Nå kan han slappe av og bevege seg igjen.

Etter frokost, rundt klokka sju, går Susanne og Per til skolen. Lise og Lars går på jobb. Da er det helt stille i huset. Nå kan Nils gjøre hva han vil. Han ser seg rundt på kjøkkenet. På bordet ser han kopper, glass og tallerkener. Nils vil hjelpe litt. Han vil rydde bordet. Han hopper opp på bordet og tar en kopp. Så hopper han til oppvaskmaskinen, med koppen i hånda. Da hører han plutselig et skrik: «Stopp! Er du gal? Hva driver du med?»

Nils er redd. Han ser mot døra. Men han kan ikke se noen der.

«Ta koppen ut av oppvaskmaskinen», sier personen. Hvem sier det? Da – plutselig – ser Nils en bevegelse. En liten, brun bamse står ved siden av kjøkkenbenken og ser opp mot oppvaskmaskinen. «Hei», sier Nils. Han er veldig usikker. «Hvem er du?»

Bamsen svarer ikke – han gjentar bare: «Ta koppen ut av oppvaskmaskinen, og sett den tilbake på bordet.» «Men hvorfor?» sier Nils. «Det bor mennesker her. De tenker: Du lever ikke, og du kan ikke bevege deg. Men du kan det. De må ikke vite det.» «Hvorfor ikke?» «Sett koppen tilbake, så forklarer jeg det til deg.»

Nils tar koppen og setter den tilbake på bordet.

«Er du gal? Hva driver du med?»

Bamsen smiler. «Unnskyld. Jeg er veldig direkte, men jeg vil ikke skremme deg. Jeg heter Emil.» «Hyggelig å treffe deg. Jeg heter Nils.» «Hvor kommer du fra, Nils?» «Jeg vet ikke.»

«Du vet ikke? Det må du finne ut. Er du veldig ung?» «Ja, det tror jeg.» «Ok, da vet du ikke mye. Jeg skjønner. Kom til stua. Jeg vil forklare deg noe.»

rundt	około
en jobb [å]	praca
på jobb	w pracy
da	wtedy
et hus	dom, do domu
å se seg rundt	rozglądać się
et glass	szklanka
en tallerken	talerz
å hjelpe [je-]	pomagać
å rydde	sprzątać
å hoppe [å]	skakać
en oppvaskmaskin	zmywarka
plutselig [-li]	nagle
et skrik	krzyk
stopp [å]	stop
gal	szalony
å drive	zajmować się
å drive med	zajmować się czymś
mot	*tutaj*: w stronę, do
noen	ktoś
en person [æ]	osoba
hvem [vem]	kto
en bevegelse	ruch
brun	brązowy
en bamse	pluszowy miś
en kjøkkenbenk	blat kuchenny
usikker	niepewny
å gjenta [jen-]	powtarzać
tilbake	z powrotem
et menneske	człowiek
å forklare [får-]	tłumaczyć
å smile	uśmiechać się
unnskyld [-yll]	przepraszam
direkte	bezpośredni
å skremme	straszyć
å treffe	spotkać
å finne	znaleźć
å finne ut	dowiedzieć się
ung [o]	młody
å skjønne	rozumieć

Od jednego do wielu

to, tre, mange … kopper

to, tre, mange … dører

to, tre, mange … vinduer

Aby zaznaczyć, że rzeczy/osób jest więcej niż jedna, po prostu dodajemy do norweskich rzeczowników końcówkę **-er**.

Jeśli słowo kończy się na **-e**, nie dodajemy drugiego:

en nisse → to nisser

Pamiętaj jednak, że krótkie wyrazy rodzaju nijakiego (te, które mają tylko jedną sylabę) nie zmieniają się w liczbie mnogiej:

et glass

to glass

Niestety, niektóre słowa przybierają w liczbie mnogiej nieregularną formę. Począwszy od tego rozdziału, będziemy ją umieszczać na listach słówek. Poniższe słowa, które już znasz (a przynajmniej *powinieneś* znać – odrobiłeś pracę domową, prawda?), mają nieregularną liczbę mnogą:

ei hånd → to hender
ei mor   → to mødre
en bror   → to brødre
en far   → to fedre
ei søster → to søstre
ei datter → to døtre
en mann → to menn

noe/noen

Uważaj na -n:
noe = coś
noen = ktoś

Wydawanie poleceń

Bezpośrednim sposobem na wydawanie komuś poleceń jest użycie trybu
rozkazującego. Tworzymy go poprzez usunięcie końcówki **-e** z bezokolicznika
(o ile kończy się on na -e). Jeśli czasownik kończy się na **-mm** lub **-rr**, pomijamy
również jedno **m/r**.

å ta →	Ta koppen.
å sette →	Sett den på bordet.
å komme →	Kom til stua.
å spørre →	Spør meg.

Jeśli chcesz wydać polecenie w grzeczniejszy sposób, możesz zadać pytanie,
używając struktury **kan** + *bezokolicznik*.

Kan du ta koppen?
Kan du sette den på bordet?
Kan du komme til stua?

W rozdziale 13 nauczysz się, jak być jeszcze bardziej uprzejmym.

På kjøkkenet
W kuchni

Jeg trenger: Potrzebny mi:

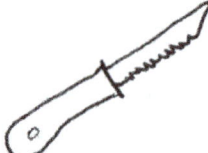

en kniv   en gaffel   ei skje
nóż   widelec   łyżka

Kan du vaske opp?   Mógłbyś pozmywać?
Kan du dekke bordet?   Mógłbyś nakryć do stołu?
Kan du rydde bordet?   Mógłbyś posprzątać ze stołu?
Kan du skjære opp brødet?   Mógłbyś pokroić chleb?
Kan du gi meg vannet?   Mógłbyś podać mi wodę?

Vi koker suppe.
å koke [å] = gotować
ei suppe = zupa

Vi steker fisk.
å steke = smażyć
fisk = ryba

Vi baker kaker.
å bake = piec
ei kake = ciasto

ogólnie:
Vi lager mat.
Przygotowujemy jedzenie.

Rozkład dnia

Tak może wyglądać normalny dzień roboczy. Przeczytaj tekst, naucz się nowych słówek i korzystając z poniższych wyrażeń, spróbuj opisać rozkład swojego dnia.

Jeg står opp klokka 7. Så spiser jeg frokost og dusjer. Kl. 8 går jeg ut av huset og tar bussen til byen. Jeg er på kontoret kl. 9. Der arbeider jeg til kl. 11. Da spiser vi lunsj.

Fra kl. 11.30 til kl. 17 arbeider jeg igjen. Etterpå tar jeg bussen hjem og spiser middag. Kl. 19 spiller jeg tennis med en venn. Så ser jeg på TV og spiser kveldsmat. Kl. 23 legger jeg meg og sover.

Hvordan er din dag?

Jeg står opp kl. ...	Wstaję o godzinie...
Så ...	Następnie...
Etterpå ...	Potem...
Kl. ...	O (godzinie)...
Da ...	Wtedy...
Fra ... til ...	Od... do...

å dusje	brać prysznic
en buss	autobus
en by	miasto
et kontor	biuro
etterpå	potem
å spille	grać
tennis	tenis
å sove [å]	spać
din	twój

7

8

9

10

11

12

13

14

15

16

17

18

19

59

1 Od jednego do wielu:

Eksempel: et vindu → mange vinduer

ei seng →	et bord →	en kommode →	en stol →	et egg →
et rundstykke →	et år →	en kopp →	ei brødskive →	en gave →
en telefon →	et bilde →	et skap →	et rom →	ei dør →
et kjøkken →	en historie →	ei stue →		

Niektóre formy liczby mnogiej są nieregularne. Pamiętasz je?

ei hånd →	ei mor →	en bror →	en far →	ei søster →

2 Rodzina. Znajdź odpowiednie słowo i uzupełnij nim lukę.

Hvert menneske har en ... og ei mor. Vi har to bestefedre og to ...: en ..., ei farmor, en morfar og ei .... Noen har også søstre og ....

Susanne har bare en ... Han heter Per. ... heter Lars, og ... heter Lise. ... heter Erna. Hun er mora til Lise – derfor er hun ... til Susanne. Susanne er ... til Lise og Lars, og Per er ... til Lise og Lars.

3 Czego potrzebujesz, by móc wykonać następujące czynności? Użyj *for å = aby*.

Eksempel: å skjære brød → Jeg trenger en kniv for å skjære brød.

å dekke bordet →	å vaske opp →	å drikke kaffe →	å spise suppe →	å spise fisk →

4 Przekształć zdania na tryb rozkazujący lub odwrotnie.

Eksempel: Du må gjøre noe! → Gjør noe!

Gå!
Svar nå!
Du må ringe meg i dag!
Spør Erik!
Du må spise frokost!
Vent på meg!
Du må komme til meg!
Sitt og ta litt mat!
Du må sitte og arbeide!
Gjør noe!

«Sånn. Nå vil jeg fortelle deg noe», sier Emil og hopper opp i sofaen.

«Du vet jo allerede en viktig ting: Folk må ikke skjønne at du lever. Det betyr: Du må ikke bevege deg når noen kan se deg. Du må heller ikke si noe, og du må alltid komme tilbake til samme sted.»

«Ja, jeg skjønner. Men Emil, vi lever jo. Hvorfor må vi skjule det for menneskene?»

«Det kan være farlig for dem. Ikke for barn, men for voksne. Mange barn tenker at vi lever. Men voksne tenker ikke det. De blir overrasket eller sjokkert når de ser noe rart – ja, de kan til og med dø av skrekk.»

«Og de tenker: Det er rart at vi lever?»

«Å. Og de tenker: Det er rart at vi lever?»

«Ja. Faktisk. *Det* er rart, ikke sant?»

«Absolutt.»

«Derfor sier vi ikke at vi lever, og vi viser det ikke. Det er en viktig avtale mellom alle bamser, nisser og dukker. Én ting til: Vet du hva en eske er?» spør Emil.

«Nei», sier Nils.

«En eske er en stor beholder. Når et menneske kommer med

sånn	*tutaj:* no dobrze
å fortelle [å]	opowiadać
en sofa	kanapa
viktig [-i]	ważny
en ting, mange ting	rzecz
folk [å] (plural)	ludzie
at	że
når	gdy, kiedy
heller ikke	też nie
alltid [-ti]	zawsze
samme	ten sam
et sted, mange steder	miejsce
jo	*tutaj:* ależ
å skjule noe (for)	chować coś (przed)
farlig [-li]	niebezpieczny
et barn, mange barn, barna	dziecko
en voksen [å], mange voksne	dorosły
å bli	zostawać
overrasket [å]	zaskoczony
rar	dziwny
noe rart	coś dziwnego
til og med	nawet
å dø	umrzeć
(en) skrekk	strach
faktisk	faktycznie, rzeczywiście
absolutt	absolutnie
å vise	pokazywać, okazywać
en avtale	umowa
mellom	pomiędzy
alle	wszyscy, wszystkie
en dukke	lalka, kukiełka
til	*tu:* jeszcze
én ting til	jeszcze jedno
en eske	pudełko
stor	duży
en beholder [-håller]	pojemnik

61

en eske, må du prøve å gjemme deg så fort som mulig. Store esker betyr nemlig at folk rydder opp. Og da legger de deg kanskje i en eske, og du må bo i en bod eller i en kjeller, eller for eksempel i et mørkt skap. Det er dumt, ikke sant?»

«Ja, selvfølgelig.»

«Så du må alltid passe på det. Ellers kan du egentlig ikke gjøre så mye galt. Hva vil du gjøre i dag? Vil du kanskje se deg litt rundt i leiligheten?»

å prøve	próbować
å gjemme [je-] (seg)	chować (się)
fort	szybko
mulig [-li]	możliwy
så fort som mulig	jak najszybciej
nemlig [-li]	mianowicie
å rydde opp	sprzątać
å legge	kłaść
en bod	magazynek, składzik
en kjeller	piwnica
for eksempel	na przykład
mørk	ciemno
å passe på	uważać na coś, dopilnować
ellers	poza tym
galt	źle
en leilighet [leilihet]	mieszkanie

Przymiotniki

Przymiotniki to wyrazy, które określają, jaki ktoś lub jakie coś jest (np. **zielony**, **duży**, **drogi**, **ciemny**, **możliwy**…).

Przymiotniki zmieniają formę zgodnie z:
* rodzajem określanego rzeczownika
* i jego liczbą (pojedynczą lub mnogą)

en stor kopp
ei stor brødskive
et stort rundstykke
mange store kopper/brødskiver/rundstykker

Istnieje jeden wyjątek: Do przymiotników kończących się na **-ig** (**mulig**, **farlig**, **viktig**…) nie dodajemy końcówki **-t**:

et hyggelig rom

Rodzajnik określony (liczba mnoga)

W rozdziale 4 nauczyłeś się, że w języku norweskim mamy trzy formy rodzajnika określonego: w zależności od rodzaju rzeczownika są to końcówki: **-en**, **-a** i **-et**. Nadeszła pora nauczyć się jeszcze jednego (na szczęście już ostatniego) rodzajnika określonego, który pojawia się w liczbie mnogiej. To też końcówka: **-ene**.

Dobra wiadomość: w liczbie mnogiej nie ma podziału na rodzaje – zawsze używamy tej samej końcówki.

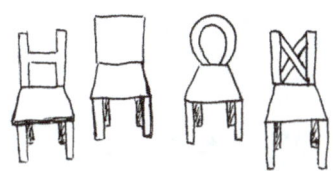

Her er det mange stoler.

Stolene der er oransje.

kopp**ene**	(określone) kubki
brødskiv**ene**	(określone) kromki chleba
rundstykk**ene**	(określone) bułki

Szyk zdania (raz jeszcze)

dowolna informacja — czasownik — (podmiot) — okolicznik — drugi czasownik — dopełnienie — (niemal) cokolwiek innego

Pamiętasz, że omawiając szyk zdania wspomnieliśmy o *bardzo ważnej zasadzie*? Pamiętasz, jak brzmiała? Tak jest: czasownik jest na drugim miejscu.
No tak, ale co jeśli mamy dwa czasowniki? Zanim odpowiem na to pytanie, chciałbym ci pokazać dwa nowe wagony, które dodałem do naszego pociągu.

W pierwszym z nich znajduje się *dopełnienie*. Już je zresztą omówiliśmy, prawda? Nauczyłeś się o słówkach **meg**, **deg**… w rozdziale 5. Umieszczamy je za drugim czasownikiem (o ile mamy dwa).

Między czasownikami znajdują się dwa wagony. W jednym z nich jest *podmiot*. W wielu zdaniach (powiedziałbym, że w większości) podmiot występuje na pierwszym miejscu, w szarym wagonie. Oznacza to, że wagon oznaczony słowem podmiot (zaraz po pierwszym czasowniku), często pozostaje pusty. Korzystamy z niego tylko wtedy, gdy zaczynamy zdanie od innego elementu niż podmiot. Za wagonem podmiotu mamy kolejny, zarezerwowany dla *okolicznika*. Co to takiego? Podam ci kilka przykładów: **ikke**, **gjerne** i **egentlig**. Okoliczniki nieco zmieniają sens zdania. Spójrz na **ikke**: wywraca znaczenie do góry nogami, prawda?

> Jeg er fra Norge.
> Jeg er ikke fra Norge.

Gjerne i **egentlig** niekoniecznie zmieniają sens zdania, ale również wpływają na jego znaczenie. Możemy powiedzieć, że nadają mu inny "wydźwięk". Te wyrazy wstawiamy *pomiędzy czasowniki*.

> Ellers kan du egentlig ikke gjøre så mye galt.

Pamiętaj: niezbędne w zdaniu są jedynie podmiot i pierwszy czasownik. Pozostałe elementy są dodatkowe i mogą się pojawić lub nie. Jeśli ich nie ma, wagony po prostu pozostaną puste.

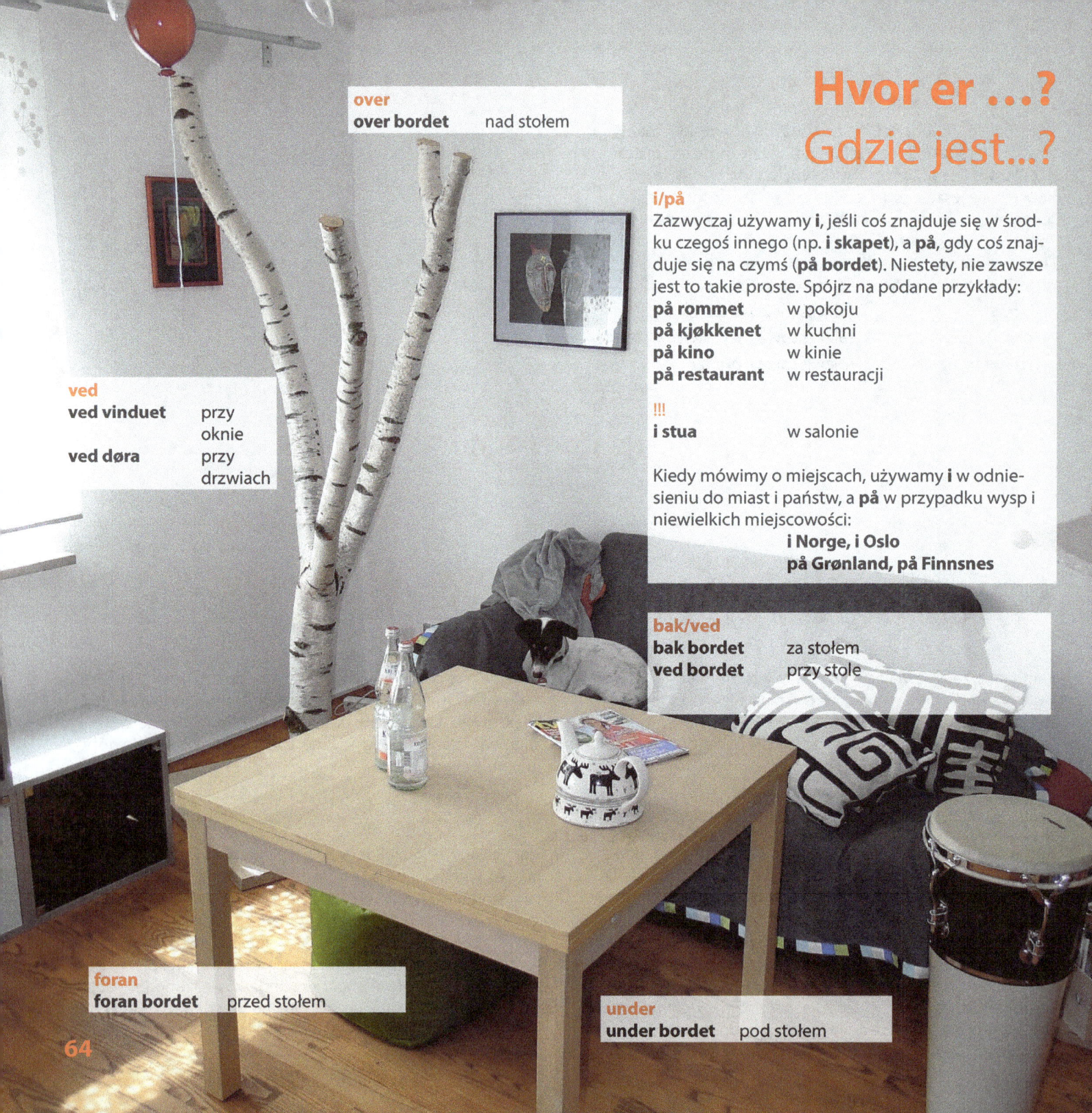

over
over bordet   nad stołem

i/på
Zazwyczaj używamy **i**, jeśli coś znajduje się w środku czegoś innego (np. **i skapet**), a **på**, gdy coś znajduje się na czymś (**på bordet**). Niestety, nie zawsze jest to takie proste. Spójrz na podane przykłady:

på rommet   w pokoju
på kjøkkenet   w kuchni
på kino   w kinie
på restaurant w restauracji

!!!
i stua   w salonie

Kiedy mówimy o miejscach, używamy **i** w odniesieniu do miast i państw, a **på** w przypadku wysp i niewielkich miejscowości:

i Norge, i Oslo
på Grønland, på Finnsnes

ved
ved vinduet   przy oknie
ved døra   przy drzwiach

bak/ved
bak bordet   za stołem
ved bordet   przy stole

foran
foran bordet   przed stołem

under
under bordet   pod stołem

64

1 Finn den riktige artikkelen og bruk ordet *stor* (big) i den rette formen.
Dobierz odpowiedni rodzajnik i dopisz słowo *stor* (duży) w odpowiedniej formie.

Eksempel: vindu → et stort vindu

seng →   rom →   dør →   rundstykke →   kopp →   brødskive →
gave →   telefon →   bilde →   kjøkken →   stue →   bord →
kommode → stol →   egg →   skap →

2 Finn så mange meningsfylte kombinasjoner som mulig.
Połącz słowa tak, by miały sens. Ułóż jak najwięcej połączeń.

en	stor	far
ei	ung	skog
et	hyggelig	rom
	mørk	person
	viktig	kjeller
		leilighet
		eske
		vindu

3 Svar på spørsmålene.
Odpowiedz na pytania.

a) Hvor er Emil?
b) Hva må Nils alltid gjøre?
c) Hvorfor er esker farlige?

4 Lag setninger med alle ordene. Pass på ordstillingen.
Ułóż zdania, wykorzystując wszystkie wyrazy. Pamiętaj o szyku zdania.

a) ofte lager mat han
b) for å trenger seng sove jeg ei
c) å begynner jeg arbeide kl. 7.00
d) ikke åpne skal du døra
e) frokostblandingen koster mye ikke
f) vil en leke barnet venn med
g) fra kommer jeg England
h) bor Oslo gjerne jeg i
i) spørre kan meg du
j) i hører noen jeg kjelleren
k) deg tenker på ofte jeg

l) jeg forklare det skal
m) stua må vi rydde i
n) familien hjelpe Nils vil

5 Familiehuset – hvem bor hvor? Finn ut hvem som bor i hvilket rom. Bruk bildet av huset som hjelp og skriv ned hva du allerede vet.
Dowiedz się, kto mieszka w którym pokoju. Wykorzystaj rysunek domu i wpisz do niego to, co już wiesz lub czego się domyślasz.

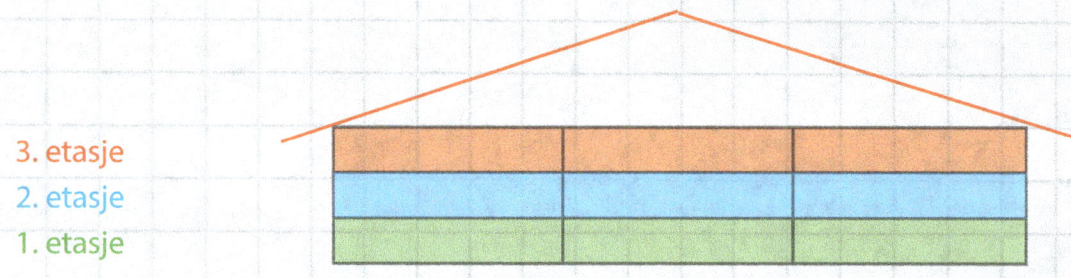

3. etasje
2. etasje
1. etasje

Huset har ni rom, og de er på tre etasjer. Seks mennesker bor i huset.
Ingen bor over dattera (Lise).
Mora og faren til Lise har soverommet ved siden av badet.
Ingen bor i rommet under soverommet til foreldrene.
Lises mormor og morfar bor mellom stua og boden.
Over mora og faren bor Lises bror Per.
Ingen bor mellom stua og kjøkkenet: Der har vi døra.
Under soverommet til besteforeldrene er stua.
Boden er ved siden av rommet til broren.

en etasje	piętro
ingen	nikt
et soverom	sypialnia
et bad	łazienka
foreldre	rodzice (zawsze w liczbie mnogiej)
besteforeldre	dziadkowie (zawsze w liczbie mnogiej)

9

Nils liker leiligheten. Rommene er store og fine. Fra stua og fra kjøkkenet ser man ei trang gate, og fra soverommene ser man en bakgård. Det er mange fine møbler i leiligheten. Skapene i stua er svært gamle, forteller Emil. Men stolene og sofaen er moderne.

Kjøkkenet kjenner Nils allerede. De går videre til badet. Emil forklarer: «Menneskene vasker seg og dusjer. Derfor har de et bad. Dette er en dusj, dette er en vask, og dette er et toalett.»

Gangen er lang. Nils liker gulvene. De er av tre. Men de har tepper i stua.

«Sånn, Nils. Det er alt», sier Emil. «Men nå må vi finne ut: Hvor kommer du fra? Hva husker du?»

«Jeg husker en bursdag. Jeg husker ikke noe mer.»

«En bursdag? Susannes bursdag?»

«Ja. Susannes, ja.»

«Aha. Da vet jeg det. Du kommer fra Erna. Du er en bursdagsgave fra Erna til Susanne.»

«Dette er en dusj, og dette er et toalett.»

«Hvordan vet du det?»

«Jeg vet det av Lise. Hun snakker om deg av og til. Da snakker hun om en nisse, og nissen er en gave fra Erna, sier hun.»

Nils er fornøyd. Nå vet han mer om seg selv.

fin	ładny, miły
man	*(forma bezosobowa)*
trang	wąski
ei gate	ulica
et rom, rommet, mange rom, rommene	pokój
et soverom [såv-]	sypialnia
en bakgård [-går]	podwórko
møbler (liczba mnoga)	meble
svært	bardzo
moderne [modær-]	nowoczesny
å kjenne	znać
videre	dalej
et bad	łazienka
dette	to
en dusj	prysznic
et toalett	toaleta
en gang	korytarz
lang	długi
et gulv	podłoga
av tre	z drewna, drewniany
et teppe	dywan
alt	wszystko
å huske	pamiętać
mer	więcej
en bursdagsgave	prezent urodzinowy
å snakke om [åm]	rozmawiać o
av og til	od czasu do czasu, czasem
fornøyd [får-]	zadowolony
seg selv [sæj sell]	siebie

man

Jeśli nie wiadomo, kto wykonuje czynność, mówimy **man**.

> Man ser ei trang gate.

Nie da się tego dosłownie przetłumaczyć na polski. Odpowiednikiem byłoby:

> Widać wąską ulicę.

Man to forma bezosobowa, która nie odnosi się do nikogo konkretnego. Używamy jej jednak tylko w przypadku czynności wykonywanych zwykle przez osoby, a nie rzeczy.

Przymiotniki nieregularne

Pamiętasz, że do niektórych przymiotników, jak **viktig** albo **rolig**, nie dodajemy końcówki **-t**? Niestety, wyjątków które powinieneś znać, jest więcej. Zacznijmy od tych łatwiejszych.

Nie zmieniamy formy
Niektóre przymiotniki nigdy nie zmieniają formy:

> en moderne leilighet – et moderne hus
> mange moderne leiligheter/hus

Nie dodajemy -t
Do większości przymiotników zakończonych na **-sk** i wielu kończących się na **-t**, nie dodajemy dodatkowego **-t**.

> et norsk hus
> et svart bord

(Dodajemy jednak do nich końcówkę **-e**: mange norske hus)

Podwójne -t
Niektóre przymiotniki w formie nijakiej kończą się na podwójne **-t**. Są to zazwyczaj słowa krótkie:

> et nytt hus/et blått hus/et grått hus
> ny   = nowy
> blå   = niebieski
> grå   = szary

Przymiotników **blå** i **grå** możemy używać, nie dodając do nich końcówki **-e** w liczbie mnogiej:
mange blå hus, mange grå hus (ale: mange nye hus)

W formie pisanej staramy się unikać:
1) trzech spółgłosek. Na przykład w przypadku przymiotnika **grønn** piszemy:

> et grønt hus (opuszczamy jedno n)

2) zbitek **e-spółgłoska-e** na końcu wyrazu:

> en gammel historie – to gamle historier

(jest to też przykład zastosowania pierwszej zasady, ponieważ opuszczamy jedno m)

Mówienie o sobie

Hva driver du med?	Czym się zajmujesz?
Har du (fast) jobb?	Masz (stałą) pracę?
Jeg studerer medisin.	Studiuję medycynę
Jeg leter etter en jobb.	Szukam pracy.
Jeg er pensjonist.	Jestem emerytem.
Jeg går på skolen.	Chodzę do szkoły.

Podając zawód, nie używamy rodzajnika:

Jeg er lærer.	Jestem nauczycielem.
Hege er elektriker.	Hege jest elektrykiem.
Mario er kokk.	Mario jest kucharzem.

Tak mówimy o narodowości:

Jeg er polsk.	Jestem Polakiem / z Polski.
Hege er norsk.	Jestem Norwegiem / z Norwegii.
Mario er italiensk.	Mario jest Włochem / z Włoch.

Możesz też oczywiście powiedzieć:
Jeg kommer fra Polen/Norge/Italia ...

Dodatkowe informacje:

Wiek:	**Jeg er ... år gammel.**
Miejsce zamieszkania:	**Jeg bor i ...**
Preferencje:	**Jeg liker ...**

En travel dag
Pracowity dzień

Jeg ...

... gjør papirarbeid.

... har en idé.

... leter etter
- en binders
- ei saks

... ringer en kunde.

... gjør notater.

... lager kaffe.

... skriver en rapport.

... sender en e-post.

Hva gjør du?

en idé	pomysł
(et) arbeid	praca
(et) papirarbeid	papierkowa robota
en binders	spinacz
ei saks	nożyczki
å ringe	dzwonić
en kunde	klient
å gjøre notater	robić notatki, notować
en rapport	sprawozdanie
en e-post [å]	e-mail

70

Farger
Kolory

Kolory są świetnymi przykładami przymiotników – zarówno regularnych, jak i nieregularnych.
Postaraj się odgadnąć kolory, zanim spojrzysz na polskie tłumaczenie.

gul	rød	blå	grønn	svart	hvit	grå	oransje	brun
żółty	czerwony	niebieski	zielony	czarny	biały	szary	pomarań-czowy	brązowy

Następujące nazwy kolorów są nieregularne:
- **Oransje** ma zawsze tę samą formę.
- Do **svart** nie dodajemy **-t** (**-t** dodajemy jednak do **hvit**).
- O **blå**, **grå** i **grønn** możesz przeczytać na poprzedniej stronie.

1 Dopasuj nazwy kolorów do liczb.

svart – brun – gul – hvit – blå – grå – grønn – rød – oransje

2 Zrób ćwiczenie 1 jeszcze raz, ale tym razem zasłoń nazwy kolorów.

3 Jakiego koloru są rzeczy na rysunku? Użyj rodzajnika określonego.

Eksempel: Vinduet er grått.

4 Powiedz, gdzie znajdują się obiekty na rysunku. Odnieś się do stołu.

Eksempel: Telefonen er på bordet.

5 Wybierz odpowiednie słowo: å kjenne czy å vite? Wpisz je w odpowiedniej formie.

a) Emil ... Nils.
b) Nils ... ikke Oslo.
c) Emil ... mye.
d) Nils ... hvor han kommer fra.

6 Opisz swoje mieszkanie.

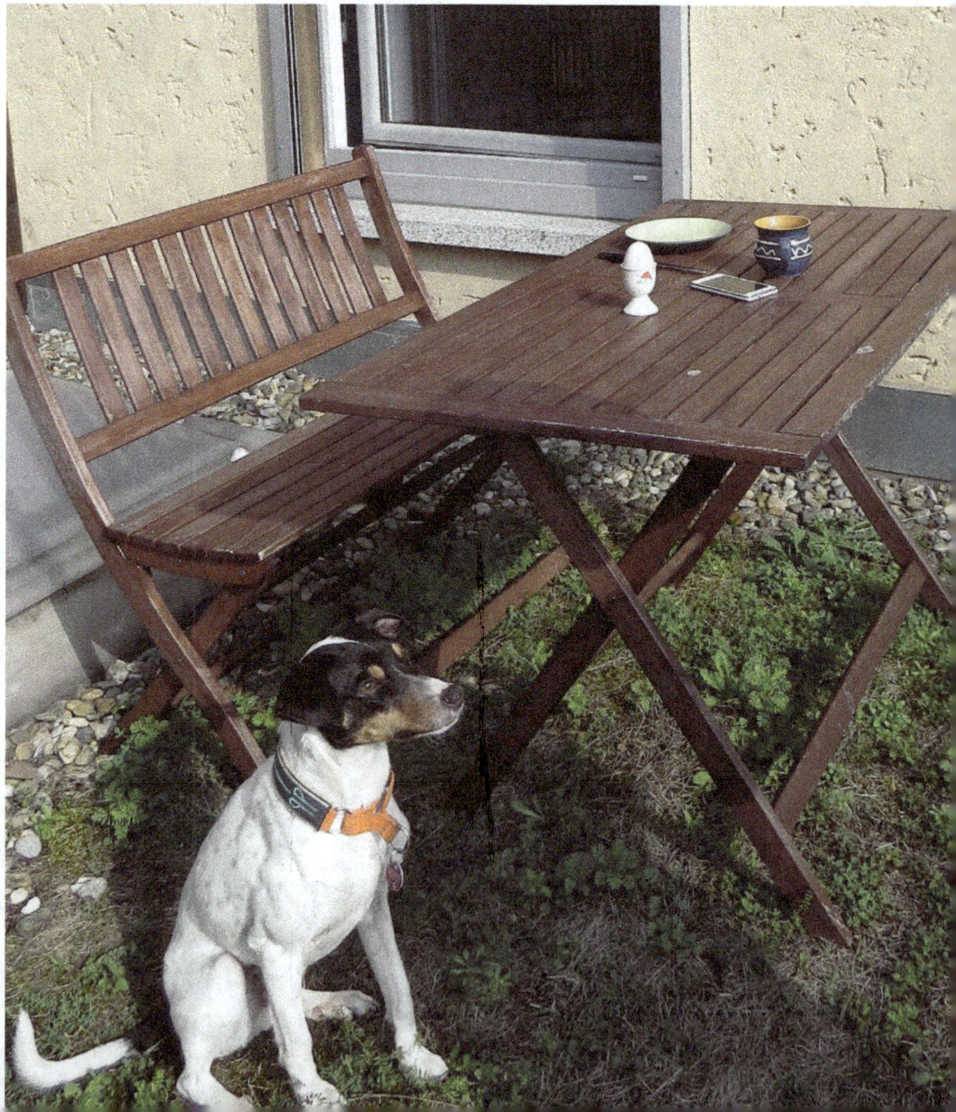

10

Det er natt. Nils sover i senga. Det er egentlig ikke hans seng – det er ei lita pute på Lises stol på kjøkkenet. Men han bruker puta hennes som seng.

Plutselig våkner han. Rommet er mørkt. Han ser nesten ingenting. Men han har veldig vondt i magen. Og han er kvalm, så kvalm. Hva skal han gjøre?

Han hopper ut av senga. Smertene blir ikke bedre av det – nei, de blir bare verre.

Kanskje kan Emil hjelpe? Ja, selvfølgelig. Han må finne Emil. Men Nils må også være forsiktig. Menneskene må ikke våkne. Han husker historien med kaffekoppen og oppvaskmaskinen.

Han går til stua. Der ser han ingen. Men han hører noe. Noen ligger på sofaen og sover. Er det Emil? Nils går litt nærmere. Ja, han kjenner ham igjen. «Emil!» roper han. Bamsen våkner med en gang. «Nils! Hva gjør du midt på natta?» «Jeg er syk. Jeg føler meg kvalm. Og så har jeg forferdelig vondt i magen.» «Har du vondt i brystet ditt også?» «Nei, det har jeg ikke.» «Det er bra. Smerter i brystet kan være veldig farlige.» «Kan du hjelpe meg?» «Jeg er verken lege eller sykepleier. Men jeg skal prøve så godt jeg kan. Ta av deg skjorta di.»

Nils gjør det. Da begynner Emil å trykke på magen. «Gjør det vondt?» «Ja, men ikke mer enn før.» «Aha. Kanskje bør jeg lytte

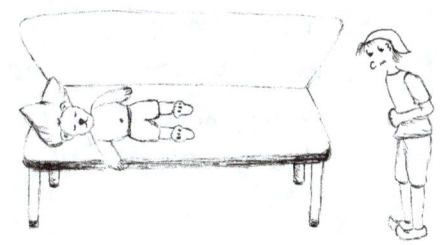

«Emil! Jeg er syk.»

ei natt, netter	noc
hans	jego
liten/lita/lite	mały, mała, małe
ei pute	poduszka
å bruke som [såm]	używać jako
hennes	jej
å ha vondt	dosł.: mieć ból
en mage	brzuch
vondt i magen	ból brzucha
kvalm	(mający) mdłości
en smerte [æ]	ból
verre [æ]	gorzej
forsiktig [å]	ostrożny
svak	słaby
å ligge	leżeć
nærmere	bliżej
med en gang	od razu, natychmiast
midt på natta	w środku nocy
syk	chory
forferdelig [fårfærdeli]	straszny
et bryst	klatka piersiowa
din/di/ditt/dine	twój, twoja, twoje, twoi
verken ... eller [vær-]	ani... ani...
å ta av	zdjąć
ei skjorte	koszula
å trykke	uciskać, wciskać
(mer) enn	(więcej) niż
før	przed
å burde, czas teraźniejszy: bør	powinno się
å lytte på	słuchać

73

på lungene dine. Det gjør alle leger.» Emil legger øret på brystet hans. «Nei, det er ikke noe galt her, tror jeg.» Han kjenner på magen igjen. «Men det er noe rart her. Jeg tror du har noe i magen din. Kanskje et lite stykke papir.»

«Papir? Hva er papir?» «Menneskene skriver på papir. Bøker er av papir også.» «Men hvorfor skriver noen i magen min?» «Jeg vet ikke, men papirlappen gjør sikkert veldig vondt.»

«Så hva skal jeg gjøre?» «Snu deg et par ganger. Da blir det sikkert bedre snart.»

«Er det nok?» «Ja. Jeg kan ikke gjøre noe mer uansett.»

Nils setter seg ned på sofaen og snur seg. Én gang, to ganger, tre ganger, fire ganger. Han føler seg fortsatt kvalm, men smertene er bedre. Kanskje blir han snart frisk igjen?

en lunge [o]	płuco
et øre	ucho
å kjenne på	dotykać
et stykke	kawałek
(et) papir	papier
et stykke papir	kawałek papieru
å skrive	pisać
ei bok, bøker	książka
av papir	z papieru, papierowy
en papirlapp	karteczka
sikkert	na pewno
å snu	odwracać
én gang	jeden raz
et par	para, kilka
et par ganger	kilka razy
uansett	w każdym razie
ned [ne]	w dół
fortsatt [å]	nadal, wciąż
frisk	zdrowy

Liten
Mały

Liten jest całkowicie nieregularnym przymiotnikiem. Niestety, jego form musisz nauczyć się na pamięć.

en liten gutt	mały chłopiec
ei lita jente	mała dziewczynka
et lite hus	mały dom
mange små gutter/jenter/hus	dużo małych chłopców/dziewczynek/domów

Mange – mye

Z rzeczownikami policzalnymi, czyli takimi, które można policzyć, używamy **mange**.
Z rzeczownikami niepoliczalnymi, czyli takimi, których nie można policzyć, używamy **mye**.

Verken – eller

Wyjaśnienie jest chyba zbędne.

Posiadanie rzeczy (i osób)

Oczywiście w języku norweskim również mamy takie krótkie słówka jak *mój* i *twój* (nazywają się one zresztą zaimkami dzierżawczymi). Pamiętasz jednak, że są też w nich rodzaje. Jeśli więc chcę powiedzieć, że coś należy do mnie, użyję zaimka zgodnego z rodzajem i liczbą danego słowa:

min kopp
min brødskive
mitt rundstykke
mine kopper/brødskiver/rundstykker

To samo można powiedzieć również w inny sposób. Postaraj się przyzwyczaić do tej formy:

leiligheten min
brødskiva mi
huset mitt
leilighetene/brødskivene/husene mine

Zwróć uwagę na dwie rzeczy:

1. Jeśli zaimek jest na pierwszym miejscu, używamy nieokreślonej *formy rzeczownika* (**mitt hus**). Jeśli jest na końcu, używamy *formy określonej* (**huset mitt**). Żadne inne połączenie nie jest możliwe (nigdy więc nie mów: ~~mitt huset~~ ani ~~hus mitt~~).

2. Napisałem **min brødskive**, ale **brødskiva mi**. Brakujące **-n** to nie błąd. Żeńskiej formy zaimka dzierżawczego używamy jedynie wtedy, gdy stoi on za rzeczownikiem. W innych przypadkach do słów rodzaju żeńskiego dodajemy zaimek męski. Zastanawiasz się, czy Norwegowie mają problemy z tożsamością? Cóż...

Na następnej stronie zilustruję to wyjaśnienie:

min sønn   sønnen min
min datter   dattera mi
mitt barn   barnet mitt
mine sønner   sønnene mine

din sønn   sønnen din
din datter   dattera di
ditt barn   barnet ditt
dine sønner   sønnene dine

hans sønn   sønnen hans
hans datter   dattera hans
hans barn   barnet hans
hans sønner   sønnene hans

hennes sønn   sønnen hennes
hennes datter   dattera hennes
hennes barn   barnet hennes
hennes sønner   sønnene hennes

vår sønn	sønnen vår
vår datter	dattera vår
vårt barn	barnet vårt
våre sønner	sønnene våre

deres sønn	sønnen deres
deres datter	dattera deres
deres barn	barnet deres
deres sønner	sønnene deres

deres sønn	sønnen deres
deres datter	dattera deres
deres barn	barnet deres
deres sønner	sønnene deres

Kroppen
Ciało

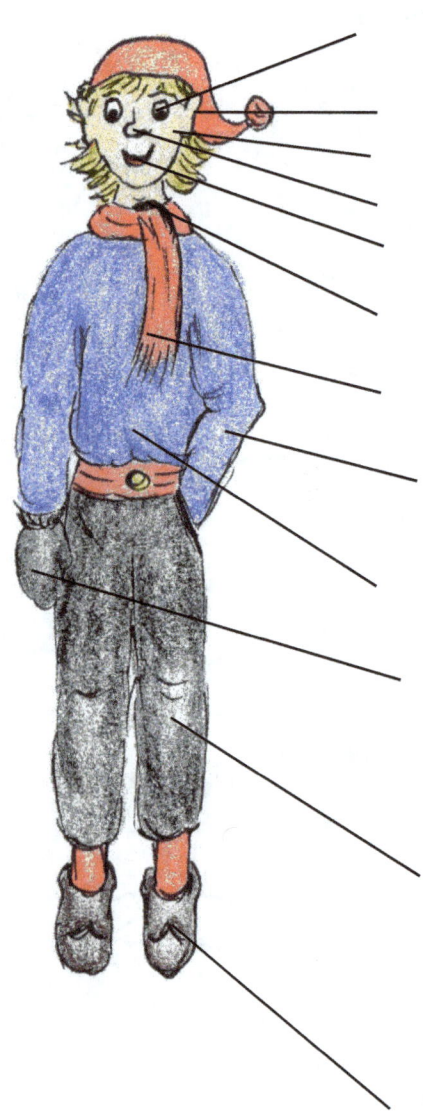

Zasłoń polskie tłumaczenie i spróbuj prawidłowo podpisać części ciała Nilsa.

et hode	głowa
et kne, knær	kolano
et øre	ucho
en hals	szyja
en arm	ramię
et bryst	klatka piersiowa
ei nese	nos
en munn	buzia
ei hånd, hender	dłoń
en mage	brzuch
en fot, føtter	stopa
et øye, øyer/øyne	oko

Hos legen
U lekarza

Zanim spojrzysz na polskie tłumaczenie, spróbuj zgadnąć, które kwestie wypowiedziałby lekarz, a które pacjent.

Det gjør vondt her.	Boli tutaj.
Jeg har vondt i magen.	Boli mnie brzuch.
Jeg har diaré.	Mam biegunkę.
Kan du ta av skjorta?	Możesz zdjąć koszulę?
Pust inn / pust ut.	Zrób wdech/wydech.
Jeg må kaste opp.	Zbiera mi się na wymioty.
Du må ta legemidler.	Musisz brać lekarstwa.
Kan jeg kjøpe det på apoteket uten resept?	Mogę to kupić w aptece bez recepty?
Temperaturen din er høy.	Masz wysoką temperaturę.
Du må holde senga.	Musisz leżeć w łóżku.
Må du hoste ofte?	Często kaszlesz?

1 Odpowiedz na pytania.
a) Hvor sover Nils?
b) Hvorfor våkner han?
c) Hvor er Emil?
d) Hva gjør Emil?
e) Hvorfor har Nils vondt?
f) Hva skal Nils gjøre?

2 Ułóż jak najwięcej sensownych zdań. Pamiętaj o popranym szyku wyrazów.

Nils	våkner	med Emil	vondt
Emil	han	ikke	i sofaen
Derfor	må	snakke	i magen
Smertene	har	verre	i brystet
Han	blir	seg	
	snur	et par ganger	
	sover		

3 Wstaw odpowiedni zaimek w formie dopełnienia (*meg, deg...*).
Nils sier til Emil: «Kan du hjelpe ...?»
Emil sier: «Ja, jeg kan hjelpe ...»
Emil hjelper Nils. Han hjelper ...

Vi er syke. Kan legen hjelpe ...?
Ja – legen sier: «Jeg kan hjelpe ...»

Susanne er syk. Kan Emil hjelpe ...?

Susanne og Per er syke. Kan legen hjelpe ...?

4 Ćwiczenie dodatkowe: Przepisz tekst z rodziału 10 w czasie przeszłym.
(Tylko jeśli już poznałeś czas przeszły)

80

5 *Mange* czy *mye*? Pamiętaj, by wstawić rzeczowniki w liczbie mnogiej jeśli wpisujesz *mange*.

Eksempel: Har vi nok melk til å bake ei kake? Nei, vi har ikke så mye melk.

Forstår dere litt fransk? – Ja, vi forstår _____ _____.

Kjenner du alle menneskene her? – Nei, ikke så _____ _____.

Vil du ha mer mat? – Ja, _____ _____, takk!

Har du venner i Amerika? – Ja, jeg har _____ _____ der.

Er det noen som vil spise rundstykker? – Ja, jeg vil spise _____ _____.

Har du brødre? – Ja, jeg har _____ _____.

Trenger du fem personer for å hjelpe deg? – Nei, ikke så _____ _____.

Har du kjøpt sju kilogram smør? – Nei, ikke så _____ _____.

6 Wstaw zaimki dzierżawcze w odpowiedniej formie.

a) min/mi/mitt/mine
For å jobbe trenger jeg ...
____ kunder, kundene _____,
____ saks, saksa ____,
____ binders, bindersen _____,
____ idéer, idéene _____,
____ rom, rommet _____.

b) din/di/ditt/dine
For å jobbe trenger du ...
____ kaffe, kaffen _____,
____ e-poster, e-postene _____,
____ skrivebord, skrivebordet _____,
i ____ stue, i stua _____,
____ rapport, rapporten _____.

c) vår/vårt/våre
Vi liker ...
____ arbeid, arbeidet _____,
____ mor, mora _____,
____ jobber, jobbene _____,
____ bror, broren _____,
____ barn, barnet _____.

7 Użyj zaimka dzierżawczego.
Eksempel: telefon (du) → din telefon/telefonen din

a) kjøkken (vi)

b) brødre (jeg)

c) kniv (hun)

d) gafler (han)

e) skje (de)

f) tallerkener (du)

g) glass (dere)

h) mat (jeg)

i) bord (han)

j) restaurant (de)

k) kake (du)

l) syltetøy (vi)

m) kaffe (dere)

n) skinke (hun)

Powtórzyłeś już dzisiaj słówka?

Powtarzanie nowych słów jest jednym z najważniejszych aspektów nauki języka. Dlaczego? Policzmy.

Przeciętny rodzimy użytkownik języka aktywnie wykorzystuje od 10.000 do 15.000 słów, a biernie (np. rozumie je, ale ich nie używa) jeszcze więcej. Jeśli będziesz się uczył

10000
tyle słów wykorzystuje native speaker

jednego nowego słowa dziennie, osiągnięcie poziomu native speakera zajmie ci ponad 30 lat. Ucząc się dziesięciu słów dziennie, skrócisz ten okres do trzech lat.

Czy to wykonalne? Pewnie nie. Przede wszystkim trudno codziennie wyrabiać taką normę. Czasem zabraknie ci na to czasu lub najzwyczajniej w świecie zapomnisz. Po drugie, moja kalkulacje opierają się na założeniu, że zapamiętasz wszystkie przyswojone wyrazy. Masz już sporo doświadczenia w nauce norweskiego - jak często musisz powtarzać nowe słowo zanim je zapamiętasz? Prawdopodobnie 3-5 razy. Oznacza to, że aby utrzymać tempo nauki dziesięciu słów dziennie, musisz każdego dnia powtórzyć 30-50 słów, przez 365 dni w roku.

Dlatego praktycznie żaden uczeń języka nie jest w stanie osiągnąć poziomu native speakera w ciągu trzech lat.

4000
tyle słów wykorzystuje osoba płynnie mówiąca w języku obcym

Mam jednak dla ciebie dobrą wiadomość. Wcale nie musisz znać tylu słów, co rodzimy użytkownik języka, aby mówić płynnie - a tym bardziej, by się dogadywać. Turyście wystarczy 500 słów, a 2000 zapewni nam praktyczną znajomość języka. Jeśli jednak zależy ci na naprawdę dobrym poziomie, będziesz potrzebował ok. 4000 wyrazów. Jak więc osiągnąć ten cel?

Jedynym wyjściem jest systematyczna praca, powinieneś więc wyrobić w sobie nawyk uczenia się nowych słów każdego dnia. Wyznacz sobie cel, któremu będziesz w stanie sprostać, np. 3-5 nowych słów dziennie, nie więcej. Większość osób (w tym ja) ma problemy z utrzymaniem tego tempa każdego dnia.

2000
tyle słów pozwoli ci radzić sobie na co dzień

Bardzo łatwo zrobić sobie przerwę od nauki i ani się obejrzysz, mija tydzień, a ty nie nauczyłeś się niczego nowego. Są jednak sposoby

500
tylu słów używa turysta

ułatwiające naukę. Możesz na przykład korzystać z naszego programu do nauki słownictwa (www.skapago.eu/nils). Możesz też poprosić swojego partnera, współlokatora lub dziecko, by codziennie przypominali ci o powtarzaniu słówek. Ponadto dobrym pomysłem jest wyznaczenie stałej pory na to zajęcie, np. dziesięć minut przed śniadaniem albo tuż przed snem - w zależności od tego, co sprawdza się w twoim przypadku. Postaraj się jednak, by weszło ci to w nawyk, tak jak mycie zębów. Nauka będzie skuteczniejsza, jeśli zadbasz, by w ciągu tych dziesięciu minut nikt ci nie przeszkadzał (jeśli zadzwoni do ciebie szef, nie odbieraj, tylko oddzwoń do niego później, zrób jednak wyjątek jeśli w twoim domu wybuchnie pożar).

Co zrobić, by ta metoda się sprawdziła? Świetnym pomysłem jest zapisywanie nowych słów na fiszkach: z jednej strony po norwesku, z drugiej po polsku. Pamiętaj o dopisaniu rodzajnika nieokreślonego przy rzeczownikach oraz czasu przeszłego i wszelkich form nieokreślonych przy czasownikach. Codziennie stwórz 3-5 takich fiszek. Potasuj je, przeczytaj każde słowo i powtarzaj, starając się już na nie nie patrzeć. Brzmi to aż zbyt łatwo, prawda? W końcu nie chodzi ci tylko o to, żeby te słówka rozumieć, ale przede wszystkim chcesz nauczyć się ich używać. Spojrzyj więc na stronę z polskim słowem, zastanów się jaki będzie jego norweski odpowiednik i zapisz swoją propozycję. Potem odwróć fiszkę i sprawdź, czy miałeś rację. Jeśli nie, odłóż kartkę na osobny stos z trudnymi wyrazami. Powtarzaj te słowa tyle razy, aż w końcu je zapamiętasz.

3 lata
8 miesięcy
3 tygodnie
5 dni
tyle czasu zajmie ci osiągnięcie płynności jeśli codziennie nauczysz się 4 słów

Potem powtórz wczorajsze fiszki, używając tego samego systemu. Raz w tygodniu zrób to samo z fiszkami z ostatnich siedmiu dni, a raz w miesiącu z dowolnym zestawem starych fiszek.

Jeszcze jedno: jeśli w którymś momencie poczujesz się zmęczony tą metodą, zrób sobie dzień przerwy. Nie bądź dla siebie zbyt surowy. W końcu nauka języka powinna być dobrą zabawą, prawda?

Erna kjøper mye i dag. Hun trenger mye mat fordi alle skal komme på besøk i morgen og spise middag hos henne. Hun vil lage fiskesuppe, karbonader med poteter og grønnsaker – og vaniljepudding til dessert. Nå er hun i butikken.

Trenger hun noe mer? Kanskje noe av den billige osten på tilbud? Eller det gode brødet fra bakeriet i byen?

Hva slags grønnsaker skal hun kjøpe?

Hun tenker på gulrøtter, løk og selvfølgelig poteter. Er det bedre med store eller med små poteter? Erna tenker litt. Så tar hun en liten pose med de små potetene. Hvilken kaffe skal hun kjøpe? Og så må hun kjøpe litt såpe, toalettpapir og en ny oppvaskbørste. Den gamle oppvaskbørsten er nemlig ødelagt.

Nå har hun alt. Hun vil betale.

«Vil du ha en pose?» spør kassereren.

«Ja, takk.»

Erna kjøper mye i dag.

å kjøpe	kupować
(en) mat	jedzenie
fordi [å]	ponieważ
et besøk	odwiedziny
å komme [å] på besøk	przychodzić w odwiedziny
(en) middag	obiad (w Norwegii jedzony zazwyczaj między 15:00 a 18:00)
hos	u (kogoś)
ei suppe	zupa
en fisk	ryba
ei fiskesuppe	zupa rybna
en karbonade	tradycyjne norweskie klopsy
en potet	ziemniak
grønnsaker (zawsze w liczbie mnogiej)	warzywa
en pudding	pudding
vanilje	wanilia
en dessert [dessær]	deser
en butikk	sklep
billig [-li]	tani
et tilbud	okazja, oferta specjalna
på tilbud	w przecenie
et bakeri	piekarnia
en slags	rodzaj
ei gulrot, gulrøtter	marchewka
(en) løk	cebula
bedre	lepszy
en pose	torebka
hvilken, hvilket, hvilke	który, która, które
(ei) såpe	mydło
toalettpapir	papier toaletowy
ny	nowy
en børste	szczotka
en oppvaskbørste [åpp-]	szczotka do mycia naczyń
ødelagt	zniszczony
å betale	płacić
en kasserer, mange kasserere	kasjer
et kort [å]	karta

85

«Medlemskort?»

«Hva sier du?»

«Har du medlemskort?»

«Nei, jeg er ikke medlem.»

«Betaler du med kort?»

«Ja, vær så snill.»

«Sånn, da setter du kortet inn i kortleseren, og så må du slå koden.»

Erna venter litt.

«Kvitteringen?» spør kassereren.

«Nei, takk.»

Erna legger alt i en pose og går.

«Ha det bra, og god helg!» sier kassereren.

«Takk, i like måte!» svarer Erna.

Da hun kommer ut av butikken, ser hun en ung mann. Han står på fortauet og kommer rett bort til henne. Så spør den unge mannen: «Unnskyld, jeg leter etter jernbanestasjonen. Hvor er den?»

et medlem, medlemmet, mange medlemmer	członek
et medlemskort	karta członkowska
hva sier du?	Słucham?
vær så snill	proszę (*dosł.* bądź tak miły)
inn	do (środka)
en kortleser, mange kortlesere	czytnik kart
å slå	uderzać, *tutaj:* wprowadzić
en kode	kod
å slå koden	wprowadzić kod
en kvittering	paragon
å stå	stać
et fortau	chodnik
rett	prosto
bort	*tutaj:* oznacza przejście z jednego miejsca w drugie
en stasjon	stacja
en jernbane [jæ-]	kolej
en jernbanestasjon	stacja kolejowa

Wybierz: hvilken

Hvilken oznacza *który* i ma kilka form, w zależności od rodzaju i liczby rzeczownika:

Hvilken kaffe skal hun kjøpe?	męska
Hvilken dør skal hun åpne?	żeńska
Hvilket hus liker du?	nijaka
Hvilke poteter skal hun kjøpe?	mnoga

Przymiotniki – forma określona

W rozdziale 8 uczyłeś się o przymiotnikach. Wyjaśniłem ci, że ich końcówka zależy od rodzaju i liczby rzeczownika. Nadszedł czas by wyznać, że za przymiotnikiem kryje się jeszcze inna, straszna reguła: przymiotniki również mogą być *określone* lub *nieokreślone*.

Zanim przejdziemy dalej, powtórzmy definicję określoności rzeczowników: formy nieokreślonej używamy mówiąc o jakiejkolwiek osobie (lub rzeczy), a określonej gdy mowa o osobie (lub rzeczy) konkretnej. Na przykład:

en kopp	→ jakíkolwiek kubek	→ f. nieokreślona
koppen	→ kubek nam znany lub o którym już była mowa	→ f. określona

Wyobraźmy sobie teraz, że kubek jest *duży*. Mając na myśli nieokreślony kubek, powiemy:

en stor kopp

Powiedzmy jednak, że nie chodzi o jakikolwiek kubek, a o określony kubek. Powiemy wtedy:

den store koppen

a w przypadku słów innego rodzaju:

den store brødskiva

det store rundstykket

Za to forma mnoga to:

de store koppene/brødskivene/rundstykkene

Zwróć uwagę na dwie kwestie:
1) Końcówka formy określonej to zawsze **-e**. Proste!
2) W formie określonej przymiotnik i rzeczownik nigdy nie stoją same. Zauważyłeś, że towarzyszy im zawsze **den** (przy rzeczownikach męskich i żeńskich), **det** (przy nijakich) lub **de** (w liczbie mnogiej)? Jeśli przyłożyłeś się do nauki, powinieneś je już znać, choć poznałeś je w innym kontekście (jeśli nie jesteś pewien, powtórz rozdział 3).
Możemy powiedzieć, że te słówka to rodzajniki określone, choć to nie do końca prawda. Wiemy przecież, że kubek w formie określonej to **koppen** (a nie **den koppen**). Jeśli nie zamierzasz zdawać egzaminu na tłumacza, to wyjaśnienie może ci się wydać nieco zbyt głębokie, chodzi jednak o to, że zawsze gdy używamy przymiotnika w formie określonej, musimy też dodać odpowiedni rodzajnik przymiotnikowy (tak nazywają się w tym kontekście słówka **den**, **det**, **de**).

Pamiętasz przymiotnik liten? (cofnij się do rozdziału 10, by powtórzyć jego formy)
Forma określona to **lille** (**den lille gutten**, **den lille jenta**, **det lille huset**), a mnoga to **små** (**de små guttene**, **de små jentene**…).

Porównaj jeszcze raz:

koppen <-> den store koppen

… za to **store koppen** nie jest poprawne.

Jeśli nie podoba ci się forma określona, mam dla ciebie dobrą wiadomość. Zawsze gdy przymiotnik pojawia się po opisywanym przez niego rzeczowniku, przybiera formę nieokreśloną, na przykład:

Den store kjelleren er mørk.

Det store rommet er mørkt.

De store rommene er mørke.

87

Przyszłość

To, że coś ma się wydarzyć, można wyrazić na kilka sposobów:

> Alle skal komme på besøk.
> Erna vil lage fiskesuppe.

Vil i **skal** różnią się nieco znaczeniem: coś, co zrobisz na pewno, wyrażasz za pomocą **skal**. Jeśli nie jesteś całkowicie pewny, używasz **vil**:

> Jeg skal gå på kino kl. 20.00. = Już kupiłem bilet.
> Jeg vil gå på kino kl. 20.00. = Jeszcze nie kupiłem biletu.

Zauważ, że zarówno **skal**, jak i **vil**, mają też inne znaczenie, niekoniecznie związane z przyszłością.

> Hva skal hun kjøpe? = Co powinna kupić? (rada)
> Hun vil betale. = Chce zapłacić (chęć)

Jeszcze jedno: zawsze gdy mowa o czymś niezależnym od nas, używamy **vil**. **Skal** dotyczy jedynie rzeczy, o których sami zdecydowaliśmy.

> Det vil regne i morgen. = Jutro będzie padać.

(Nie mamy wpływu na pogodę, nie użyjemy więc **skal**.)

Slags

Słowo **slags** może być mylące, bo kończy się na **-s**, a nie jest formą liczby mnogiej. Co więcej, użyty rodzajnik zależy od słowa, które stoi *za* **slags** (dziwne, prawda?). Forma pojedyncza i mnoga są takie same. Mówimy:

en slags potet	rodzaj ziemniaków
en slags ost	rodzaj sera
et slags brød	rodzaj chleba
mange slags ost/poteter	wiele rodzajów sera/ziemniaków

Jeśli nie podoba ci się **en slags**, możesz powiedzieć **en type**:

mange typer ost/poteter

Znajdź na zdjęciach artykuły spożywcze z listy. Które z nich lubisz, a których nie? Co jada się w twoim kraju?

en melon	melon
en appelsin	pomarańcza
frukt	owoc
en paprika	papryka
en salat	sałatka
en sopp [å]	grzyb
en agurk	ogórek
en banan	banan
(mange) druer	winogrona
(en) laks	łosoś
(et) kjøtt	mięso
(et) svinekjøtt	wieprzowina
ei reke	krewetka
(en) kylling	kurczak
(ei) skinke	szynka
ei kake	ciasto
en tomat	pomidor
(et) pålegg	*wszelkie dodatki do kanapek*
(en) pasta	makaron
ei pære	gruszka
et eple	jabłko

	I Norge:	I hjemlandet ditt:
Når spiser vi frokost?	ca. kl. 7	
Når spiser vi lunsj?	ca. kl. 11	
Når spiser vi middag?	ca. kl. 16	
Når spiser vi kveldsmat?	ca. kl. 20	

Co gdzie kupić

Jakie rzeczy możesz kupić lub jakie sprawy załatwić w którym sklepie? Dopasuj sprawunki do odpowiedniego sklepu. W jakich godzinach dany sklep jest otwarty? Jak można zapłacić?

Eksempel: Bensinstasjonen er døgnåpen. Bakeriet er åpent fra kl. 8 til 16 mandag til fredag og fra kl. 9 til 12 på lørdager. På apoteket kan man betale kontant eller med kort.

brød
bensin
et tidsskrift
sko
ei avis
melk
kosmetikk
legemidler
mat
klær
ei kake
en billett
ost

en matbutikk	sklep spożywczy
et apotek	apteka
et legemiddel, legemidler	lekarstwo
en klesbutikk	sklep z ubraniami
klær (liczba mnoga)	ubrania
(en) kosmetikk	kosmetyk
en kiosk	kiosk
en billett	bilet
ei avis	gazeta
et tidsskrift	czasopismo
en skobutikk	sklep obuwniczy
en sko, mange sko	but
en bensinstasjon	stacja benzynowa
(en) bensin	benzyna
å betale kontant / med kort	płacić gotówką
å kjøpe på kreditt	kupować na kredyt
døgnåpen	całodobowy
åpningstider	godziny otwarcia

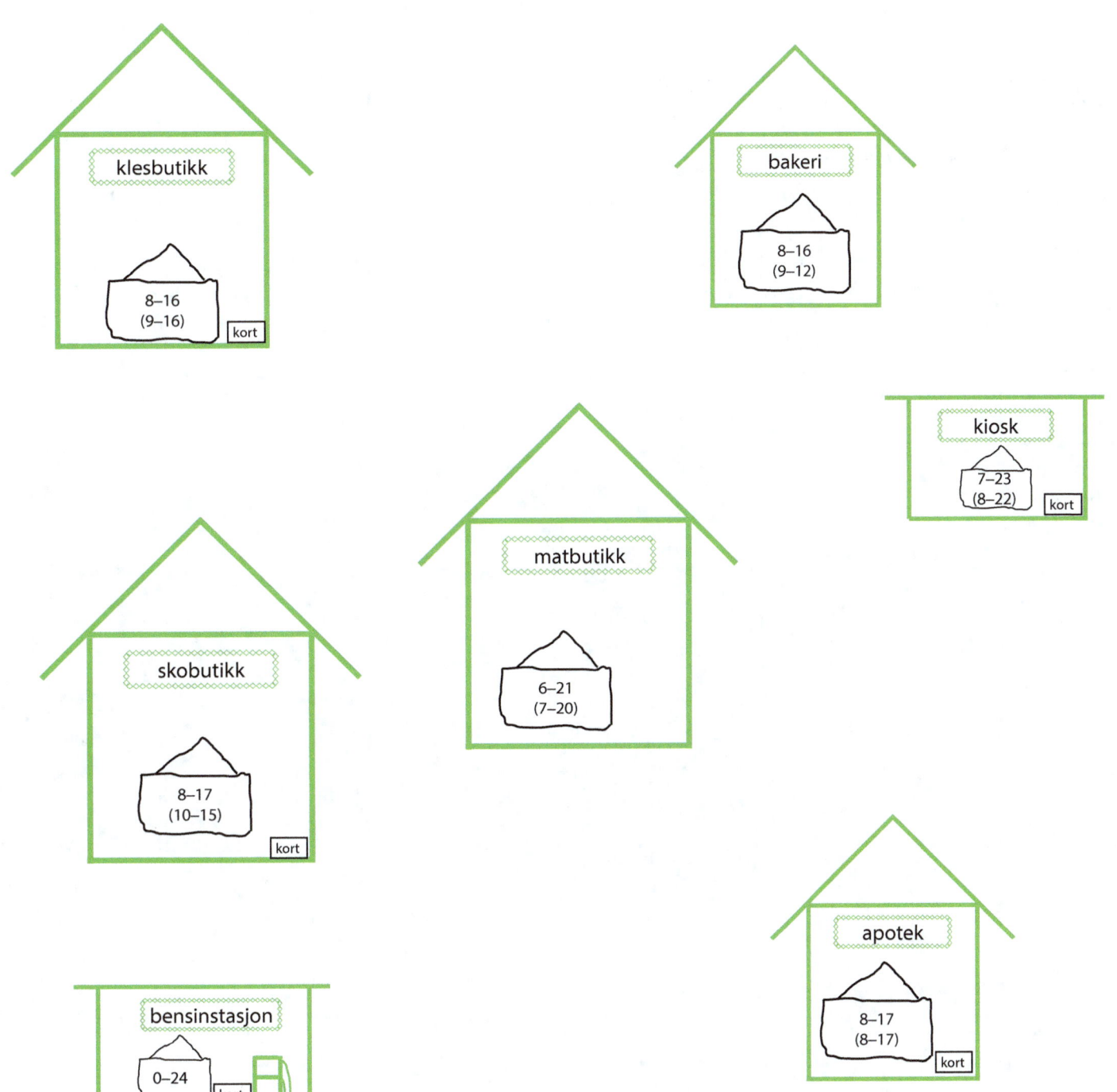

klesbutikk
8–16
(9–16)
kort

bakeri
8–16
(9–12)

kiosk
7–23
(8–22)
kort

matbutikk
6–21
(7–20)

skobutikk
8–17
(10–15)
kort

apotek
8–17
(8–17)
kort

bensinstasjon
0–24
kort

Kraje

Połącz języki (po prawej) z odpowiednimi krajami (po lewej).

Eksempel: I Norge snakker man norsk.

Norge	engelsk
Hellas	svensk
Brasil	fransk/tysk/italiensk
Canada	portugisisk
Tyrkia	polsk
Sveits	russisk
Storbritannia	italiensk/latin
Østerrike	spansk
Russland	islandsk
Argentina	tyrkisk
Polen	tysk
Island	gresk
Vatikanstaten	fransk/engelsk
Sverige	norsk

1 Zamień na formę określoną.

Eksempel: en dyr leilighet → den dyre leiligheten

a) et brunt skap
b) en varm kopp
c) et stort brød

d) ei rød dør
e) røde senger
f) store vinduer

g) en rar person
h) et rolig hus
i) en mørk skog

2 Wstaw przymiotnik w odpowiedniej formie.

god	Brødet er ...
billig	Rundstykkene er ...
liten	Jeg vil ha en ... leilighet.
stor	Huset er ...
god	Jeg vil kjøpe fem ... rundstykker.
fin	Vi trenger mange ... poteter.
dyr	Dette huset er ...
billig	Dette er et ... hus.

3 Flagi, kraje i kolory.

Jakie kolory mają te flagi? Dopasuj narodowość do flagi, użyj formy określonej i pamiętaj, by przymiotnik
miał odpowiednią końcówkę.
et flagg = flaga
Eksempel: Det norske flagget er rødt, hvitt og blått.

irsk – svensk – gresk – italiensk – tysk – sørafrikansk – østerriksk

4 Opisz swoje mieszkanie: jego położenie, wygląd, liczbę pokoi, rodzaj mebli, pobliskie sklepy oraz z kim mieszkasz.

5 Hva liker du å spise? Hva spiser du til frokost/lunsj/middag?

6 Wpisz *hvilken/hvilket/hvilke.*

a) _____ hus bor du i?

b) _____ telefon ringer?

c) _____ bilder liker du?

d) _____ oppvaskmaskin er god?

e) _____ jobb vil du ha?

f) _____ smerter er farlige?

g) _____ butikk er billig?

h) _____ bord vil du kjøpe?

12

Erna er forvirret. En turist spør etter jernbanestasjonen. Det er egentlig ikke noe uvanlig med det. Men hun har følelsen av å være i en gammel film igjen. En ung mann – blid, høflig – spør etter veien. Han bærer en koffert. Slik var det den gang også. Nøyaktig her. For så mange år siden.

«Vet du ikke hvor den er?» spør den høflige unge mannen.

Erna våkner av dagdrømmen. «Jo, det vet jeg. Du går ned denne gata, og så går du til høyre ved det første krysset. Ser du disse små, grønne husene der borte? Der må du gå til høyre. Etter omtrent 100 meter går du til venstre, rett ved et lite hotell. Deretter går du rett fram til du ser stasjonen.»

«Tusen takk!» Den unge mannen smiler og går. Han smiler ... nøyaktig som en annen ung mann smilte, og på nøyaktig det samme stedet, for mange, mange år siden. Den andre unge mannen hadde også en koffert med seg. Bare klærne – han hadde selvfølgelig andre klær på seg. Men ansiktet, ansiktet! Det var så kjent. Og språket – dette språket. Det var nøy-

«Vet du ikke hvor den er?»

å forvirre, forvirret [å]	wprawiać w zakłopotanie, zbijać z tropu
forvirret [å]	zakłopotany, zbity z tropu
en turist	turysta
uvanlig [-li]	nietypowy, niezwykły
en følelse	uczucie
en film	film
blid [bli]	radosny
høflig [-li]	grzeczny, uprzejmy
en vei	droga
å spørre etter veien, spurte	pytać o drogę
å bære, bar	nieść
tung [o]	ciężki
en koffert	walizka
slik	tak, w ten sposób
var (czas przeszły) > å være	był
den gang	wtedy
nøyaktig [-ti]	dokładnie, zupełnie
for ... siden	... temu
en drøm, drømmer	sen
en dagdrøm	sen na jawie
denne	ten, ta
til høyre	na prawo, w prawo
et kryss	skrzyżowanie
borte	*tutaj*: o czymś oddalonym
omtrent	około
til venstre	na lewo, w lewo
et hotell	hotel
deretter [dær-]	następnie
rett fram	prosto
en annen	inny
ei anna	inna
et annet	inne
den/det/de andre	inny, inna, inne, inni
et ansikt	twarz

aktig den samme uttalen ...

Den gang bodde Erna ikke her ennå, men hun dro ofte til byen. Da møtte hun den unge mannen – han sto her på dette fortauet, spurte etter veien, hadde en koffert i hånda ...

Alt etterpå er så trist. Hun kan aldri glemme det, men hun kan heller ikke snakke om det. Hun føler at hun må snakke om det. Men det er så vanskelig. Så utrolig vanskelig.

Minnene kommer tilbake, som en stor bølge. Erna kan ikke gå hjem nå. Nei, hun må ordne tankene først.

kjent	znajomy, znany
et språk	język
en uttale	wymowa
ennå	jeszcze
å dra, dro	*tutaj:* wyruszać w podróż, jechać
ofte [å]	często
aldri	nigdy
å glemme, glemte	zapominać
vanskelig [-li]	trudny
utrolig [-li]	niewiarygodny
et minne	wspomnienie
en bølge	fala
hjem [jem]	dom, do domu
å ordne, ordnet [å]	porządkować
en tanke	myśl

denne – dette – disse

Te trzy słówka to zaimki wskazujące: **ten**/**ta**, **to** i **te**. Pamiętaj, żeby dobierać je zgodnie z rodzajem rzeczownika:

> denne koppen
> denne brødskiva
> dette rundstykket
> disse koppene/brødskivene/rundstykkene

Jak zwykle mamy jeden zaimek dla form męskich i żeńskich, drugi dla nijakich i trzeci dla mnogich. Przy twojej znajomości norweskiej gramatyki nie powinno cię to już dziwić.
Jedna mała uwaga! Zauważ, że po **denne/dette/disse** zawsze używamy określonej formy rzeczownika (i przymiotnika). Dlaczego? To proste! Używając zaimków wskazujących zawsze masz na myśli kogoś lub coś *konkretnego*.

Jeśli chcemy powiedzieć *to jest*…, mówimy **dette er**… (używamy nijakiej formy zaimka, nawet jeśli rzeczownik jest innego rodzaju, tak jak w języku polskim):
> Dette er en dusj.

Iść a być

Poniższe słowa mają pewną cechę wspólną: jeśli chcemy wyrazić ruch, używamy form podanych z lewej strony (zazwyczaj pozbawionych końcówki **-e**). Jeśli odnosimy się do czegoś, co się nie przemieszcza, używamy form z prawej..

Han **går** opp.

... ned
... inn
... ut
... hjem
... dit
... hit
... bort

Han **er** oppe.

... nede
... inne
... ute
... hjemme
... der
... her
... borte

Czas przeszły

Czas, by spojrzeć w przeszłość!
Wiedziałeś, że ten moment w końcu
nadejdzie. O ile jeszcze się za to nie
zabrałeś, pora nauczyć się czasu
przeszłego. Wróć do rozdziału 6. Do
zobaczenia za chwilę!

Poniżej znajdziesz wszystkie czasowniki, których
nauczyłeś się do tej pory, podzielone według
form czasu przeszłego.

-et

å arbeide	å ordne
å dekke	å passe på
å dusje	å pusse
å gifte	å puste
å glede	å rydde
å hente	å slappe av
å hete	å slutte
å hoppe	å snakke
å hoste	å trykke
å huske	å tulle
å kaste	å vaske
å koste	å vente
å lage	å våkne
å lytte	å åpne

-dde

å bety
å bo
å snu
å tro

-te

å bake	å rope
å begynne	å sende
å betale	å skjule
å bevege	å skjære
å bruke	å skjønne
å flire	å skremme
å forklare	å smile
å føle	å spille
å gjemme	å spise
å glemme	å steke
å hilse	å stemme
å høre	å studere
å kjenne	å svare
å kjøpe	å tenke
å koke	å trenge
å leke	å trykke
å like	å vise
å ringe	

-de

å dø
å lage
å leve
å prøve

Niestety, niektóre z już poznanych przez ciebie czasowników są nieregularne (**uregelmessige verb**) i musisz się ich nauczyć na pamięć:

Infinitiv	Presens	Preteritum
å bære	bærer	bar
å bli	blir	ble
å burde	bør	burde
å dra	drar	dro/drog
å drikke	drikker	drakk
å drive	driver	drev
å få	får	fikk
å finne	finner	fant
å forstå	forstår	forsto
å fortelle	forteller	fortalte
å gå	går	gikk
å gi	gir	gav/ga
å gjenta	gjentar	gjentok
å gjøre	gjør	gjorde
å ha	har	hadde
å hjelpe	hjelper	hjalp
å komme	kommer	kom
å kunne	kan	kunne
å ligge	ligger	lå
å måtte	må	måtte
å se	ser	så
å sette	setter	satte
å sitte	sitter	satt
å skrive	skriver	skrev
å skulle	skal	skulle
å slå	slår	slo
å sove	sover	sov
å spørre	spør	spurte
å stå (opp)	står	sto/stod
å ta	tar	tok
å treffe	treffer	traff
å være	er	var
å ville	vil	ville
å vite	vet	visste

Wskazywanie drogi (i interpretacja wskazówek)

Unnskyld, hvordan kommer jeg til … / hvor ligger … / hvor er … ?

… skolen (3)?

Du går til venstre ved det første krysset (2). Ved det andre krysset (7) ser du skolen til høyre (3).

… parkeringsplassen (5)?

Du går til venstre ved det første krysset (2). Så går du rett fram. I rundkjøringen tar du første utkjørsel (4). Så ligger parkeringsplassen til høyre.

Teraz twoja kolej:

- Hvor ligger restauranten (9)?
- Hvordan kommer man fra parkeringsplassen til parken (10)?
- Hvordan kommer man fra restauranten (9) til kinoen (8)?

en parkeringsplass	parking
en rundkjøring [runn-]	rondo
en utkjørsel	zjazd (*z drogi, autostrady*)
en restaurant [-rang]	restauracja
en bar	bar
en kino	kino

1 Svar på spørsmålene. (Odpowiedz na pytania.)

a) Hvor er Erna?

b) Hva vet du om turisten?

c) Hvorfor er Erna forvirret?

d) Hva slags minner har Erna?

e) Hvorfor kan hun ikke gå hjem?

2 Wstaw *denne/dette/disse*.

Hva skal Erna kjøpe? Kanskje ... gulrøttene? Eller ... potetene?

... oppvaskbørsten er for dyr. Men hun skal i hvert fall kjøpe ... osten. Er ... brødet godt?

3 Hvordan var dagen din?

Pamiętasz rozkład dnia, który przygotowałeś w rozdziale 7? Przepisz go w czasie przeszłym, a potem opisz twój wczorajszy dzień (również w czasie przeszłym).

4 Poćwicz *preteritum*.

Jeśli to twój pierwszy kontakt z czasem przeszłym, powinieneś również rozwiązać zadania dodatkowe z rozdziału 6 (ćw. nr 8) i 10 (ćw. nr 4).

5 Wybierz odpowiednią formę.

a) Er butikken (der/dit)?

b) Hvor er bakeriet? – Du må gå (nede/ned) denne gata.

c) Apoteket ligger (her/hit).

d) Kommer du (hjem/hjemme)?

e) Skal han vente (der/dit)?

f) Det er to senger her, men jeg vil ikke sove (oppe/opp).

g) Vi må sende (ut/ute) mange e-poster i dag.

h) Vil du gå (ut/ute) med oss på lørdag?

i) Må vi sitte (inn/inne) i dag?

j) I dag arbeider Stian (hjem/hjemme).

k) Kommer du (her/hit)?

l) Bakeriet er (der/dit) (borte/bort).

13

Erna sitter på en rolig kafé. Hun har nettopp drukket to kopper kaffe, og kaffen var sterk. Nå føler hun seg litt bedre.

«Vil du ha noe å spise også?»

Erna er litt usikker. Skal hun bestille noe? Hun kan ikke bare drikke kaffe. Hun har ikke spist ennå. «Ja, takk. Kan jeg få menyen?» «Ja, et øyeblikk.»

Servitøren kommer tilbake. Menyen er ikke særlig fristende. Hamburger, pizza, kjøttkaker, kylling. Har de ikke salater eller fisk? Jo, der: Dagens fisk med ris og grønnsaker. «Jeg tar dagens fisk», sier Erna til servitøren.

Hun venter på maten og ser ut av vinduet. Det snør nå, og det blåser ganske kraftig. Hun tenker på den unge mannen. Og så tenker hun på Susannes bursdag. Susanne likte ikke gaven. Det var en dum idé å gi henne nissen. Og det var en dum idé med papirlappen også. Hvorfor la hun lappen i nissen? Susanne vil aldri finne denne lappen! Men Erna vil absolutt gjøre noe med denne saken. Hun har aldri snakket om den. Hun har alltid ventet.

Det vil si – én person vet det. Hun må vite det. De har aldri snakket om det, men det med hytta var jo Heges idé.

Og så tenker hun på Susannes bursdag.

en kafé	kawiarnia
nettopp [å]	właśnie
å drikke, drakk, drukket [o]	pić
sterk [ær]	mocny
å bestille, bestilte	zamawiać
en meny	menu
et øyeblikk	chwila, moment
en servitør	kelner
særlig [-li]	szczególnie
fristende [-enne]	zachęcający
ei kjøttkake	klops
(en) fisk	ryba
dagens fisk	ryba dnia
(en) ris	ryż
å snø, snødde	padać (śnieg)
å blåse, blåste	wiać
ganske	dość, dosyć
kraftig [-ti]	mocno
en sak	sprawa
Det vil si ...	To znaczy...
ei hytte	domek, chatka
å stille, stilte spørsmål	zadawać (pytanie)
å besøke, besøkte	odwiedzać

Hun har aldri stilt spørsmål. Men hun vet sikkert alt. Kanskje bør hun besøke Hege? Hun klarer det sikkert med Heges hjelp. Men Hege bor i Tromsø nå.

Papirlappen var en typisk Erna-idé: Man kan ikke både holde noe hemmelig og samtidig fortelle om det. Enten må hun snakke om teksten på lappen med familien eller holde det skjult for resten av livet.

Servitøren kommer med maten. «Vær så god!»

Erna begynner å spise, men maten smaker ikke.

Nå har hun levd med denne hemmeligheten i så lang tid. Og hun er gammel. 84 år. Hun føler seg frisk, men det er på tide å fortelle sannheten til familien. Eller er det allerede for sent?

«Kan jeg få regningen?»

«Så klart. Vil du betale kontant?»

«Nei, med kort.»

«Det blir 243 kroner.»

Erna slår koden, bekrefter og tar kvitteringen.

«Takk skal du ha. Ha en fin dag!» sier servitøren.

«Takk, i like måte. Ha det bra!» svarer Erna.

Erna går ut av kaféen. Det har snødd i mange timer, og det er vanskelig å gå. Hun må være forsiktig.

å klare, klarte	uporać się z czymś
Tromsø	*miasto w północnej Norwegii*
typisk	typowy
både – og	zarówno – jak i
å holde, holdt, har holdt [hålle]	trzymać
hemmelig [-li]	tajemniczy, sekretny
samtidig [-di]	jednocześnie
å fortelle om, fortalte om [får-]	opowiadać o
enten – eller	albo – albo
en tekst	tekst
skjult	schowany
en rest	reszta
resten av	reszta
et liv	życie
vær så god	proszę
å smake, smakte	smakować
en hemmelighet	tajemnica
en tid	czas
det er på tide å ...	(najwyższy) czas...
en sannhet	prawda
sent, for sent	późno, za późno
en regning [ræj-]	rachunek
så klart	oczywiście
det blir ...	to będzie...
å bekrefte, bekreftet	potwierdzać
ha en fin dag	miłego dnia
en time	godzina

Czas

Klokka er 14.30.

14.20	→ for ti minutter (*minutes*) siden
14.40	→ om ti minutter
fra kl. 14.20 til kl. 14.30	→ i ti minutter

Wykorzystaj swoją wiedzę o *preteritum* i to, czego za chwilę nauczysz się o *perfektum*:

Jeg har ventet på deg i ti minutter. → Zacząłem czekać o 14:20 i nadal czekam.
Jeg ventet på deg i ti minutter. → Zacząłem czekać o 14:15, a ty przyszedłeś o 14:25.

Zwroty grzecznościowe

Jak wyjaśniłem ci wcześniej, w języku norweskim nie ma jednego odpowiednika słowa *proszę*, istnieje natomiast wiele sposobów na wyrażenie wdzięczności (patrz rozdział 3). Prosząc o coś, możesz okazać grzeczność na kilka sposobów bez użycia słowa *proszę*:

- w pytaniach:
  Kan jeg få menyen?
  zamiast ~~Jeg vil få menyen~~.
- użyj **kunne** (forma czasu przeszłego od **kan**):
  Kunne jeg få menyen? Kunne du hjelpe meg?
  Ta forma jest grzeczniejsza od **kan**.
- użyj **gjerne**:
  Jeg vil gjerne ha en kopp kaffe.
  zamiast ~~Jeg vil ha en kopp kaffe~~.
- użyj **vennligst** lub **vær så snill**:
  Vennligst legg igjen en beskjed etter pipetonen. (Proszę zostawić wiadomość po sygnale.).
  Vær så snill og hjelp meg.
  To prawie to samo co *proszę*, ale używamy tych zwrotów tylko w sytuacjach formalnych i w języku pisanym.
- po zamówieniu czegoś dodaj **takk**: Jeg vil gjerne ha et glass vann, takk.
  Jeg vil gjerne ha et glass vann, takk.

W języku norweskim istnieje za to wyrażenie oznaczające zarówno *nie ma za co*, jak i *proszę* (gdy coś komuś podajemy):
Vær så god!
Nie słuchaj więc Norwegów, którzy twierdzą, że łatwiej jest być uprzejmym, mówiąc w innych językach. Zwrotów grzecznościowych jest cała masa!

Perfektum (czas teraźniejszy dokonany)

Pamiętasz czas przeszły? Oprócz niego istnieje jeszcze *perfektum*, podobny do angielskiego *present perfect*. Tworzymy go za pomocą następującego wzoru: **har** + *perfektum*. Pozostaje tylko nauczyć się form czasowników. Niestety, jeśli czasownik jest nieregularny, musisz nauczyć się jego form na pamięć. Znajdziesz je na następnej stronie.

Na szczęście, w przypadku czasowników regularnych bardzo łatwo jest przejść z *preteritum* do *perfektum*. Wystarczy formę czasu przeszłego pozbawić końcówki **-e**. Ale co jeśli nie kończy się ona na **-e**, jak **våknet**? Cóż, wtedy niczego nie zmieniamy. I to by było na tyle!

końcówka –et:	å våkne	→ jeg har våknet
końcówka –t:	å spise	→ jeg har spist
końcówka –d:	å leve	→ jeg har levd
końcówka –dd:	å bo	→ jeg har bodd

Po co nam *perfektum*, skoro znamy już *preteritum*? Główna zasada brzmi następująco: Jeśli coś, co wydarzyło się w przeszłości, ma związek z teraźniejszością, używamy *perfektum*.

Spójrz na kilka przykładów z tekstu:
>   Erna har drukket to kopper kaffe.
>   → Nå føler hun seg litt bedre.

Użyliśmy *perfektum*, ponieważ wypicie przez Ernę kawy w przeszłości miało wpływ na teraźniejszość (czuje się lepiej).

>   Hun har ikke spist ennå.

Powiązanie z teraźniejszością nie jest w tym przypadku opisane w tekście, ale nie ma wątpliwości co do tego, że istnieje: Erna rozważa zamówienie czegoś do jedzenia, więc fakt, że jeszcze nie jadła, ma związek z jej obecną sytuacją.

To "powiązanie z teraźniejszością" może też oznaczać, że czynność rozpoczęta w przeszłości trwa nadal:
>   Hun har alltid ventet.

... i czeka do tej pory.

Porównaj powyższe przykłady z użyciem *preteritum*:
>   Susanne likte ikke gaven.

Wydarzyło się to w jej urodziny i nie miało związku z teraźniejszością.

Oczywiście czasami (a nawet często) nie jest do końca jasne, czy dane wydarzenie powiązane jest z teraźniejszością, czy nie. Spójrz na poniższe zdanie:
>   Det var en dum idé å gi henne nissen.

Jeśli Erna po prostu stwierdza fakt, użycie *preteritum* jest uzasadnione (brak związku z teraźniejszością). Ale Erna mogłaby zacząć się zastanawiać na kupieniem Susanne kolejnego prezentu. Wtedy *perfektum* byłoby lepszym wyborem.

Nie ma jednak sensu za bardzo nad tym główkować. Nieraz usłyszysz Norwegów używających "nieodpowiedniego" czasu, jeśli więc przytrafi się to tobie, nie ma czym się przejmować.

Najważniejsze, żebyś zapamiętał:

Ida og Per har vært gift i tre år.
Perfektum – nadal są małżeństwem.

Ida og Per var gift i tre år.
Preteritum – już nie są małżeństwem.

Podsumowując:

Preteritum
• czynności zakończone
• określamy, kiedy coś się wydarzyło

Perfektum
• czynności, które nadal trwają
• czynności, które wydarzyły się w przeszłości, ale mają związek z teraźniejszością

Czasowniki nieregularne

å bære	har båret	å kunne	har kunnet
å bli	har blitt	å ligge	har ligget
å burde	har burdet	å måtte	har måttet
å dra	har dradd/dratt	å se	har sett
å drikke	har drukket	å sette	har satt
å drive	har drevet	å sitte	har sittet
å få	har fått	å skrive	har skrevet
å finne	har funnet	å skulle	har skullet
å forstå	har forstått	å slå	har slått
å fortelle	har fortalt	å sove	har sovet
å gå	har gått	å spørre	har spurt
å gi	har gitt	å stå (opp)	har stått (opp)
å gjenta	har gjentatt	å ta	har tatt
å gjøre	har gjort	å treffe	har truffet
å ha	har hatt	å være	har vært
å hjelpe	har hjulpet	å ville	har villet
å komme	har kommet	å vite	har visst

Posiłek w restauracji

W norweskich restauracjach często nie ma kelnerów. Należy po prostu podejść do lady i tam zamówić jedzenie. W takich przypadkach nie zostawia się napiwków, a jeśli trafisz na lokal z obsługą, też nie jest to wymagane, choć oczywiście możesz w ten sposób docenić dobrze wykonaną pracę.

Na uniwersytetach i w wielu dużych firmach są stołówki (**kafeteria**), które często serwują też gorące posiłki. W porze lunchu większość Norwegów woli jednak posilić się przekąską przyniesioną z domu (nazywaną **matpakke**), czyli kanapką lub sałatką. Może już zauważyłeś, że ceny w restauracjach bywają bardzo wysokie, ale przed godziną 18:00 wiele z nich proponuje klientom oferty specjalne. Warto więc rozważyć wcześniejszy obiad.

Spójrz na poniższe zdania i dopasuj odpowiedzi.

Har du et ledig bord for fire personer?	Ja. Kan vi få menyen?
Kan vi sitte her?	Selvfølgelig. Det er mulig.
Vil dere spise?	Jeg tar et glass øl, takk.
Kan du anbefale noe?	Nei, dessverre.
Hva vil du drikke?	Ja, det kan du. Hvordan vil du betale?
Har dere italiensk rødvin?	Ja, selvfølgelig.
Er det mulig å få dagens suppe uten kjøtt?	Ja, men den står ikke på menyen.
Er det svinekjøtt i denne retten?	Ja, her ved vinduet.
Har dere vegetariansk mat også?	Nei, bare kylling.
Kan jeg få regningen?	Ja, dagens fisk, for eksempel.

ledig [-di]	wolny, dostępny
å anbefale, anbefalte	polecać
(en) rødvin	czerwone wino
en rett	danie
vegetariansk	wegetariański
en regning [ræj-]	rachunek
(et) øl	piwo
en øl	szklanka/kufel piwa
dessverre [-ærre]	niestety

1 Odpowiedz na pytania.

a) Hvor er Erna?
b) Liker hun menyen?
c) Hva bestiller hun?
d) Hva vil hun klare med Heges hjelp?
e) Har hun snakket om hemmeligheten med Hege?
f) Hvorfor er det på tide å snakke om hemmeligheten?
g) Hvordan betaler Erna?
h) Hvorfor må hun gå forsiktig?

2 Z podanych wyrazów ułóż potrawy. Słów, których nie znasz, poszukaj w słowniku. Możliwości jest wiele, wszystko zależy od twoich upodobań.

potetsalat	med	potetmos
råkost	med	grønnsaker og potet
kokt laks	med	ertestuing, brun saus og potet
kjøttkaker	med	fiskegrateng
stekte pølser	med	kylling
svinekotelett	med	kald roastbeef
ris og salat	med	potet og agurksalat

3 Przekształć poniższe zdania, używając *perfektum*.

a) Per våkner.
b) Maria kommer til kaféen.
c) Hun spiser sjokolade.
d) Hun begynner ikke å arbeide.
e) Stefan åpner vinduet.
f) Han sender en e-post.
g) Susanne får en gave.
h) Hun går på Internett.
i) Jeg tar bussen kl. 6.40.
j) Jeg venter i en time.
k) De ser ikke det grønne huset.
l) Jeg gjør mye i dag.
m) Martha bor i Bergen.
n) Hun sier ikke mye.
o) Jeg spør etter veien.
p) Jeg ser det på TV.

q) Jeg hører deg.
r) Stefan slutter å arbeide.
s) Han snakker med meg.
t) Barnet prøver å gjemme seg.
u) Nils føler seg bedre.
v) Jeg lytter på radio.
w) Pål skriver ei bok.
x) Det snør i to timer.
y) Erna kjøper mat.
z) Familien kommer på besøk.
æ) Hun betaler 345 kroner.
ø) Jeg drar til Oslo.
å) Mannen står på fortauet.

4 Tor nie jest zbyt uprzejmy. Jak mógłby wyrazić się grzeczniej?
a) Du må hjelpe meg.
b) Kom til meg.
c) Jeg vil ha en kopp kaffe.
d) Gi meg menyen.
e) Nå betaler jeg.

5 Podkreślone części zdania zastąp wyrażeniami: i/om/for … siden/timer/dager …
Det er onsdag. Klokka er 17.00.
a) Kl. 19.00 skal jeg treffe en venn.
b) Kl. 16.00 var jeg ferdig på jobben.
c) På fredag skal jeg reise til Oslo.
d) På lørdag, søndag og mandag skal jeg være i Oslo.
e) På mandag var jeg i Bergen.
f) Fra kl. 20.00 til kl. 22.00 skal jeg snakke med Tor.
g) Kl. 23.00 skal jeg legge meg.

6 Postaraj się przepisać poniższe zdania własnymi słowami. Nie używaj podkreślonych słów.
Eksempel: Maten er ikke særlig god.
→ Maten er ikke særlig fristende.
a) Dagens suppe er ikke veldig dyr. →
b) Det er helt rolig i huset. →
c) Den unge mannen stiller mange spørsmål. →
d) Erna har skjult papirlappen i Nils. →
e) Det stemmer ikke. →
f) Jeg har levd i Oslo i 20 år. →
g) Vær så snill å gi meg menyen. →
h) Det blir 340 kroner. →
i) Han bærer en eske. →
j) Maten koster rundt 200 kroner. →
k) Deretter skal jeg legge meg. →
l) Erna er norsk. →

7 Dopasuj części ciała do wykonywanych przez nie czynności (znajdź w słowniku słowa, których nie znasz.).
Eksempel: ei hånd (hender) – å gripe
→ Med hendene kan man gripe.

et øye (øyne)	å se
en fot (føtter)	å gå
en nese	å nikke
en finger	å spise og å drikke
en munn	å føle
ei tunge	å tenke
et øre	å smake
et hode	å puste
en hjerne	å lukte
en lunge	å bite
en tann (tenner)	å høre
en hud, en finger	å gripe

14

Natten har vært tung. Nils har følt seg veldig syk. Men nå er han mye bedre. Magen har sluttet å gjøre vondt, og han er ikke kvalm lenger.

Det er ganske sent. Nils hører verken Lars eller barna, de har gått på skolen og på jobb. Bare Lise er hjemme. Hun er på badet, og man hører dusjen. Etterpå pusser hun tennene. Så kommer hun ut av badet. Hun bærer ei bøtte med vann. På kjøkkenet begynner hun å vaske gulvet. Så går hun tilbake til badet med bøtta, tømmer den i doen og tar støvsugeren ut av et skap. Støvsugeren bråker forferdelig. Nils klarer nesten ikke å vente til hun er ferdig. Endelig slår Lise av støvsugeren.

Hva skjer nå? Lise kommer tilbake og begynner å rydde. Å nei, tenker Nils. Kommer hun med en eske? Han er nervøs. Men Lise tar bare ei bok fra bordet og setter den inn til de andre bøkene i hylla. Så tar hun koppene, knivene, gaflene, skjeene, tallerkenene og glassene og setter dem i oppvaskmaskinen. Etter det støvsuger hun i stua og i gangen. Det tar lang tid.

Så kommer hun tilbake og ser på Nils.

Med et fast grep tar Lise ham, går inn i stua, setter seg på sofaen sammen med Nils og slår på TV-en.

Lise kommer tilbake og begynner å rydde.

hjemme [je-]	w domu
ei bøtte	wiadro
å tømme, tømte	opróżniać
en do	toaleta, klozet
en støvsuger	odkurzacz
å bråke, bråkte/ bråket	hałasować
til	*tutaj: aż*
å skje, skjedde	dziać się
nervøs [nær-]	zdenerwowany, zestresowany
ei hylle	półka
et grep	chwyt
fast	mocny, pewny

Stopień wyższy

Porównywanie w języku norweskim jest dość proste.

> I Trondheim er det kaldere enn i Oslo.

Wystarczy dodać do przymiotnika końcówkę **-ere**. Powstała w ten sposób forma **kaldere** (nazywamy ja stopniem wyższym) nie zmienia się w zależności od rodzaju i liczby:

> Den er kaldere/det er kaldere/de er kaldere …

Od każdej reguły są jednak wyjątki. Niektóre przymiotniki nie mogą przyjąć końcówki **-ere**. Gdy chcemy coś porównać, dodajemy do nich słówko **mer**:

> Min leilighet er mer moderne enn din leilighet.

Reguła ta dotyczy:

- długich przymiotników, często zapożyczonych z innych języków, na przykład **moderne**, **interessant**
- długich przymiotników kończących się na **-sk**: **politisk**, **skandinavisk**
- przymiotników utworzonych od czasowników: **skuffet** (pochodzący od **å skuffe**)
- …oraz przymiotników kończących się na **-s**. Są one jednak niezwykle rzadkie, więc nie zawracaj sobie nimi głowy.

Czasami używamy stopnia wyższego, choć niczego nie porównujemy:

> en eldre mann

Moglibyśmy powiedzieć **en gammel mann**, ale wolimy być grzeczni. By lepiej zrozumieć to zjawisko, wyobraź sobie, że chodzi o porównanie z czymś *przeciętnym* lub *zwykłym*:

> en eldre mann → starszy niż przeciętny mężczyzna

Stopień najwyższy

Stopień najwyższy jest równie łatwy co wyższy. Zamiast **-ere** (stopień wyższy) dodajemy **-est**:

> kald - kaldere - kaldest

W przypadku przymiotników, którym w stopniu wyższym towarzyszy **mer**, w stopniu najwyższym dodajemy **mest**:

> moderne - mer moderne - mest moderne

Do przymiotników kończących się na **-ig**, dodajemy tylko **-st**.

> viktig - viktigere - viktigst

Niektóre podręczniki do norweskiego podają formę **den kaldeste** zamiast **kaldest**. Nie jest to do końca poprawne. **Den kaldeste** to forma określona, które niemal zawsze występuje w stopniu najwyższym. Dlaczego? Cóż, *szybkich biegaczy*

może być wielu, ale tylko jeden z nich jest *najszybszy*. Nie jest on więc jakimkolwiek biegaczem, tylko biegaczem bijącym rekordy, a przez to znanym. Dlatego używamy *formy określonej*. Nie zawsze jednak tak to wygląda. Spójrz na następujący przykład:

> Oslo er den største byen i Norge.

Ale:

> Oslo er størst.

W pierwszym zdaniu **største** odnosi się do **byen**. W drugim zdaniu natomiast przymiotnik **størst** pojawia się za słowem, które opisuje (w tym przypadku Oslo). W takich przypadkach używamy *formy nieokreślonej*, prawda?
(Jeśli o tym zapomniałeś, wróć do rozdziału 11.)

Niestety, nie wszystkie przymiotniki są regularne. Niektórych będziesz musiał nauczyć się na pamięć. Znajdziesz je na następnej stronie.

Przymiotniki nieregularne

Naucz się na pamięć!

få	færre	færrest
bra/god	bedre	best
gammel	eldre	eldst
lang	lengre	lengst
lite(n)	mindre	minst
mange	flere	flest
mye	mer	mest
stor	større	størst
tung	tyngre	tyngst
ung	yngre	yngst
ille/ond/vond	verre	verst

enn/som

Ostatnia uwaga w kwestii porównań. Jeśli chcemy wyrazić różnicę, używamy stopnia wyższego oraz **enn**.

Oslo er større enn Bergen.   Oslo jest większe niż Bergen.

Jesli nie ma różnicy, używamy **like/så** i **som**:
Skien er like stor som Sarpsborg.   Skien jest równie duże co Sarpsborg.
Skien er så stor som Sarpsborg.

Obowiązki domowe

Hva må hun gjøre?

Hun må ...
... vaske gulvet.
... mate katten.
... leke med barnet.
... ringe tante Hilde.
... stryke klær.
... gå en tur med hunden.
... vaske klær.
... feie trappa.

å mate, matet	karmić
en katt	kot
å stryke, strøk, har strøket	prasować
å gå en tur, gikk, har gått	pójść na spacer
en hund [hunn]	pies
å feie, feide [æ]	zamiatać
ei trapp	schody

1 Bezokolicznik z å czy bez?

Jesli nie jesteś pewien, przypomnij sobie objaśnienia z rozdziału 6.

a) Kan du (å) snakke fransk?

b) Liker du (å) lage mat?

c) Mia prøver (å) skrive norske tekster.

d) Har du prøvd (å) ringe meg?

e) Skal jeg (å) hjelpe deg med oppvasken?

f) Min far begynner (å) arbeide kl. 7.00.

g) Hva vil du (å) ha til middag?

h) I går måtte vi (å) dra til legen med sønnen vår.

i) Han kan ikke (å) se.

j) Jeg vil (å) reise til Amerika.

k) Er du glad i (å) lage mat?

2 Wstaw czasownik modalny w odpowiedniej formie.

I dag ... Stefan rydde opp. Det ser ikke bra ut på rommet hans. Telefonen ligger på gulvet, og man kan nesten ikke se ut av vinduene. Først ... han vaske vinduene. Men han ... ikke åpne dem. Det snør ute! Derfor begynner han med gulvet. ... han bare støvsuge, eller ... han også vaske gulvet? Marit, Stefans kone, sier: «Du ... også vaske, ikke bare støvsuge.»

3 Czas na powtórkę! Przepisz poniższy tekst w *preteritum*.

Det er ganske sent. Nils hører dusjen. Lise pusser tennene. Så kommer hun ut av badet. Hun bærer ei bøtte med vann. På kjøkkenet begynner hun å vaske gulvet. Så går hun tilbake til badet med bøtta, tømmer den i doen og tar støvsugeren ut av et skap. Støvsugeren bråker forferdelig. Endelig slår Lise av støvsugeren. Med et fast grep tar Lise Nils, går inn i stua, setter seg på sofaen sammen med Nils og slår på TV-en.

4 Powtórzyłeś słownictwo? Uzupełnij luki.

Stian ... kl. 5.00. Han hadde veldig ... i magen, og ... var kvalm. ... skulle han gjøre?

Han sto ... Skulle han vente? Han prøvde å ... ei bok. Men ... ble bare verre.

Han måtte snakke ... en lege. Kl. 7.00 ringte han til legekontoret.

Han sa: «Hei, jeg ... Stian Jensen. Jeg føler ... kvalm, og jeg ... veldig vondt i magen.»

«Har du ... i brystet også?»

«Nei, det har jeg ....»

«Det er bra. Kan ... komme kl. 9.30?»

«Ja, ... kan jeg.»

«Takk, ha det ...!»

Nå er Stian ... legen. Legen trykker ... magen og sier:

«Gjør det vondt her?»

«Ja, litt.»

«Kan du ... munnen?»

Stian åpner munnen.

Legen sier: «Temperaturen er normal. Du har spist ... galt. Legg deg i senga og vent ... i morgen, så blir det ...»

117

Dlaczego twój norweski wciąż jest nienajlepszy?
(mimo, że czytasz ten podręcznik)

W Skapago nasi nowi uczniowie praktycznie zawsze rozpoczynają naukę od wymowy. Dlaczego? Prawdę mówiąc dlatego, że większość uczniów ma z nią ogromne problemy! Nie ma w tym jednak nic złego, jesteśmy w końcu szkołą językową i ludzie przychodzą do nas właśnie po to, aby się uczyć.

Nie dotyczy to jednak tylko początkujących. Mamy też zaawansowanych uczniów, którzy świetnie radzą sobie ze słownictwem i gramatyką, ale mają bardzo wyraźny zagraniczny akcent.

Powiesz pewnie, że wiele zależy od ojczystego języka danego ucznia, i że niektórzy po prostu mają mocniejszy akcent niż inni. Mylisz się. Zła wymowa spowodowana jest tym, że niewystarczająco nad nią pracowaliśmy. Dlaczego wiec niektórzy ją zaniedbują? Wyjaśnijmy sobie może najpierw, dlaczego warto się do niej przyłożyć.

Nieporozumienia są o wiele częściej spowodowane niepoprawną wymową niż błędami gramatycznymi. Twoja umiejętność rozumienia ze słuchu zależy od wymowy - ćwiczysz swoje ucho, by rozróżniało dźwięki, które są dla ciebie nowe. Na przykład w norweskim bardzo ważne jest by umieć odróżnić dźwięki U, Y oraz I.

Norwegowie będą się z ciebie śmiali, co wbrew pozorom jest naprawdę ważnym czynnikiem. Badacze udowodnili, że native speakerzy podświadomie postrzegają osoby z mocnym zagranicznym akcentem jako mniej inteligentne. Bądź ze sobą szczery, czy oglądając "Simpsonów" nigdy nie śmiałeś się z Apu?

Ucząc się języka, czujesz że jego rodzimi użytkownicy właśnie tak cię postrzegają, nawet jeśli nie robią tego świadomie - a to działa zniechęcająco. Może nawet nie zdając sobie z tego sprawy, pomyślisz "Ci zadufani w sobie Norwegowie!

Mam ich dość!". A co może z tego wyniknąć? Nie będziesz chciał być jednym z nich i mówić tak, jak oni.

Na tym właśnie polega błędne koło: Nie chcesz być taki, jak Norwegowie, więc nie dbasz o wymowę. Przez złą wymowę Norwegowie nie traktują cię jak jednego z nich. Utwierdzasz się więc w przekonaniu, że są zadufani w sobie i tym bardziej nie chcesz się do nich upodabniać. Dlatego zaniedbujesz wymowę.

Teraz wiesz już, skąd wśród uczniów języka obcego bierze się nieprawidłowa wymowa.

Niektórzy nauczyciele twierdzą, że jest to kwestia wieku. Absolutnie się z tym nie zgadzam. Jest to raczej kwestia podejścia. Sposób, w jaki mówimy, jest bardzo ważnym elementem naszej tożsamości. Wielu dorosłych wykształciło głęboką więź ze swoją ojczystą kulturą i obawiają się, że zmieniając wymowę, np. podczas nauki języka obcego, zatracą swoją tożsamość. Tylko zrozumiawszy, że to zupełnie bezpodstawne lęki, będziesz w stanie nauczyć się obcego języka naprawdę dobrze. Skąd jednak wiadomo, że nie ma powodów do obaw? Cóż, twoja "nowa" tożsamość nie tylko nie zastąpi "starej", a wręcz ją podkreśli. Jak powiedział czeski filozof i polityk Tomáš Garrigue Masaryk: "Ile języków znasz, tylekroć jesteś człowiekiem".

Jak widzisz, wymowa okazuje się być naprawdę ważną kwestią, a nie tylko jednym z aspektów języka. Przełoży się ona na twoją pewność siebie, stosunek do Norwegii i na kontakty z Norwegami. Oznacza to, że pracując nad swoją wymową, możesz pozytywnie wpłynąć na wszystkie te sprawy. Zacznij już teraz! Porady, jak to zrobić, możesz znaleźć na www.skapago.eu/nils, a jeśli masz pytania, śmiało wyślij mail do Nilsa (nils@skapago.eu).

15

hvor er det blitt av ...	Gdzie się podział...
kjempe-	bardzo, niezwykle (służy podkreśleniu czegoś)
kjempefin	wspaniały, świetny
en TV-serie	serial telewizyjny
en fjernkontroll [fjærnkontråll]	pilot
å være spent	być podekscytowanym
å finne fram noe	znaleźć, wyciągnąć
en boks [å]	pudełko
nok [å]	*tutaj:* pewnie
en knapp	przycisk
forbauset	zdziwiony
en skjerm [æ]	ekran
altså	zatem
gøy	wesoły
å ha det gøy	baw się dobrze
å le, ler, lo, har ledd	śmiać się
å kjede seg, kjedet	nudzić się
interessant	interesujący
å synes, syntes	uważać
over [å]	nad
en reklame	reklama
å bytte, byttet	zmieniać
en kanal	kanał
bytte kanal	zmienić kanał
bak	za
å forsvinne, forsvant, har forsvunnet [får-]	znikać
å lese, leste	czytać
langsomt [å]	powoli
en nyhet	wiadomość
kveldsnyhetene [kvell-]	wieczorne wiadomości
Vi ses! = Vi sees!	Do zobaczenia!
halv [hall]	pół

«Sånn, Nils, nå skal vi se 'Hotell Augustus'. Det er en kjempefin TV-serie. Hvor er det blitt av fjernkontrollen?»

Nils er spent. Hva kommer til å skje? Hva er en fjernkontroll? Og hva gjør man egentlig med en TV?

Lise finner fram en liten, svart boks – det er nok fjernkontrollen – og trykker på en knapp. Nils er forbauset. Han ser bilder på skjermen! Dette er altså «å se på TV». Lise har det gøy. Hun ler ofte. Men Nils kjeder seg. Historien er ikke interessant, synes han. Han forstår ikke alt. Må han nå vente foran TV-en til historien er over?

Han vil så gjerne bytte kanal.

«Nå kommer det reklame. Da bytter vi kanal», sier Lise. Hun trykker på en knapp på fjernkontrollen, og bildet forsvinner. Nå ser man en gammel mann. Mannen sitter bak et bord og leser noe. Så ser han opp og sier langsomt: «Det var kveldsnyhetene for i dag – vi ses igjen i morgen klokka halv sju.» Mannen er borte igjen. Nå ser man et stort kjøkken. Ei dame står ved komfyren.

119

Hun legger kjøtt og grønnsaker i ei stor panne. «Hei og velkommen til 'Veras kjøkken'», sier hun.

Da ringer telefonen. Lise står opp fra sofaen og går raskt ut i gangen.

«Hei, det er Lise ... Marit! Takk for sist! Så hyggelig å høre fra deg igjen.»

Nils ser mot gangen. «Veras kjøkken» er også ganske kjedelig. Han vil så gjerne bytte kanal. Vil Lise huske at de har sett på «Veras kjøkken»?

Nils nøler litt – men så tar han sjansen.

Han trykker på fjernkontrollen. «Veras kjøkken» er borte.

ei panne	czoło
velkommen til ... [å]	witamy w...
raskt	szybko
å nøle, nølte	wahać się
en sjanse	szansa

synes – tro

Boka er god, synes jeg.　　= Jeg har lest boka.

Boka er god, tror jeg.　　= Jeg har ikke lest boka.

Synes używamy, gdy wyrażamy opinię. **Tro** używamy, gdy nie jesteśmy czegoś pewni, np. gdy coś nam się **wydaje**, ale **nie wiemy** tego na pewno.

kommer til å ...

W rozdziale 11 nauczyłeś się niektórych sposobów na wyrażanie przyszłości. Oto kolejny, bardzo popularny w języku mówionym.

　　Hva kommer til å skje?　　Co się wydarzy?

　　= Hva vil skje?

Używamy tego wyrażenia, gdy ma się wydarzyć coś, czego nie możemy zmienić.

　　Vi kommer alle til å dø.

　　(To dość drastyczny przykład, ale nie da się mu zaprzeczyć, prawda?)

Przysłówki

W ostatnich rozdziałach dużo było mowy o przymiotnikach. Na pewno pamiętasz, że określają one rzeczy i osoby. Na przykład kolory są typowymi przymiotnikami.
Spójrz teraz na poniższe zdanie:

> Lise går raskt ut i gangen.

Przerobiliśmy już tyle gramatyki, że powinieneś był zauważyć coś nietypowego: skąd wzięło się **-t** na końcu słowa **raskt**? Prawdopodobnie pomyślisz, że chodzi o przymiotnik opisujący rzecz rodzaju nijakiego – pamiętasz, że przymiotniki w rodzaju nijakim przybierają końcówkę **-t**, prawda?
Ale co może mieć rodzaj nijaki w powyższym zdaniu? Odpowiedź jest prosta: nic. **Lise** jest rodzaju żeńskiego (nie ma co do tego wątpliwości), a **gangen** męskiego.

By znaleźć rozwiązanie tej zagadki, zapytam się o coś:
Co takiego opisuje słowo **raskt**?
Na pewno nie **gangen**, ale być może wyda ci się, że odnosi się ono do **Lise**. Niestety nie. Spójrz jeszcze raz: w zdaniu nie ma mowy o tym, że Lise *jest* szybka, tylko w jaki sposób *idzie*. Co takiego określa więc słowo **raskt**?

Odpowiedź to: **raskt** odnosi się do czasownika **går**. A jeśli nie opisuje ono rzeczy ani osoby, to nie jest przymiotnikiem. To przysłówek (*przysłówki* opisują *czasowniki*, a *przymiotniki dopełnienia* i *podmioty*).

Często możemy utworzyć przysłówki od przymiotników. **Rask** to dobry przykład. Możemy powiedzieć::

| en rask bil | szybki samochód (przymiotnik) |
| et raskt fly | szybki samolot (przymiotnik) |

Ale:

> Lise går raskt. (przysłówek)

Jeśli więc chcemy utworzyć przysłówek od przymiotnika, po prostu wykorzystujemy jego formę nijaką (która zazwyczaj, choć nie zawsze, kończy się na **-t**).

Ostatnia uwaga na ten temat: po **å være** nie możemy użyć przysłówka. Wszystko, co wyjaśnia jakie coś *jest*, musi z definicji być przymiotnikiem. Spójrz:

> Susanne går raskt. (przysłówek)
> Susanne er rask. (przymiotnik)

Susanne er rask.

Susanne går raskt.

Media

Różne pokolenia w inny sposób wykorzystują media. Niektóre z poniższych zdań odnoszą się do Erny, niektóre do Susanne, a niektóre być może do obu.

Spróbuj odpowiedzieć na następujące pytania:
- Hva gjør Susanne?
- Hva gjør Erna?
- Hva gjør du?

Hun leser avisa hver dag.
Hun sender tekstmeldinger til en venn.
Hun chatter med ei venninne.
Hun lytter på radio.
Hun leser ei bok om kvelden.
Hun er på Facebook.
Hun går på kino.
Hun ser TV-serier på datamaskinen.
Hun lytter på musikk på nettet.

en tekstmelding [-melling]	sms
å chatte [æ]	czatować
ei venninne	przyjaciółka
en radio	radio
(en) musikk	muzyka
«nettet»= (et) Internett	Internet

1 Ułóż zdania. Wstaw czasownik w czasie przeszłym i dodaj przysłówek.

Eksempel: han, å gå, rask → Han gikk raskt.

a) turisten, å spørre, høflig

b) hun, å bevege seg, rar

c) Susanne, å snakke, frekk

d) Lise, å gå, rask

e) Fredrik, å arbeide, god

f) de, å gå, lang

2 Przymiotnik czy przysłówek? Użyj poprawnej formy.

a) En lærer snakker (høflig) med Susanne. Den (høflig) læreren sier: «Du arbeider (rask), Susanne.» Læreren er (god). Han forklarer (god).

b) Hvorfor snakker denne mannen så (rar)? Han må være (gal).

c) Er klokka 19.00 allerede? Nei, klokka går (gal).

3 Połącz wyrazy o przeciwnym znaczeniu.

interessant	foran
huske	ned
dyr	gammel
bak	kjedelig
opp	rask
langsom	glemme
ung	billig

4 Połącz wyrazy po lewej z tymi po prawej tak, by powstały sensowne zdania.

På kjøkkenet	er av tre.
Gulvet i gangen	teppe til stua.
Vi må kjøpe et nytt	er det to senger.
Oppvaskmaskinen	man bakgården.
På dette soverommet	i det lille skapet ved døra.
Fra vinduet ser	i sofaen i stua?
Vil du sitte	er ødelagt.
Glassene er	har vi en stor komfyr.

5 Jakie programy telewizyjne lubisz? Dlaczego?

6 Wstaw *synes* albo *tro*.
a) Disse møblene er fine, ... jeg.
b) Telefonen ringer. Hvem er det? – En kunde, ... jeg.
c) Hvor er saksa? – Den ligger på bordet, ... jeg.
d) Han ... det var en dårlig idé.
e) Når sendte han denne e-posten? – I går, ... han.
f) Hva gjør Marthe? – Jeg ... hun er kokk.
g) Er hun en god kokk? – Ja, det ... jeg.

16

Nå ser Nils noe helt annet på TV. De nye bildene er fantastiske. Kameraet står på et høyt fjell. Man ser ned på en lang fjord og noen små øyer. Midt på ei lang øy ligger en ganske stor by. Nils er begeistret. Landet på TV-skjermen er fantastisk. Han ønsker å besøke et slikt land.

Bildet fra det høye fjellet er nå borte. Nils ser – en nisse! Han har aldri sett en annen nisse før. En mann forteller: «I dette landet bor nissene. En nisse er vanligvis ganske snill.» Nils er enig. Han er virkelig snill, tenker han.

Mannen fortsetter: «Men noen nisser er ikke snille. Man må behandle nissene godt. Ellers kan de skade menneskene. Den moderne julenissen er en blanding av Sankt Nikolaus og den norske nissen.»

Han må bli kjent med dette landet!

Da bestemmer Nils seg: Han må bli kjent med dette landet! Men hvor er dette landet? Han må finne Emil. Emil vet så mye – han har sikkert en idé. Lise må ikke se ham – men det glemmer han helt. Heldigvis er hun veldig opptatt med å snakke i telefonen.

fantastisk	fantastyczny
et kamera	kamera
høy	wysoki
et fjell	góra
en fjord [fjor]	fiord
ei øy	wyspa
begeistret [æi]	zachwycony
et land [lann]	kraina, kraj
å ønske, ønsket	życzyć
vanligvis [-livis]	zazwyczaj
snill	miły
å være enig [eni]	zgadzać się
virkelig [-li]	naprawdę
å fortsette, fortsatte, har fortsatt [fårtsj-]	kontynuować
å behandle, behandlet [-hannle]	traktować
å skade, skadet	ranić, uszkadzać
en julenisse	*postać mitologiczna podobna do Świętego Mikołaja*
en blanding [blanning]	mieszanka
å bestemme seg, bestemte	decydować się
å bli kjent (med)	poznawać
heldigvis [-divis]	na szczęście
opptatt [å]	zajęty

annen

Annen ma dwa znaczenia: *drugi* i *inny*.

en annen nisse   inny skrzat
det andre huset til venstre   drugi dom na lewo

Formy **annen**:

en annen kopp
ei anna dør
et annet vindu
mange andre kopper/dører/vinduer
den andre koppen/døra ...

Pytanie do miłośników gramatyki!

Nå ser Nils noe helt annet.
Dlaczego używamy tutaj nijakiej formy **annet**?

By odpowiedzieć, musisz określić, jakiego słowa dotyczy **annet**.
Oczywiście chodzi o **noe**. **Noe** jest rodzaju nijakiego i dlatego należy użyć
annet.

noen + rzeczowniki

Wiesz już, że **noe** oznacza *coś*, a **noen** *ktoś*. **Noen** może też oznaczać
jakieś lub *niektóre*, jeśli towarzyszy rzeczownikom w liczbie mnogiej:

noen små øyer   jakieś/niektóre małe wyspy

Nauczysz się więcej o **noe** i **noen** w rozdziale 18.

Været (Pogoda)

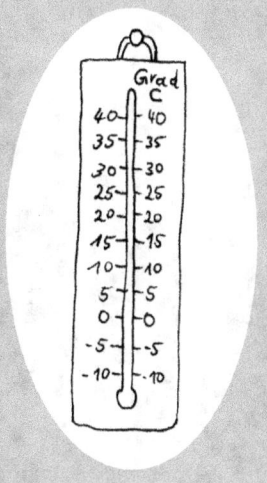

Temperatur = *Temperatura*
Korzystamy ze skali Celsjusza i mówimy np.:
Det er 15 grader i dag.
Stopnie dodatnie i ujemne wyrażamy za pomocą różnych słów:
Minusgrader lub **kuldegrader** i **plussgrader** lub **varmegrader**, np.: Trondheim -10°
→ **Det** er **10 kuldegrader i Trondheim.**

(en) temperatur	temperatura
en grad	stopień
en kuldegrad = **minusgrad**	stopień ujemny
en varmegrad = **plussgrad**	stopień dodatni

Vind = *Wiatr*
Norwegia to wietrzny kraj, a w języku norweskim jest wiele określeń wiatru, w zależności od jego prędkości. W tabeli obok napisane są od najsłabszego do najsilniejszego.

en vind [vinn]	wiatr
en bris	bryza
en kuling	silny wiatr
en storm [å]	sztorm
en orkan	huragan

Nedbør = *Opady*
Norwegia jest też krajem mokrym. Większość określeń opadów przypomina polskie, ale uważaj na **sludd** (coś między deszczem a śniegiem) i **yr** (między deszczem i mgłą).

(ei) tåke	mgła
(et) regn [ræjn]	deszcz
en regnbyge	ulewa
(en) snø	śnieg
sludd	deszcz ze śniegiem
(et) yr	mżawka

Skydekke = *Zachmurzenie*
Jako, że w Norwegii jest zazwyczaj wietrznie i mokro, niebo jest zwykle mniej lub bardziej zachmurzone.
Overskyet oznacza, że niebo jest szare, a **klart** że niebieskie (można też po prostu powiedzieć **sola skinner** = świeci słońce).
Opphold oznacza w zasadzie, że nie pada i wiąże się zazwyczaj z dość przejaśnionym niebem, choć w norweskiej prognozie pogody usłyszysz wiele słów o tym znaczeniu.

overskyet [å]	pochmurnie
delvis skyet	częściowe zachmurzenie
opphold [åpphåll]	*patrz*: objaśnienie
klart	jasne niebo

Pory roku

Opisz typową pogodę w Norwegii i w twoim kraju podczas następujących pór roku:

vår	wiosna
sommer	lato
høst	jesień
vinter	zima

Porada gramatyczna: wszystkie pory roku są rodzaju męskiego.
W wyrażeniach używamy ich następująco:

om våren	(każdą) wiosną / co roku na wiosnę
i vår	(najbliższą) wiosną / na wiosnę
tidlig på våren	wczesną wiosną
sent på våren	późną wiosną

Miesiące i ważne wydarzenia

Co za bałagan! Do kalendarza wkradły się błędy. Możesz dopasować wydarzenia do miesięcy, w których mają miejsce?

januar	fellesferie
februar	jul
mars	
april	høstferie
mai	mørketid (bare i Nord-Norge)
juni	
juli	påske
august	17. august – Norges nasjonaldag
september	midnattssol (bare i Nord-Norge)
oktober	
november	sankthans
desember	nyttår

Podawanie daty

Aby opanować tę umiejętność, będziesz musiał nauczyć się liczebników porządkowych (np. *pierwszy*, *drugi* itd.).

Wszystkie liczby zapisane na biało są nieregularne i niestety będziesz musiał się ich nauczyć na pamięć. Reszta jest na szczęście łatwiejsza. Wystarczy wziąć liczebnik główny (tzn. "normalną" liczbę, jak **femten**) i dodać do niego końcówkę **-ende** [-enne]. Jeśli liczebnik kończy się na **-e**, dodajemy tylko **-nde**, a jeśli kończy się na **-en**, to pozostaje dodać **-de**.

		alternatywna forma
1.	første	
2.	andre	
3.	tredje	
4.	fjerde [fjære]	
5.	femte	
6.	sjette	
7.	sjuende	syvende
8.	åttende	
9.	niende	
10.	tiende	
11.	ellevte	
12.	tolvte [tållte]	
13.	trettende	
14.	fjortende	
15.	femtende	
16.	sekstende [sæjs-]	
17.	syttende [søtt-]	
18.	attende	
19.	nittende	
20.	tjuende	tyvende
21.	tjueførste	enogtyvende
22.	tjueandre	toogtyvende
30.	trettiende	tredevte

Jak na pewno zauważyłeś, istnieją też formy alternatywne, tak jak w przypadku liczebników głównych. Wybierz te, które wolisz. W Norwegii usłyszysz obie formy. Po liczbie 40 obowiązuje już tylko jedna forma (**førtiende**, **femtiende**...), ale nadal możesz używać różnych kombinacji:

førtiandre – toogførtiende

Zauważyłeś też pewnie, że liczebniki porządkowe oznaczone są kropką, tak jak po polsku. Przy liczebnikach porządkowych używamy z reguły formy określonej (to dość logiczne, że coś co jest *pierwsze*, jest *określone*).

Liczebniki porządkowe to pierwszy (i najtrudniejszy) krok do podania daty. Reszta jest prosta. Znasz już nazwy miesięcy. Możemy zapisać je stosując trzyliterowe skróty (np. **jan.** dla **januar**). Lata podawane są za pomocą liczebników głównych (np. 2014 **totusenogfjorten**). Lata przed rokiem 2000 podajemy w dwóch liczbach, np. 1981 **nitten åttien**, a niektórzy tak samo podają lata po 2000 roku (np. **tjue fjorten**). Na przykład:

05. okt. 2013   den femte oktober totusenogtretten

Jeśli lubisz wyzwania, możesz także podawać miesiące w formie liczebników porządkowych. W takim przypadku poprzedzamy je słówkiem **i**:

05.10.2013   den femte i tiende totusenogtretten

1 Wstaw odpowiednią formę *annen*.

a) Jeg vil ikke kjøpe dette huset – jeg vil kjøpe et ... hus.

b) Ser du denne mannen? Nei, ikke denne – den ... mannen.

c) Per vil ha en ... telefon.

d) Den ... telefonen er ganske dyr.

e) Han vil også ha ei ... klokke.

f) Her har de bare én slags sjokolade, men i den ... butikken har de mange ... slags sjokolade.

2 Opisz pogodę w każdym z miast. Pamiętaj o szyku zdania.

Eksempel: I Hammerfest skinner sola.

Oslo	regn		Kristiansand	tåke		Bergen	vind
Ålesund	sol		Bodø	sludd		Tromsø	opphold
Kirkenes	snø						

3 Przeczytaj następujące daty.

01.08.1998	12.12.1813	14.02.2015	17.09.2011	03.07.2020	05.06.2002	09.04.1714
02.06.2008	06.07.2017	30.02.1917	19.05.2016	15.12.1970	10.01.1934	04.11.2011
12.03.2012	08.03.2018	07.10.1965	31.10.1916	16.05.2011	18.09.1808	20.08.2013
13.01.2010	11.04.2009	21.03.1332	25.11.2019			

4 Odpowiedz na pytania.

a) Når har du bursdag?

b) Når har mora di bursdag?

c) Når har faren din bursdag?

d) Når er det jul?

e) Når er Norges nasjonaldag?

5 Przepisz w czasie przyszłym. Pamiętaj, że nie wszystkie możliwości (*skal*, *vil* i/lub *kommer til å*) są dopuszczalne w każdym zdaniu.

a) Det – regne i morgen.

b) På torsdag – jeg besøke min tante, men jeg må ringe henne først.

c) – du få denne jobben?

d) Jeg har så mye å gjøre! Jeg – vaske opp, mate hunden og skrive en e-post til bestefaren min.

e) Når – du gå hjem?

f) Hvor – du bo?

g) – du spise lunsj med oss?

h) Martin – betale kontant.

i) Jeg – studere økonomi.

«Emil! Endelig fant jeg deg!» roper Nils.

«Hva er det, Nils?»

«Jeg må fortelle deg noe. Jeg ser en film som er helt fantastisk. Den handler om et veldig fint land som jeg har lyst til å se! Du må hjelpe meg. Jeg vet ikke hvor det ligger.»

Emil er litt forvirret. Nils har aldri vært ute av huset, så vidt han vet. Og nå vil han reise til utlandet?

Han tar en titt på skjermen – og så må han le. «Men Nils, dette landet – det er jo Norge! Byen som du ser, heter Tromsø. Vi bor i dette landet.»

«Jaså? Men når jeg ser ut av vinduet her, er det bare ei trang gate – ingen lange fjorder, små øyer, røde hus ...» – «Ja, selvfølgelig, Nils. Vi er jo midt i Oslo. Det er ikke særlig typisk for Norge.»

«Ja, men Emil, jeg må se dette. Jeg vil dra til den lange fjorden, det høye fjellet og de små øyene som vi ser her.»

«Hva er denne Hurtigruten?»

«Tja, Nils, da må du reise en del. Dette som du ser her i filmen, er Nord-Norge. Du kan jo ta fly til Tromsø, eller Hurtigruten, hvis du vil.»

«Fly? Hurtigruten? Hva er det for noe? Kan jeg ikke bare gå?»

Emil puster dypt. Dette her blir komplisert.

å handle om **[åm], handlet**	dotyczyć, opowiadać o
å ha lyst til å ...	mieć ochotę na...
ute	na zewnątrz
så vidt ...	o ile
å reise til, reiste	jechać do
(et) utland [ut-lann]	zagranica
en titt	rzut oka, spojrzenie
å ta en titt på	rzucić okiem na
Jaså.	Aha.
lub: **Jaså?**	Naprawdę? (*ironicznie*)
Oslo	*stolica Norwegii*
Tja!	no tak
en del	część, tutaj: sporo
nord [noor]	północ
et fly	samolot
ei hurtigrute [hurtirute]	*norweskie statki wycieczkowo-towarowe pływające wzdłuż zachodniego wybrzeża*
hvis [viss]	jeśli
å puste, pustet	oddychać
dyp	głęboki
komplisert	skomplikowany

«Nils, det er mer enn tusen kilometer fra Oslo til Tromsø. Du kan ikke gå. Du kan ta tog til Trondheim og Hurtigruten derfra, eller så kan du ta fly direkte fra Oslo. Det går veldig fort med fly, for det går gjennom lufta. Det tar bare to timer.»

«Gjennom lufta? Nei, det er skummelt. Hva er denne Hurtigruten?»

«Det er en båt som går hver dag. Det tar to dager med Hurtigruten fra Trondheim til Tromsø. Toget fra Oslo tar noen timer. Du kan prøve det. Men vi har et problem.»

«Ja?»

«Du er en nisse, Nils. Du kan ikke bare kjøpe en billett og ta toget. Vi må finne på noe.»

en kilometer	kilometr
et tog [tåg]	pociąg
Trondheim [Trånnheim]	*miasto w środkowej Norwegii*
derfra [dær-]	stamtąd
gjennom [jennåm]	przez
(ei) luft	powietrze
skummel	straszny, przerażający
en båt	łódź
hver [vær]	każdy
et problem	problem

som

Słowo **som** łączy ze sobą dwa zdania. Zastępuje podmiot lub dopełnienie, które zostało wspomniane wcześniej.

Jeg ser en film. Filmen er helt fantastisk.
→ Jeg ser en film som er helt fantastisk.
W tym przykładzie **som** zastępuje podmiot z drugiego zdania.

Den handler om et veldig fint land. Jeg har lyst til å se dette landet.
→ Den handler om et veldig fint land som jeg har lyst til å se.
Tutaj **som** zastępuje dopełnienie z drugiego zdania.

Hva vet du om Norge?

1 Hvor mange innbyggere har Norge?
a) 3 millioner mennesker og 10 000 reinsdyr
b) 4 millioner mennesker og 10 000 reinsdyr
c) 5 millioner mennesker og 200 000 reinsdyr

2 Hva er riktig?
a) Oslo har alltid vært Norges hovedstad.
b) Oslo er hovedstaden i dag, men før var det Bergen.
c) Bergen er egentlig hovedstaden, men regjeringen og kongen
   er i Oslo.

3 Hva er et fylke?
a) en del av Norge
b) folk som bor i et land
c) folk som bor i en del av landet

4 Hva heter de fem norske landsdelene?
a) Sør-Norge, Midt-Norge, Nord-Norge, Øst-Norge, Vest-Norge
b) Sørlandet, Midtlandet, Nordland, Østlandet, Vestlandet
c) Sørlandet, Trøndelag, Nord-Norge, Østlandet, Vestlandet

5 Hva gjør kongen hver fredag kl. 11.00?
a) Han snakker på radio.
b) Han kjører på hytta.
c) Han møter regjeringen.

6 Hva er *ikke* en del av Norge?
a) Finnmark
b) Finland
c) Nordland

en innbygger	mieszkaniec
en million	milion
et reinsdyr	renifer
hoved-	główny
en hovedstad	stolica
riktig [-ti]	prawidłowy, prawdziwy
en regjering [reje-]	rząd
en konge [å]	król
et fylke	*jednostka podziału admini-stracyjnego w Norwegii*
en landsdel	region
å kjøre, kjørte	jechać, prowadzić (pojazd)

7 Hva stemmer *ikke*?
a) I Tromsø kan det være –25 grader om vinteren.
b) Haakon VII, Norges konge fra 1905 til 1957, var dansk, og kona hans var engelsk.
c) I mange norske byer varmer man opp fortauene om vinteren.

8 Hva er riktig?
a) Oslo var den første europeiske byen med trikker.
b) Bergen var den første norske byen med telefon.
c) Hammerfest var den første norske byen med elektrisk gatelys.

9 Hva betyr *Utkant-Norge*?
a) utenfor Norge
b) Norge i unionstiden (1814–1905)
c) regioner i Norge langt fra byene

10 Hva stemmer *ikke*?
a) Vardø ligger like langt øst som Istanbul.
b) Folk som bor i Vardø, må kjøre tre timer til sykehuset.
c) I Vardø kan det være 25 grader om sommeren.

11 Hvilken informasjon om din nabo er offentlig i Norge?
a) hvor mye han tjener
b) hvor han er født
c) hvor han arbeider

12 Hovedgata i Oslo heter *Karl Johans gate*. Men hvem var egentlig Karl Johan?
a) en dansk musiker
b) en svensk konge
c) en norsk kunstner

dansk	duński
å varme opp	podgrzewać, ogrzewać
europeisk	europejski
en trikk	tramwaj
elektrisk	elektryczny
et gatelys	latarnia
en utkant	*wyjaśnienie znajdziesz w rozwiązaniu quizu*
utenfor	na zewnątrz
en region	region
langt fra	daleko od
et sykehus	szpital
en informasjon	informacja
en nabo	sąsiad
offentlig [å]	publiczny
å tjene, tjente	zarabiać
født	urodzony
en musiker, musikere	muzyk
en kunstner, kunstnere	artysta

1 Połącz poniższe zdania, używając *som*.

a) Kari har en bror. Broren heter Stian.

b) De bor i en leilighet. Leiligheten er i Stavanger.

c) Jeg vil spise dette eplet. Eplet ligger på bordet.

d) Er det din sønn? Han venter foran huset.

e) Her er en kunde. Kunden vil kjøpe en billett.

f) Kunden kjøper en billett. Billetten koster 390 kr.

g) Jeg har kjøpt avisa. Du leser avisa hver dag.

h) Han sitter i sofaen. Sofaen står i stua.

i) Han forklarer det. Det er viktig for henne.

2 Odpowiedz na pytania.

a) Hvorfor vil Nils snakke med Emil?

b) Hva ser Nils på TV?

c) Hvor bor Nils og Emil?

d) Hvor mange kilometer er det fra Oslo til Tromsø?

e) Hvorfor vil Nils ikke reise med fly?

f) Hvorfor blir det vanskelig for Nils å reise til Tromsø?

3 Co wiesz o Nilsie i Ernie?

a) Hvem har laget Nils?

b) Hvorfor vil Susanne ikke ha Nils?

c) Hvem har skrevet papirlappen som Nils har i magen?

d) Hva – tror du – står på papirlappen?

e) Erna møtte en ung mann foran butikken. Hvorfor er hun trist etterpå?

f) Erna tenker på «det med hytta» som var Heges idé. Hva – tror du – er «det med hytta»?

4 Wstaw rzeczowniki i przymiotniki w poprawnej formie. W razie potrzeby dodaj odpowiedni rodzajnik.

Tor er (norsk, gutt) på 18 (år). Han er snart ferdig med (skole). Han liker ikke (skole). Etter (kjedelig, skole-tid) vil han gjerne oppleve noe gøy. I (sommer) vil han derfor reise til (England). Han kjenner noen (engelsk, gutter) fra før. Han vil besøke disse (venner).

Men i dag føler han seg ikke bra. Han har vondt i (mage). Kanskje fordi han har spist mange (grønn, epler)? (Grønn, epler) var ikke (god). Eller kanskje har han spist for mye (suppe)? Det var mye (smør) i (suppe). Kjenner han (god, lege)? Ja, (bror) hans er (lege). (Bror) heter Ivar. Han må gå til ham.

Ivar undersøker Tor. Han sier: «Alt er bra med (mage) din. Du må bare finne deg (god, kokk).»

«Kan jeg dra til England, Ivar?» – «Ja, selvfølgelig. Men du må bare spise (god, mat). (Rød, eple) per dag er (god).»

5 Wybierz odpowiedni czas (*preteritum/perfektum*) i wstaw czasowniki w poprawnej formie. Pamiętaj o szyku zdania.

a) å få: I går ... jeg besøk av en venn.
b) å snakke: Du må snakke med Helge. – Jeg ... allerede med ham.
c) å leve: Jeg ... i Norge i femten år og trives fortsatt.
d) å vaske: Ta av deg skoene! Jeg ... gulvene.
e) å kjøpe: ... du fisk? Jeg kan ikke se den.
f) å bo: Marit ... i Bergen fra 2005 til 2008.
g) å være: Mange turister ... i byen på søndag.
h) å slå: Kredittkortet er ødelagt. – ... du den riktige koden?
i) å sende: På tirsdag ... jeg e-post til mange kunder.
j) å hente: Jeg ... barna og besøkte Ida etterpå.
k) å gå: I går ... jeg til legen.
l) å dra: Hvor er Emil? – Han ...
m) å hjelpe: ... Emil deg med å rydde i stua i går?
n) å se: Hvor er Nils? – Jeg ... ikke ham.
o) å se: ... du filmen om Paris på lørdag?

6 Wstaw odpowiedni zaimek.

Kjeder du _____ ? Da kan du hjelpe Anne og _____. Vi vil lage mat. Vi har poteter her. Kan du vaske _____ ?
_____ ligger ennå på bordet.
    Vi har også kjøpt kjøtt. Kan du skjære _____ opp? Nei, først kan du hjelpe _____ med å vaske kjøkkenet. _____
ser ganske dårlig ut. Etterpå må _____ vaske gulrøttene. Men hvor er ____ ? Har du sett _____ ? Å, vi har kanskje
glemt å kjøpe _____ ! Kan du gå til butikken? ____ ligger ved jernbanestasjonen. Du kan allerede se ____ når du
går ut fra huset. Gleder du ____ til maten? Jeg gleder _____, og Anne gleder _____ også.

7 Wstaw *om, på, i.*

a) _____ vinteren er det kaldt i Norge, men _____ vinter var det ganske varmt.
b) _____ mandag var det litt regn.
c) _____ søndager går vi ofte på tur.
d) _____ tre måneder har det bare vært snø.
e) _____ tre måneder begynner sommeren.
f) _____ mandager har vi alltid mange kunder.

stolt [stålt]	dumny
å gjette, gjettet [je-]	zgadywać
å invitere, inviterte	zapraszać
å gråte, gråter, gråt, har grått	płakać
et klesskap	szafa na ubrania
en genser, genseren, gensere, genserne	sweter
en bukse [o]	spodnie
et skjørt	spódnica
å ombestemme [åm-] seg, ombestemte	rozmyślić się
isteden	zamiast
(et) undertøy [un-ner-]	bielizna
en sokk [såkk]	skarpeta
ei regnjakke [ræjn-]	kurtka przeciwdesz-czowa
ei lue	czapka
et skjerf [sjærf]	szalik
en vott [vått]	rękawiczka z jednym palcem
i tillegg	w dodatku
helst	najlepiej, chętniej
en fjellsko	obuwie turystyczne
ikke...enda	jeszcze nie
en T-skjorte [te-sjorte]	koszulka
å holde [hålle], hol-der, holdt, har holdt	trzymać
å holde med	wystarczyć
Det holder med én skjorte.	Wystarczy jedna koszula.

Erna er stolt. Hun har ringt Hege. Nå vet Hege alt. Hun har alltid gjettet noe, men nå har de snakket om det. Hege har in-vitert Erna til Tromsø med en gang. Erna gråt i telefonen, men Hege forsto henne veldig godt.

Erna åpner det store klesskapet og ser inn. Hun må ha noen varme gensere. Hun tar en blå og en brun genser og legger dem i en liten koffert. Så tar hun ut tre hvite skjorter og en blå bukse. Kanskje jeg skal ta et skjørt også, tenker hun. Men hun ombestemmer seg. Isteden tar hun en svart bukse til og legger den i den lille kofferten. Så tar hun ut noe undertøy, og selvfølgelig sokker. Hun må absolutt ha ei regnjakke også. Og ei lue, et skjerf og votter. Skal hun ta både det gule skjerfet og den røde jakka? Ja, absolutt. I tillegg trenger hun gode sko. Helst fjellsko.

Skal hun ta både det gule skjerfet og den røde jakka?

Erna tar kofferten i hånda. Den er ganske tung allerede. Men Erna er ikke ferdig enda. Skal hun ta med noen T-skjorter også? Ja. Hun tror at det ikke holder med de to skjortene som allerede er i kofferten.

Men hun må ha en tannbørste, tannkrem, litt såpe og noen av de viktigste legemidlene. Alt dette finner hun på badet.

Erna går på badet og henter en grønn tannbørste, såpe og tannkrem. Hun kommer også tilbake med noen små esker som inneholder forskjellige medisiner.

Så ringer hun til Hege igjen.

«Jeg vet ikke, Hege. Jeg har gledet meg veldig mye. Men nå som jeg virkelig skal reise, er jeg skikkelig nervøs. Forstår du det?» Hege smiler. «Selvsagt. Det er alltid slik når man skal reise. Men jeg vet at dette er en veldig spesiell reise for deg. Har du sagt til Lise at du skal reise til Tromsø?»

«Ja. Jeg har fortalt henne at jeg vil besøke deg. Før jeg drar, skal jeg besøke Lise og familien.»

ei tann, tanna, tenner, tennene	ząb
en tannbørste	szczoteczka do zębów
(en) tannkrem	pasta do zębów
å inneholde [hålle], -holder, -holdt, -holdt	zawierać
forskjellig [får-]	różny
en medisin	lek
skikkelig [sj]	dość, porządnie
selvsagt [sellsagt]	oczywiście
spesiell	specjalny, wyjątkowy

Leddsetninger
Zdania podrzędne

Od początku podręcznika powtarzałem ci, że czasownik zajmuje drugie miejsce w zdaniu. Wiesz też, że jeśli pojawi się drugi czasownik, musi mieć on formę bezokolicznika lub imiesłowu. Spójrz teraz na poniższe zdanie i zwróć uwagę na czasownik **holder**:

      Hun tror at det ikke holder med de to skjortene.

Nie ma wątpliwości co do tego, że **holder** nie znajduje się na drugim miejscu, a jednak ma formę czasu teraźniejszego. O co tu chodzi? Może podejrzewasz, że tak naprawdę mamy do czynienia z dwoma zdaniami – i masz rację!

Mamy:

      Hun tror ...

oraz

      ... at det ikke holder med de to skjortene.

Spójrz jednak na drugie zdanie. Nawet jeśli pominiemy słówko **at**, **holder** jest na miejscu trzecim, a nie drugim:

... (at) det	ikke	holder ...
1 (podm.)	2 (okol.)	3 (czas.)

Przyczyna takiej struktury leży w słowie **at**. Spójrz raz jeszcze na drugie zdanie:

At det ikke holder med de to skjortene.

Co oznacza to zdanie? Zupełnie nic! Aby nabrało znaczenia, musi być połączone z pierwszym zdaniem, zaczynającym się od **Hun tror**... W innym wypadku po prostu nie ma sensu. Takie zdania nazywamy zdaniami podrzędnymi (po norwesku: leddsetninger). Zdania podrzędne mają dwie cechy wspólne:

1. Nie mogą pojawić się same.
2. Zaczynają się zazwyczaj od słowa, które łączy je ze zdaniem głównym. W podanym przykładzie było to **at**, a oprócz tego może to być **som**, **hvis**, **når**... Takie wyrazy nazywamy *spójnikami podrzędnymi* (po norwesku: *subjunksjoner*). Nic się nie stanie jeśli nie zapamiętasz tej nazwy. Najważniejsze, żebyś pamiętał, że te wyrazy są niezbędne. Wielu osobom uczącym się języka wydaje się, że zdanie główne i zdanie podrzędne to dwa osobne zdania. Nic bardziej mylnego. Tak naprawdę zdanie podrzędne jest częścią zdania głównego. W naszym przykładzie zdaniem głównym jest wszystko od **Hun** aż po **skjortene**, a zdaniem podrzędnym jest część podkreślona:

Hun tror <u>at det ikke holder med de to skjortene</u>.

Niestety, dotarliśmy do momentu, w którym muszę ci wyznać, że w zdaniach podrzędnych obowiązuje szczególny szyk zdania i że czasownik wcale nie jest w nich na drugim miejscu. Wybacz, ale to nie ja wymyślałem reguły języka norweskiego

Zdania podrzędne zawsze zaczynają się od *spójnika podrzędnego* (słowa, które łączy je z resztą zdania głównego). Potem pojawia się podmiot. Zauważ, że nie możemy zacząć zdania podrzędnego od dowolnego wyrazu.
Po podmiocie mamy *okolicznik* (o ile taki się w zdaniu pojawia), np. **ikke**, a po nim czasownik. Reszta zdania ma taki sam szyk, co w zdaniach głównych.
Jak się pewnie domyślasz, najtrudniejszym zadaniem jest określenie, gdzie powinien pojawić się *okolicznik*. Wyobraź sobie, że w naszym przykładzie nie pada słowo **ikke**:
Hun tror at det holder med de to skjortene.

Hun tror at det holder med de to skjortene.

Nie ma różnicy między strukturą zdania głównego, a strukturą zdania podrzędnego, prawda? Dlatego jeśli usłyszysz spójnik podrzędny (jak **at**, **som**...) i okolicznik (**ikke**, **ofte**, **allerede**, **egentlig**...), wiedz że masz do czynienia ze zdaniem podrzędnym.

Hun	tror	at	det	ikke	holder	med de to skjortene.
podmiot	czasownik	spójnik podrzędny	podmiot	okolicznik	czasownik	reszta

Trochę to trudne?
To prawda. Chyba pora na chwilę przerwy.

Kanskje

Kanskje jest przysłówkiem. W zdaniu głównym możemy go umieścić na pierwszym miejscu, lub w miejscu zarezerwowanym dla przysłówka.

> Kanskje bør hun besøke Hege.
> Nils vil kanskje se på leiligheten.

W tym rozdziale jednak Erna używa innej struktury. Myśli:
> Kanskje jeg skal ta et skjørt også.

Erna całe życie mieszka w Norwegii, możemy być więc pewni, że nie popełniła błędu. Skąd więc ten dziwny szyk?

Najpierw musimy dowiedzieć się, co tak naprawdę znaczy słowo **kanskje**. Składa się ono z dwóch wyrazów: **kan** i **skje**, i tak naprawdę oznacza *może się zdarzyć*. Możemy więc sobie wyrazić następujące zdanie:
> (Det) kan skje (at) jeg skal ta et skjørt også.

Pomiń **det** i **at**, a dowiesz się, skąd wzięła się ta dziwna struktura. Choć moglibyśmy też powiedzieć:
> Kanskje skal jeg ta et skjørt også.
> Jeg skal kanskje ta et skjørt også.

noe(n)

Czas na podsumowanie znaczeń słów **noe** i **noen**. Nareszcie!

Jak pamiętasz z rozdziału 7:

noe	coś
noen	ktoś

Z rozdziału 16 możesz też kojarzyć:

noen øyer	jakieś/niektóre wyspy

A oto ostatnie możliwe użycie noe:

noe undertøy	trochę bielizny

Jaka jest różnica między **øyer** i **undertøy**? (z gramatycznego punktu widzenia, oczywiście...)
Øyer to rzeczownik w liczbie mnogiej. Mógłbym więc też powiedzieć **mange øyer**.
Undertøy to rzeczownik w liczbie pojedynczej, który jest niepoliczalny. Dlatego mógłbym powiedzieć **mye undertøy**.

Zapamiętaj następującą różnicę:

noen brød

noe brød

Klær

«Det finnes ikke dårlig vær, bare dårlige klær!»

Beskriv Nils' klær.
Opisz ubrania Nilsa.

Eksempel: Lua er rød.

ei lue	czapka
et skjerf [sjæ-]	szalik
ei jakke	kurtka
en genser	sweter
ei skjorte	koszula
ei T-skjorte	koszulka
en vott [å]	rękawiczka z jednym palcem
en sokk [å]	skarpeta
en sko	but
en underbukse [unner-bokse]	slipy, majtki
en underskjorte [unner-]	podkoszulek

1 Dopasuj odpowiedni szyk do poniższych zdań podrzędnych.

Eksempel: Hun sier at ... å ha – ikke – hun – bursdag – liker.

→ Hun sier at hun ikke liker å ha bursdag.

a) Han glemte at ... ikke – hver – frokost – Lises – dag – spiser – bror.

b) Vi ønsker at ... snart – en leilighet – finner – i byen – dere.

c) Hun tenker at ... svart – ikke – fristende – kaffe – er.

d) Du kommer hvis ... dattera – blir – frisk – di.

e) De synger når ... bursdag – har – noen.

f) Han liker det når ... høflig – kaféen – er – servitøren – på.

g) Han gjør som om ... husker – han – ikke – dagdrømmen.

h) Det føles som om ... Ernas – kjenner – store hemmelighet – ingen.

i) Du ser ut som om ... og – syk – du – medisin – er – trenger.

j) Jeg ringer alltid når ... og – spiser – er – alle – opptatt.

k) Hun bestiller når ... gir – servitøren – menyen – henne.

l) Vi fortsetter å snakke når ... slutter – endelig – du – å arbeide.

2 Wstaw *kanskje*. Stwórz kilka możliwości.

Eksempel: Jeg trenger legemidler. → Jeg trenger kanskje legemidler. / Kanskje trenger jeg legemidler. / Kanskje jeg trenger legemidler.

a) Han har lyst på kjøttkaker i tillegg.

b) Vil hun åpne vinduet?

c) Du trenger noen som hjelper deg.

d) Jeg rydder stua i dag hvis du er snill.

e) Har du allerede ryddet?

3 Dopasuj ubrania do pogody. Ułóż zdania podrzędne. Uwaga na przymiotniki.

Eksempel: regn – god jakke → Når det regner, trenger man ei god jakke.

a) snø – varm, votter

b) sludd – god, lue, skjerf, regnjakke

c) klart – fin, skjorte

d) svak vind – varm, genser

e) orkan – god, sokker, fjellsko

f) regnbyge – lang, bukse

g) varmt ute – kort, skjørt

4 Wstaw *noe* lub *noen*.

Hun leste _____ om været i en avis og spiste _____ småkaker. Plutselig ringte _____ på døra.
«Hei, du! Har du lyst til å gjøre _____ i kveld?» sa hennes venninne. «Åh, det er synd! Jeg sa til _____ av naboene at jeg hjelper med å bære _____ møbler og _____ klær.» «Men jeg kan kanskje hjelpe med ____?» Kanskje hente ____ bøker ned fra hyllene eller lage _____ mat?» «Det er en bra idé. Jeg skal spørre _____ om de trenger deg.» «Vent, skal vi ta _____ småkaker og kaffe med oss? ____ å spise og drikke er alltid bra!»

19

Det har gått et par dager siden Nils har sett filmen om Nord-Norge. Emil har ikke fått noen idé ennå. Han har forklart til Nils at det er farlig å reise alene. Nils må prøve å snike seg inn i en koffert eller en veske. Men mange ting kan skje. Hvordan skal han komme seg inn i en koffert, og hvordan skal han komme ut igjen uten at noen ser ham?

Men denne kvelden, når hele familien allerede sover, kommer Emil inn på kjøkkenet med en spennende nyhet.

«Nils! Jeg vet hvordan du kan komme deg til Tromsø.»

«Aha? Har du fått en idé?»

«Nei, ikke direkte. Men tenk deg, Erna har ringt. Hun har snakket med Lise, og hun skal reise til Tromsø om ei uke. Det er sikkert en god idé å bli med henne. Da er det heller ikke så farlig. Dersom hun finner deg på reisen, kan du være sikker på at hun tar deg med tilbake igjen.»

«Det høres bra ut. Hva skal Erna egentlig i Tromsø?»

«Du kan snakke med meg uansett hvor du er.»

«Jeg aner ikke. Men spiller det noen rolle?»

«Nei. Men Emil, hva gjør jeg hvis jeg har et spørsmål på reisen? Jeg kommer til å være helt alene!»

«Ja, det er sant. La meg tenke litt.»

Emil sitter og tenker et lite øyeblikk. Men så står han opp, går ut av kjøkkenet og åpner veldig, veldig forsiktig døra til Pers rom.

«Hva skal du hos Per, Emil?»

«Hysj. Han må ikke våkne.»

alene	sam, samemu
å snike inn, snek, sneket	wkraść się
en veske	torebka
spennende [-enne]	wspaniały, ekscytujący
å komme seg	znaleźć się
tenk deg	wyobraź sobie
ei uke	tydzień
dersom [dærsåm]	jeśli
det høres ... ut	to brzmi...
Hva skal hun i Tromsø?	*tutaj:* Po co ona jedzie do Tromsø?
å ane, ante	mieć pojęcie, wiedzieć
å spille en rolle, spilte	odgrywać rolę
hysj	ciii!

Emil går inn i det mørke rommet. Det er helt stille. Etter en stund kommer han ut igjen med to små grå apparater i hånda. Han gir ett av dem til Nils.

«Hva er dette, Emil?»

«Dette er en mobiltelefon. Når du trykker på denne knappen, tar jeg telefonen med en gang, og så kan du snakke med meg uansett hvor du er.»

«Ja, men Emil, dette er jo Pers mobiltelefoner. Vi kan ikke bare ta dem.»

«Jo, det kan vi. Han har hele skapet fullt av mobiltelefoner. Han må jo stadig ha den nyeste telefonen. Så han savner sikkert ikke disse to gamle telefonene.»

«Det betyr at jeg alltid kan snakke med deg når jeg vil? Det er jo helt fantastisk. Emil, du er den beste vennen jeg noensinne har hatt.»

Emil må smile. Han vet at Nils aldri har hatt en venn før. Derfor er det ikke vanskelig å være den beste vennen hans. Men han sier ingenting.

en stund [-unn]	chwila
et apparat	aparat, maszyna
en mobiltelefon	telefon komórkowy
full av	pełen
stadig [stadi]	ciągle
å savne, savnet	tęsknić
noensinne	kiedykolwiek

Zdania główne i podrzędne

W poprzednim rozdziale wyjaśniliśmy, że zdania podrzędne zawsze są częścią zdania głównego.
Przyjrzyjmy się temu bliżej. Spójrz na to zdanie:

Podkreślony fragment to właśnie zdanie podrzędne. Łatwizna. Zaczyna się od spójnika podrzędnego (**når**), po nim pojawia się podmiot (**du**), czasownik (**trykker**) – nie ma tu okolicznika, więc to poprawna struktura – i tak dalej.
Spójrzmy jednak na zdanie główne. Pojawia się w nim czasownik (**tar**), a skoro to zdanie główne, to powinien on być na drugim miejscu. Nie ma co do tego wątpliwości. Oznacza to, że na pierwszym miejscu w zdaniu głównym jest całe zdanie podrzędne, a podmiot (**jeg**) musi być na miejscu trzecim – i tak właśnie jest.

Kolejne ciekawe zdanie:

Men denne kvelden, når hele familien allerede sover, kommer Emil inn på kjøkkenet med en spennende nyhet.

Tak jak poprzednio, podkreśliliśmy zdanie podrzędne. **Men denne kvelden** to informacja dotycząca czasu (która może pojawić się na pierwszym miejscu w zdaniu głównym, prawda?). Czasownik w zdaniu głównym to **kommer**, który stoi na miejscu drugim.

Wynika z tego, że wszystko pomiędzy **men** i **kommer** zajmuje pierwsze miejsce i musi być tą samą informacją. Tak właśnie jest! Jest to informacja odnosząca się do czasu. Kiedy Emil przychodzi do kuchni? **Denne kvelden** lub **når hele familien allerede sover** – to ten sam moment i dlatego te dwie informacje mogą wspólnie zajmować pierwsze miejsce. Zauważ, że **men** nie zajmuje żadnego miejsca (spójrz na ostatni przykład u dołu strony).

Moglibyśmy podzielić to zdanie następująco:

Men denne kvelden kommer Emil inn på kjøkkenet med en spennende nyhet.

Når hele familien allerede sover, kommer Emil inn på kjøkkenet med en spennende nyhet.

Potrafisz wskazać podmiot zdania głównego? Tak jest – **Emil** jest podmiotem i zajmuje miejsce trzecie. Zwróć uwagę na okolicznik **allerede**, który pojawia się przed czasownikiem **sover**.

Chciałbym z tobą przeanalizować jeszcze jedno zdanie.

Hun har snakket med Lise, og hun skal reise til Tromsø om ei uke.

W tym przykładzie nie ma zdania podrzędnego. Oba te zdania mogłyby wystąpić oddzielnie.

Hun har snakket med Lise.

Hun skal reise til Tromsø om ei uke.

Zapamiętaj: wyrazy **og**, **men** i **for** łączą dwa zdania główne i zajmują miejsce zerowe (lub, jeśli wolisz, nie wchodzą w skład zdania).

Men mange ting kan skje.

pierwszy element | czasownik | (podmiot) | okolicznik | czasownik | dopełnienie | reszta

Pozbywamy się *som*

Zdania zaczynające się od **som** to zdania podrzędne, w których wyraz ten zastępuje dopełnienie lub podmiot (patrz rozdział 17).
W przypadkach gdy **som** pełni funkcję dopełnienia, możemy je opuścić. Spójrz:

> Emil, du er den beste vennen (som) jeg noensinne har hatt.

Przeanalizujmy to zdanie. Zdanie podrzędne znajduje się tu na końcu zdania głównego. Oto jego struktura:

> spójnik (som) – podmiot (jeg) – okolicznik (noensinne) – czasowniki

Dlaczego w tym przypadku możemy opuścić **som**?
Często bywa, że języki nie są logiczne. W tym przypadku jest jednak trochę logiki: w podanym przykładzie **som** jest dopełnieniem. Mogę podzielić to zdanie i zamiast **som** napisać **denne vennen**.

> Emil, du er den beste vennen.
> Denne vennen har jeg noensinne hatt.

Spójrz na inny przykład, w którym **som** jest podmiotem zdania podrzędnego:

> Jeg ser en film som er helt fantastisk.

Dlaczego nie możemy tutaj opuścić **som**?
Bo jest ono podmiotem, a *każde* norweskie zdanie (nawet podrzędne) musi mieć podmiot

hos – med – ved

Zarówno **hos**, jak i **ved** oznaczają *przy* lub *obok*, ale **hos** łączy się z osobami i oznacza *u kogoś*, a **ved** łączy się z *rzeczami*.

> Hvor er du?
> Jeg er ved stasjonen.   Jestem przy stacji.
> Jeg er hos Per.   Jestem u Pera

(Razem) z możemy przetłumaczyć jako **(sammen) med**.

> Jeg spiller tennis med Per.
> Jeg er på restaurant med Per.

Telefonen

Slik kan vi skrive telefonnumre i Norge:
- mobiltelefon: 911 06 368
  Vi kan si: ni – elleve – null – seks – tre – seks – åtte
- fasttelefon: 22 33 44 55
  Vi kan si: tjueto – trettitre – førtifire – femtifem

Nils ringer til Emil. Når Emil tar telefonen, sier han bare:
«Hei, det er Emil.»
Nils svarer: «Hei, dette er Nils.»
Hvis du ringer til Lise, men du vil snakke med Per, sier du:
«Hei, Lise. Kan jeg få snakke med Per?»

Hun sier kanskje:
«Han er ikke hjemme.»
Så kan du spørre:
«Når kommer han tilbake?»
Eller du sier: «Kan du si til ham at ...?»

Du ringer til noen du ikke kjenner.
Hun forstår ikke navnet ditt. Hun sier:
«Kan du stave navnet ditt?» (Możesz przeliterować swoje imię/nazwisko?)

Vi skriver:	Vi sier:
A	a
B	be
C	se
D	de
E	e
F	eff
G	ge
H	hå
I	i
J	je
K	kå
L	ell
M	emm
N	enn
O	o
P	pe
Q	ku
R	ærr
S	ess
T	te
U	u
V	ve
W	dobbeltve
X	eks
Y	y
Z	sett
Æ	æ
Ø	ø
Å	å

1 Czy w którymś z poniższych zdań można opuścić *som*?

Oslo er en fin by som jeg ønsker å se snart.

Hurtigruta er en båt som går hver dag.

En lærer er en person som arbeider i skolen.

Jeg lagde ei kake som du ikke ville smake.

Tromsø er en interessant by som ligger i Nord-Norge.

Du likte TV-serien om Norge som vi så på i går.

Nils så en film som var helt fantastisk.

Den handlet om et veldig fint land som han hadde lyst til å se.

2 Ułóż jak najwięcej sensownych zdań. Pamiętaj o poprawnym szyku.

alltid – dag – hver – lager – mat – og – sammen – spiser – vi.

av og til – gjør – gode – han – har – idéer – ikke – men – notater.

at – dag – gleder – hun – hver – tenker – seg – Susanne – til – skolen.

forsiktig – har – hvis – i magen – man – må – man – vondt – være.

3 Lise wybrała się na długie zakupy i odwiedziła dziewięć sklepów! Gdzie kupiła wymienione rzeczy? Dopasuj je do odpowiednich sklepów.

skobutikk   apotek   teknikkbutikk   post   matbutikk   klesbutikk   kiosk   interiørbutikk   bakeri

Ei seng, en ukebillett (bilet tygodniowy), støvler (kalosze, buty), en agurk (ogórek), en konvolutt (koperta), en DVD, en hudkrem (balsam do ciała), et rundstykke, en hodepinetablett (tabletka na ból głowy), (et) toalett-papir (papier toaletowy), bukser, en bussbillett (bilet autobusowy), en mobillader (ładowarka do telefonu), småkaker, en eske for å sende en pakke (pudełko, w którym można wysłać paczkę), et batteri (bateria), et bykort (plan miasta), en parfyme (perfumy), et frimerke (znaczek), en genser, et brød, ei lampe (lampa), kjøtt, et godteri (słodycze), en hårbørste (szczotka do włosów) ...

4 Przeczytaj numery telefonów.

36 75 88 18   44 17 73 12   27 11 32 11   866 12 033   56 65 14 39

67 16 13 92   911 15 113   912 19 129   40 52 16 63

5 Dzwoni telefon. To jeden z twoich przyjaciół. Zadaje ci następujące pytania. Co odpowiadasz?

a) Kan jeg få snakke med Martin?

b) Har du lyst til å besøke meg i kveld?

c) Jeg har glemt å kjøpe poteter. Kan jeg få noen av deg?

d) Jeg føler meg dårlig. Jeg har vondt i brystet. Vet du hva jeg bør gjøre?

e) Jeg må rydde opp i leiligheten i dag. Kan du hjelpe meg?

20

Det er lenge siden Erna har besøkt Lise. Men dagen før reisen til Tromsø rekker hun det endelig. Hun har sittet på toget i to timer. Og nå må hun ta trikk til Lises hus. Det er kjedelig å reise så langt, synes hun. Hun vil egentlig bo i nærheten av Lises familie. Men hun kan heller ikke tenke seg å flytte til Oslo. Det er så hektisk her. Alle har det travelt. Nei, hun trives i den lille byen hvor hun bor nå, selv om hun føler seg litt ensom av og til.

Når trikken stopper neste gang, har hun endelig kommet fram. Hun går av, krysser gata og ringer på døra hos Lise.

«Hei, mamma. Takk for sist. Hyggelig at du kommer på besøk før du drar til Tromsø.»

«Hei, Lise. Går det bra med deg?»

«Ja, det går kjempefint. Og med deg?»

«Det går også veldig bra.»

«Hei, Lise. Går det bra med deg?»

«Kom inn. Middagen er ferdig. Vi venter egentlig bare på Per – han har ikke kommet hjem fra fotballtreningen ennå. Men jeg tror vi skal begynne å spise likevel. Lars vil gå en liten tur etterpå, og det blir jo snart mørkt ute.»

Erna og Lise går inn i stua, hvor Susanne sitter ved bordet. Susanne holder kniv og gaffel i hånda allerede – åpenbart er

lenge	długo
lenge siden	dawno
å rekke, rakk, rukket [o]	sięgać, zdołać coś zrobić
en nærhet	pobliże, sąsiedztwo
å flytte, flyttet	przeprowadzać się
hektisk	nerwowy, ruchliwy, zapracowany
å ha det travelt	być zajętym
selv om [sell]	mimo, że
å trives, trivdes, trivdes	dobrze się gdzieś czuć
ensom [å]	samotny
å stoppe, stoppet [å]	zatrzymać się, przestać
neste	następny
å komme fram	przybywać na miejsce
å krysse, krysset	przechodzić (na drugą stronę)
å gå av, gikk, har gått	wysiąść
en trening	trening
en fotballtrening	trening piłki nożnej
likevel	jednakże, mimo to
åpenbart	otwarcie

hun veldig sulten. På kjøkkenet står Lars og tar en kasserolle fra komfyren.

«Hei, Erna. Hyggelig å se deg.»

«Hei, Lars. Takk for sist. Hva er det du lager her?»

«Det blir indrefilet av okse med fløtepoteter og gulrøtter.»

«Å, så flott at jeg har en svigersønn som kan lage så god mat.»

«Det er jo ikke vanskelig. Bare steke litt kjøtt og sette poteter i ovnen.»

«Du vet godt at det er vanskelig.»

«Nei da. Bare gå inn i stua, så kommer jeg med maten.»

Erna setter seg.

«Hvordan står det til, Susanne? Går det bra på skolen?»

«Ikke så verst», svarer Susanne.

Erna vet med en gang at det var et dumt spørsmål. Gamle folk spør alltid barn om skolen, men hun husker så godt hvor mye hun hatet dette spørsmålet da hun var liten. Hun bestemmer seg fort for å snakke om noe annet.

«Så, hva gjorde du etter skolen, Susanne?»

«Jeg hadde en ridetime kl. 14, og så besøkte jeg ei venninne kl. 15.30. Vi spilte sjakk.»

«Nei, så fint! Har du begynt å ri?»

«Ja, for tre uker siden. Jeg er jo så glad i hester. Det er gøy å ri.»

Erna smiler. Det er deilig å høre at Susanne også har andre fritidsaktiviteter enn smarttelefoner og dataspill.

Da kommer Lars inn med maten. Den smaker veldig godt.

«Takk for maten», sier Erna. Hun legger kniv og gaffel på tallerkenen og ser seg litt rundt i stua. Alt er som før. Susanne står opp og går ut av rommet. Erna vil spørre Lise om Nils mens Susanne ikke hører henne.

«Lise, er Susanne fortsatt ikke glad i nissen?» hvisker hun.

«For å si det sånn – ikke særlig», sier Lise. «Nissen er her hos meg på kjøkkenet. Han – nei, hvor er han egentlig?» Lise virker overrasket. Hun begynner å lete etter nissen. Men hun kan ikke finne Nils.

Etter en stund kommer hun tilbake og sier lavt: «Det er veldig flaut, mamma, men jeg må bare si at jeg har mistet Nils. Jeg kan ikke finne ham.»

sulten	głodny
en kasserolle [-rålle]	garnek
en indrefilet [-filee]	polędwica
en okse	wół, tu: wołowina
(en) fløte	śmietana
flott [å]	fajny, świetny
en svigersønn	zięć
å steke, stekte	smażyć
nei da	ależ nie
Hvordan står det til?	Jak leci?
å hate, hatet	nienawidzić
da	*tutaj*: gdy
en ridetime	lekcja jazdy konnej
(en) sjakk	szachy
å spille sjakk, spilte	grać w szachy
å ri, red, har ridd	jeździć konno
en hest	koń
deilig	wspaniale
(ei) fritid	czas wolny
en aktivitet	zajęcie, czynność
en fritidsaktivitet	zajęcie, któremu oddajemy się w czasie wolnym
et dataspill	gra komputerowa
mens	podczas, gdy
å hviske, hvisket [vis-]	szeptać
å virke, virket	zdawać się (być)
lav, lavt, lave	niski
flau, flaut, flaue [æu]	zażenowany, krępujący
å miste, mistet	gubić

langt – lenge

en lang vei

vi må gå langt

ei lang tid

vi må vente lenge

Langt i **lenge** to przysłówki, pochodzące od przymiotnika **lang**. Różnią się one znaczeniem: **langt** odnosi się do odległości, a **lenge** do czasu. Pamiętaj jednak:

en lang vei (przymiotnik)
ei lang tid (przymiotnik)

Brak rodzajnika

Powiedziałem ci, że zawsze należy używać rodzajnika, określonego lub nieokreślonego (**en gutt** lub **gutten**). Nie byłem z tobą w pełni szczery. W trzech przypadkach nie używamy żadnego z nich.

1 Mówiąc o czymś, czego nie możemy policzyć:

mye vann

2 Mówiąc o czyimś zawodzie lub wyznaniu:

Jeg er lege. Ahmed er muslim.
Ale:

Han er en dårlig lege.
W ostatnim przykładzie nie przedstawiamy zawodu, tylko opisujemy osobę. Dlatego pojawia się rodzajnik.

3 Mówiąc o czymś, co w danym momencie może wystąpić jedynie pojedynczo:

Erna kommer på besøk.
Nie może przecież w tym samym czasie przyjść na dwie wizyty.

Susanne holder kniv og gaffel i hånda allerede.
Susanne *mogłaby* trzymać w reku dwa noże i dwa widelce, ale to chyba dość niespotykane przy stole, prawda?
Ostatnia reguła jest trochę skomplikowana, ale żeby ułatwić ci jej zapamiętanie, zaprezentuję ci mój ulubiony przykład:

Lise kjøper hus.
Lise kjøper en genser.
Lise mogłaby oczywiście kupować dwa domy (lub więcej) w tym samym czasie, ale większość z nas raczej na to nie stać. Za to kupowanie dwóch swetrów na raz jest stosunkowo normalne, nawet przy skromnych dochodach. Dlatego w przypadku **genser** uzywamy rodzajnika, a przy **hus** go pomijamy.
Wyobraź sobie jednak, że Lise jest agentem nieruchomości i regularnie kupuje domy. Byłoby wtedy zupełnie na miejscu powiedzieć:

Lise kjøper et hus.

Pozbywamy się *at*

Pamiętasz, że możemy opuścić **som** jeśli pełni ono rolę dopełnienia w zdaniu podrzędnym? Możemy też pozbyć się **at**:

Men jeg tror (at) vi skal begynne å spise likevel.
W przeciwieństwie do zdań z **som**, nie ma tu określonej reguły. Jeśli wydaje ci się, że zdanie pozbawione **at** staje się niezrozumiałe, lepiej go użyj.

Hobbyer & fritid
Hobby i czas wolny

Ragnhild:

Jeg er et kulturmenneske. På en typisk fredagskveld finner du meg på kino, i konserthuset eller på teater. Jeg er også veldig glad i all slags litteratur. Jeg elsker franske filmer, klassisk musikk og jazz, engelsk teater og russiske bøker. Jeg spiller selv fiolin og gitar. Når jeg spiller, kan jeg glemme tida fullstendig.

Kari:

Jeg elsker sport. Når jeg ikke kan trene på to dager, kan jeg ikke sitte stille lenger. Jeg er spesielt glad i å spille basketball, håndball og fotball. Fotball har jeg spilt i nesten 13 år, helt siden jeg var liten. I dag er jeg litt frustrert, for vi hadde et mesterskap i formiddag, og vi tapte mot et lag fra Ålesund.

Jeg liker også å prøve nye ting. Nå har jeg for eksempel begynt med turn, men jeg synes det er litt kjedelig.

Richard:

Vet du hvorfor jeg elsker Nord-Norge? Det er så fantastisk mye natur her. Jeg må være ute hver eneste helg. Etter ei travel arbeidsuke er det viktig å få ny energi. Om sommeren kan man være ute så lenge man vil, for da er det jo midnattssol. Om vinteren liker jeg å gå skiturer. Jeg liker også å klatre og å fiske.

Kari, Richard og Ragnhild kommer på besøk til deg. Hva gjør du med dem? Finn aktiviteter i din kommune på Internett.

å elske, elsket	kochać
(en) sport	sport
å trene, trente	trenować
(en) basketball	koszykówka
(en) håndball	piłka ręczna
(en) fotball	piłka nożna
frustrert	sfrustrowany
et mesterskap	mistrzostwa
en formiddag	przedpołudnie
et lag	drużyna
Ålesund	*miasto w zachodniej Norwegii*
turn	gimnastyka sportowa
(en) natur	natura
eneste	jedyny
hver eneste	każdy
ei arbeidsuke	tydzień pracy
(en) energi [enersji]	energia
å klatre, klatret	wspinać się
å fiske, fisket	łowić ryby
et kulturmenneske	osoba zainteresowana kulturą
en kveld [kvell]	wieczór
en fredagskveld	piątkowy wieczór
en konsert	koncert
et konserthus	sala koncertowa
et teater, teatret, teatre, teatrene	teatr
all slags	wszelki
fransk	francuski
klassisk	klasyczny
jazz	jazz
en fiolin	skrzypce
en gitar	gitara
fullstendig [-di]	kompletnie, całkowicie
en kommune	gmina

Codzienne zwroty (Część 2)

Utwórz dialog. Ułóż zdania w odpowiedniej kolejności.

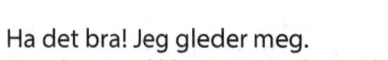

1. Ha det bra! Jeg gleder meg.
2. For eksempel kl. 18.00? Da kan vi lage mat sammen.
3. Tusen takk. Vil du ikke komme på besøk i kveld?
4. Hei, Marthe. Takk for sist!
5. Flott, da ses vi altså kl. 18.00.
6. Hei, Anders. Takk for sist. Hvordan går det?
7. Det går dårlig. Jeg har mistet jobben.
8. Det vil jeg gjerne. Når passer det for deg?
9. Ikke så verst. Og med deg?
10. Det fikser jeg.
11. Supert. Hva skal jeg kjøpe?
12. Det gjør vi. Ha det!
13. Jeg har kjøtt, poteter og grønnsaker hjemme. Kanskje en god flaske vin?
14. Å, det var synd å høre. Jeg håper at du finner deg ny jobb snart.

å fikse, fikset	*tutaj*: załatwić
super	super
ei flaske	butelka
(en) vin	wino
å håpe, håpet	mieć nadzieję

1 Trenger du artikkelen? Czy potrzebny jest rodzajnik?

Lise ønsket alltid å bli _____ lærer. Nå er hun _____ god sykepleier. I forgårs traff hun _____ russisk mann, _____ amerikaner og _____ italiener. Russeren er _____ bra lege, amerikaneren er _____ tannlege, og italieneren er _____ ung student. Hun snakket også med _____ muslim og _____ ung katolikk. Hun jobber som redaktør og gleder seg til å bli _____ pensjonist snart. De har kjøpt _____ leilighet. De må ta bussen til byen og vil kjøpe _____ bil snart.

2 *Lang(t)* eller *lenge*? Lang(t) czy lenge?

På lørdag var jeg _____ på en bursdagsfest hos en venn. Festen var på et sted _____ fra huset mitt. Først så vi _____ på en film, så spiste vi ute _____. Bordet sto _____ fra huset. Før festen prøvde jeg _____ å treffe min venn. Da vi spiste, satt han _____ fra meg. Vi kunne ikke snakke mye og _____ denne kvelden. Klokka kvart på to ringte jeg en drosje, men måtte vente _____ til den kom. Veien var _____, derfor tok det _____ tid å komme hjem.

3 Hva liker du å gjøre i fritida di?

4 Przepisz poniższe zdania według wzoru.

Eksempel: Per vet: «Maria drikker ikke kaffe.» → *Per vet at Maria ikke drikker kaffe.*

a) Morten har et fint hus. Huset er i Hamar.

→ Morten har et fint hus som ...

b) Stine går på tur. Men sola skinner ikke.

→ Stine går på tur selv om ...

c) Bjørn har ikke penger. Derfor kan han ikke dra på ferie.

→ Bjørn kan ikke dra på ferie fordi ...

d) Birgitte har en hund. Hunden er ofte syk.

→ Birgitte har en hund som ...

e) Vi kan ikke dra på tur når været er dårlig.

→ Når været er dårlig, ...

f) Hilde sier: «Jeg kan ikke komme i kveld.»

→ Hilde sier at ...

g) Hilde kan ikke komme på besøk. Hun føler seg ikke bra.

→ Hilde kan ikke komme på besøk fordi ...

h) Jeg skal spise frokost før jeg går på jobb.

→ Før jeg går på jobb, ...

i) Jeg vil ikke arbeide på lørdager og søndager.

→ På lørdager og søndager ...

j) Vi kan gå på tur hvis det ikke snør.
→ Hvis det ...
k) Erna vil komme på besøk. Etterpå skal hun reise til Tromsø.
→ Før Erna ...
l) Tromsø er en by. Der skinner sola ikke om vinteren.
→ Tromsø er en by hvor ...

5 Sett inn et ord som passer. Wstaw pasujące słowo.

Jeg heter Liv ... arbeider ... lege på sykehuset. Vanligvis må ... allerede stå opp rundt kl. 5.00, for vi ... å arbeide kl. 6.00. Jeg spiser ... og dusjer før jeg drar på jobben, men jeg ... ikke avisa. Der er det bare dårlige nyheter! Jeg liker å ... bussen til sykehuset, for det går ganske fort ... bussen. ... etter jobben liker jeg å gå. Da kan jeg slappe ... og være ... naturen.

Når jeg begynner på jobben, må jeg først snakke med ... andre legene. Etterpå vet jeg ... jeg må gjøre. ... besøker jeg pasientene mine og snakker med sykepleierne. Kl. 11.30 ... jeg lunsj. Etter det arbeider jeg ... til kl. 14.00.

Jeg spiser ... med familien min når jeg kommer ... Sønnen min liker å ... mat. Det er veldig bra for meg og mannen min – da har vi ... så mye å gjøre hjemme.

6 Hvor vil du bo? I byen eller på landet? Fortell hvorfor.

21

«Mistet ham? Det var jo synd.» Erna er skuffet. Hun har arbeidet så lenge med Nils, og hun har vært veldig stolt over å ha laget en såpass pen nisse. Først var Susanne ikke glad i ham, og så mistet Lise ham. Helt utrolig. Fra nå av skal hun bare kjøpe sjokolade eller blomster i bursdagsgave. Nok er nok.

Men så må hun også tenke på den tåpelige papirlappen som er skjult i nissen. Det var jo helt urealistisk at noen skulle finne den, men nå er det altså virkelig umulig.

Egentlig har denne papirlappidéen vært dum fra begynnelsen av.

Hun må huske da hun skrev den første lappen, som hun skjulte i ei bok. Så ba hun Lise om å levere boka tilbake på biblioteket. Selvfølgelig åpnet hun ikke boka og fant aldri lappen. Det samme skjedde da hun la en lapp i et påskeegg som hun ga til Per. Hun husker så godt hvordan Per spiste opp egget uten å legge merke til at det var en papirlapp i det.

«Bestemor! For en hyggelig overraskelse!»

Hun må le. Resten av familien ser litt forvirret på henne.

Men sammenlignet med nissen var det jo nesten smart å legge en beskjed i et påskeegg eller ei bok.

Da tar hun en beslutning. Hun kommer ikke til å skrive idiotiske papirlapper som ingen kan finne. Hun må legge kortene på bordet. Nå eller aldri. Hun puster dypt inn.

«Jeg må si noe til dere. Som min familie må dere vite dette.»

såpass	aż tak
pen	piękny
fra nå av	odtąd
en blomst [å]	kwiat
i bursdagsgave	w prezencie urodzinowym
tåpelig [-li]	niemądry, głupi
urealistisk	nierealny
umulig [-li]	niemożliwy
en begynnelse [bejy-]	początek
å be, ba, har bedt om	prosić o
å levere, leverte	dostarczać, *tu*: oddać
et bibliotek	biblioteka
et påskeegg	jajko wielkanocne
å legge merke [mærke] til, la, har lagt	zauważać
en rest	reszta
sammenlignet med	w porównaniu z
smart	sprytny
en beskjed [beskje]	wiadomość
en beslutning	decyzja
idiotisk	idiotyczny
å legge kortene på bordet	kłaść karty na stół

Lars, Susanne og Lise virker fortsatt flaue. De tenker at det har noe med nissen å gjøre.

«Vi vet at vi er håpløse, mamma. Du trenger ikke å si det. Men vi finner sikkert Nils igjen.»

«Nei, det er bare ...»

«Ja, du har rett», avbryter Lise. «Det finnes ingen unnskyldning. Jeg vet at du har brukt så mye arbeid på denne nissen. Jeg forstår ikke hvordan det kunne skje. Hele tida forsvinner det noe i dette huset. Per savner til og med noen mobiltelefoner.»

«Men jeg mener at ...»

Da åpner døra seg. Per kommer inn, smiler og kommer mot Erna.

«Bestemor! For en hyggelig overraskelse!»

Erna føler at sjansen forsvinner. Hun var så sikker på at hun klarte å si det. Men det går bare ikke. Hun smiler litt mot Per. Så går hun ut av leiligheten, uten å si et ord. Mens hun lukker døra, hører hun Lise rope: «Men mamma! Nå overdriver du.»

Hun går ut i gata og gråter av fortvilelse.

håpløs	beznadziejny
å avbryte, avbrøt, avbrutt	przerywać
en unnskyldning	usprawiedliwienie
å mene, mente	mieć na myśli
for en ...	cóż za...
en overraskelse [åv-]	niespodzianka
å være sikker på	być pewnym
bare	*tutaj*: po prostu
et ord [or]	słowo
å lukke, lukket [o]	zamykać
å overdrive, overdrev, overdrevet [å]	przesadzać
(en) fortvilelse [får-]	wątpliwość

W tym rozdziale darujemy sobie nowe zagadnienia z gramatyki!

Odprężmy się więc i przyjrzyjmy kilku zdaniom, które mogą sprawić trudności.

1

Det var jo synd.

Zastanawiasz się, co w tym kontekście oznacza **jo**? Prawdę mówiąc, nie oznacza zbyt wiele. Służy do tego, by podkreślić, że to *wielka* szkoda. Po polsku mógłbyś użyć słowa *doprawdy*, choć nie do końca oddaje to samo. Spójrz na ten przykład:

Det var jo helt urealistisk at noen skulle finne den.

Jest tu kilka rzeczy, na które warto zwrócić uwagę. Mamy oczywiście do czynienia ze zdaniem podrzędnym, będącym częścią zdania głównego, a zaczynającym się od **at**. Zwróć jednak uwagę na czasy. Oba czasowniki są w *preteritum* (**var i skulle**). Gdybym przepisał je w czasie teraźniejszym, zdanie wyglądałoby tak:
Det **er** jo helt urealistisk at noen **skal** finne den.
Pamiętaj więc, żeby używać czasów w sposób konsekwentny..

2

Hun har vært veldig stolt over **å ha laget en såpass pen nisse**.
Czasownik (w bezokoliczniku, zaczynającym się od **å**) może pełnić rolę "rzeczy".
Możemy przecież powiedzieć:
Hun har vært veldig stolt over **jobben**.
Jobben oraz **å ha laget en såpass pen nisse** odnoszą się do tego samego.

Spójrz na inny przykład, w którym dzieje się to samo:
Så ba hun Lise om **å levere boka tilbake**.
Gramatycznie poprawne byłoby też takie zdanie:
Så ba hun Lise om **dette**.

3

Hun må huske da hun skrev den første lappen, som hun skjulte i ei bok.
Ile jest tu zdań?
Na pewno jedno zdanie główne (jak zawsze), a w nim dwa zdania podrzędne:
- **da hun skrev den første lappen**
- **som hun skjulte i ei bok**

Przyjrzyjmy się temu bliżej. Co jest podmiotem zdania głównego? To proste, **hun**. Co z czasownikiem? **Må**, łatwizna. Znajduje się on na drugim miejscu, tak jak należy. A co to takiego **huske**? Oczywiście to drugi czasownik, który jest w bezokoliczniku (dlatego, że jeden czasownik już się pojawił), choć bez **å**, bo **må** to czasownik modalny. Świetnie. Przejdźmy dalej. Wszystko, co pojawia się po **huske** to dopełnienie. Dlaczego? Bo odnosi się do tego, co musi zapamiętać Erna. Z łatwością można by je zastąpić słowem **dette**.
Hun må huske **dette**.
Ma się rozumieć, że każde z dwóch zdań podrzędnych ma swoją wewnętrzną strukturę, w tym podmiot, czasownik i dopełnienie (**den første lappen**) lub informację dotyczącą miejsca (**i ei bok**). Jednak z punktu widzenia zdania głównego, oba zdania podrzędne wspólnie pełnią rolę dopełnienia, prawda? Jak widać, dopełnienie może być bardzo długie. Jeśli nadal masz jakieś wątpliwości, powtórz wiadomości z rozdziału 18 i 19, bo to naprawdę ważne. Nie czekaj do jutra, tylko zabierz się do tego już teraz

161

Bank, post, politi ...

å låne, lånte   pożyczać
å stenge, stengte   zamykać
en pakke   paczka
et frimerke [-mærke]   znaczek pocztowy
et brev   list
å stjele, stjal, har stjålet   kraść
en sykkel   rower
å anmelde, anmeldte   zgłaszać
(et) politi   policja
en konto   konto
en bank   bank
en barnehage   przedszkole

Klokka er 13.30. Erna har mye å gjøre. Hva skal hun gjøre først? Kan du hjelpe henne?

a) Erna må levere ei bok som hun har lånt på biblioteket. Men biblioteket stenger kl. 14.00 i dag.

b) Hun må hente en pakke på postkontoret. Men hun kan ikke hente pakken før kl. 15.00. Hun må også kjøpe frimerker for å sende to brev.

c) Noen har stjålet sykkelen hennes, og hun vil anmelde det til politiet.

d) Hun vil åpne en konto i banken. Den stenger kl. 15.00 i dag.

e) Naboen hennes har bedt henne om å hente barnet i barnehagen kl. 15.30.

f) Hun vil bytte en genser som hun har kjøpt. Den er nemlig for trang. Hun vil kjøpe en genser som passer. Butikken stenger kl. 16.00.

g) Hun vil besøke ei venninne som heter Randi. Det kan hun gjøre når hun vil.

1 Finn den riktige formen for substantivene i parentes: bestemt/ubestemt, med eller uten artikkel, entall/flertall. Rzeczowniki podane w nawiasach wstaw do tekstu w odpowiedniej formie: określonej/ nieokreślonej, z rodzajnikiem lub bez, w liczbie pojedynczej/mnogiej.

Dagen før (reise) besøker Erna (familie). Hun går inn i (stue). Der ser hun (bord), fire (stol), (sofa) og (kommode). Lise sitter i (sofa). Lars er på (kjøkken) og steker (kjøtt) i (kasserolle). Susanne sitter ved (bord). Erna spør Susanne hvordan det går på (skole). Men Susanne vil ikke snakke så mye om (skole). Hun vil heller snakke om (hest). Hun har nemlig begynt å ta (ridetime). De snakker også om Nils – Nils er (gave) fra Erna.
Da kommer Lars med (mat).

2 Svar på spørsmålene. Velg den riktige artikkelen for spørsmålene og den rette flertallsformen for svarene. Les numrene høyt. Odpowiedz na pytania. Do wyrazów w nawiasach dopisz odpowiedni rodzajnik, a w odpowiedzi wpisz poprawną liczbę mnogą. Przeczytaj liczby na głos.

Eksempel: Har Erna skrevet (tekst)? 5 → Har Erna skrevet en tekst? – Hun har skrevet fem tekster.

a) Har Lise kjøpt (brød)? 7
b) Har du (glass)? 21
c) Kan vi se (film)? 2
d) Har Lars lest (bok)? 13
e) Har Stine (bror)? 3
f) Har Lars og Lise (barn)? 2
g) Kan dere gi meg (kniv)? 18
h) Har Lars og Lise (soverom)? 2
i) Skal du ringe (kunde) i dag? 11
j) Kan jeg få (stykke) papir? 14
k) Finnes det (bakeri) i denne byen? 8

3 Var du en gang skuffet i livet ditt? Fortell om det.

4 Svar på spørsmålene.
a) Hvorfor vil Erna bare kjøpe blomster eller sjokolade i bursdagsgave nå?
b) Hvordan har hun prøvd å fortelle hemmeligheten til familien?
c) Hvorfor har det ikke fungert?
d) Hva tenker familien at Erna vil si?
e) Hvorfor savner Per en mobiltelefon?
f) Hvor har Per vært?
g) Hvorfor går Erna plutselig?

5 Wpisz odpowiedni czasownik. Pamiętaj, by użyć odpowiedniej formy.

å kunne – å skulle – å måtte – å ville – å vite – å få – å gå – å ta – å gjøre – å si – å sette
å sitte – å finne – å prøve – å ligge – å legge – å skrive – å dra – å stå – å ha – å være

a) Har du ... en leilighet allerede?

b) I morgen ... Knut kjøre til Oslo.

c) I 1990 ... jeg ennå på skolen.

d) Jeg ... gjerne ha en kopp kaffe, takk.

e) I dag har jeg mye ...

f) Jeg ... meg kl. 21 og sov rett etterpå.

g) Han ringte meg kl. 22, men da ... jeg allerede i senga.

h) Marthe, jeg ... dessverre ikke komme på besøk i kveld.

i) Som sykepleier måtte jeg ... mange rapporter.

j) Jeg hører deg dårlig. Hva ... du?

k) I går ... jeg opp kl. 5.00 allerede.

l) Er Martin fra England? – Det ... jeg ikke.

m) Kom inn og ... deg. Her har vi en stol.

n) Er Tove her? – Nei, hun ... til Bergen.

o) Har du ... å ringe meg?

p) Nå har jeg ... i sofaen i nesten to timer.

q) ... du hos mora di i går? – Nei, jeg ... arbeide i går.

r) På mandag ... jeg en interessant e-post av en venn.

s) Hvorfor ... du ikke bussen hit?

6 Uzupełnij tekst zaimkami w odpowiedniej formie.

Jeg har to venner – Bente og Geir. Med vennene ... gjør jeg mange ting. Ofte lager vi mat på Bentes kjøkken. Kjøkkenet ... er ganske stort. Geir har også et stort kjøkken, men kjøkkenet ... er ikke så pent. Og kjøkkenet ... er veldig lite.

I dag vil vi lage suppe for kjærestene ... Vi har invitert ..., og ... kommer snart. Geir har kjøpt alt vi trenger. Men han har ikke fått pengene fra ... ennå. Bente arbeider allerede. ... er en god kokk. Geir er ikke en så god kokk, men det går fint å arbeide med ...

Geir er glad i litteratur, og han forteller ... ofte om nye bøker. Men bøkene ... er kjedelige, synes jeg. Jeg liker å gå på skiturer, og jeg vil heller snakke om turene ... Av og til går jeg på tur med Geir og Bente, men arbeids-uka ... er så lang, og da har de ikke så mye tid.

Nå kommer kjærestene ... Jeg skal åpne døra for ...

Har du også gode venner? Hva gjør du med vennene ...?

7 Przepisz podane zdania w _preteritum_.
a) Hun sier at hun må arbeide.
b) Han vet at han ikke kan komme på besøk.
c) Han må ta trikken.
d) Han spør om han bør snakke med en lege.
e) Hun tenker at hun jobber for mye.

8 Bruk _infinitiv_ + _å_. Użyj konstrukcji _bezokolicznik_ + _å_.
Eksempel: Jeg glemmer aldri katten. (å mate) → Jeg glemmer aldri å mate katten.
a) Han tenker på ny jobb. (å lete etter)
b) Hun gleder seg til Bach-konserten. (å gå på)
c) Den unge læreren arbeider med ei bok om Norge. (å skrive)
d) I dag må jeg begynne med gulvene. (å vaske)

Czy zakochałeś się już w gramatyce?

Wziąłeś to pewnie za niezły żart. Większość z nas wyniosła ze szkoły niechęć do gramatyki, a na samą myśl o tabelkach i łacińskich nazwach dostaje gęsiej skórki. Wspominając swoje lekcje języka obcego, wiele osób mówi "nie uczyliśmy się mówić, przerabialiśmy tylko gramatykę".

W rezultacie wiele szkół językowych niemal zabroniło nauki gramatyki. Niektórzy nazywają to "metodą komunikatywną" i porównują ją do sposobu, w jaki dziecko uczy się swojego języka ojczystego.

O ile zgadzam się, że tradycyjne podejście kładzie zbyt wielki nacisk na gramatykę, jestem przekonany, że wiele nowoczesnych kursów jej nie docenia. Wierzę, że ucząc się języka obcego, powinniśmy go także dobrze poznać od strony teoretycznej.

Zanim zaczniesz we mnie rzucać zgniłymi pomidorami, pozwól mi wyjaśnić, dlaczego tak uważam, i doradzić, jak zakochać się w gramatyce (tak, to możliwe!).

Dzieci uczą się języka, nie zgłębiając gramatyki, jest to więc chyba skuteczne podejście? Cóż, po pierwsze, prawdopodobnie nie masz tyle czasu, co małe dziecko. Dwulatek spędza niemal cały dzień, ucząc się mówić. Po drugie, dzieci mają nieograniczoną zdolność naśladowania, która pogarsza się, gdy nauczą się już swojego pierwszego języka. Każdy kolejny język, którego się uczymy, porównujemy z naszym ojczystym i to dlatego wszystkie nowe struktury wydają nam się nienaturalne.

Jeśli więc chcesz się nauczyć języka szybko i skutecznie, nie unikaj gramatyki. Ale jak w pełni ją wykorzystać?

Przede wszystkim zmień podejście. Znasz jakiegoś obcokrajowca, który nauczył się mówić płynnie w twoim języku ojczystym, nie robiąc praktycznie żadnych błędów? Jakie wrażenie sprawia w porównaniu z osobami, które nigdy nie zawracały sobie głowy gramatyką? Jak chciałbyś mówić po norwesku? Chcesz, by Norwegowie byli pod wrażeniem twoich umiejętności, czy chcesz, żeby cię wyśmiali?

Pamiętaj, aby przede wszystkim nauczyć się najważniejszych zasad. W języku norweskim będzie to prawidłowa kombinacja rodzajnika, przymiotnika i rzeczownika oraz szyk zdania.

Nie zastanawiaj się nad gramatyką podczas mówienia, a dopiero gdy skończysz. Brzmi to dziwnie? Miałem już do czynienia z wieloma uczniami, którzy bali się odezwać, gdyż nie chcieli zrobić błędu. A na błędach możemy się przecież wiele nauczyć. Poproś o pomoc nauczycieli i znajomych – niech cię poprawiają. Zastanawiaj się nad tym, co powiedziałeś: gdzie zrobiłeś błąd i jak cię poprawiono. Jakie reguły gramatyczne należało zastosować? Tak samo postępuj z tekstami pisanymi – po napisaniu uważnie je przeczytaj.

Nie wywieraj na siebie zbyt wielkiej presji. Jeśli masz problemy ze zrozumieniem jakiegoś zagadnienia gramatycznego, odłóż podręcznik i wybierz się na spacer. Spróbuj ponownie jutro.

Staraliśmy się, by wyjaśnienia zawarte w tej książce były wyczerpujące, ale zarazem przyjazne. Jeśli jednak czegoś nie rozumiesz lub jeśli masz propozycję, jak można by ulepszyć jakieś wyjaśnienie albo ćwiczenie, wyślij mail na adres nils@skapago.eu.

Det var så lett. Nils er fornøyd. Mens Erna og familien var opptatt med maten, klatret han inn i Ernas håndveske, som sto i garderoben. Han var litt redd først – kunne Erna finne ham før hun dro hjem? Men hun åpnet ikke håndvesken etter middagen. Hun tok den bare og gikk ut. Da de var ute på gata, hørte han at Erna begynte å gråte. Hvorfor var hun så trist? Han syntes synd på henne.

Etter togturen hjem legger Erna håndvesken i gangen hjemme hos seg. Så går hun og legger seg. Når Nils hører at hun sover, klatrer han ut av håndvesken og skjuler seg i kofferten, slik som Emil har anbefalt. Så sovner han også.

Han våkner av at det er veldig mye bråk ute.

Nils er helt forvirret. Han har aldri vært på en jernbanestasjon midt på dagen. Erna bærer visst kofferten gjennom stasjonen. Han vet ikke at hun må kjøpe billett. Plutselig stopper hun, og Nils føler at kofferten står på gulvet.

Bare hun ikke mister billetten!

«Hei, jeg vil reise til Trondheim», sier Erna.

«Aha», sier ei dame. «Nå?»

«Ja, nå», sier Erna.

«Men det går ingen tog nå. Du kan ta regiontoget kl. 18.38, eller så tar du nattoget som går kl. 22.36.»

Erna nøler. Nattoget koster sikkert litt mer, men så slipper

lett	łatwy
en håndveske [hånn-]	torebka
en garderobe	garderoba, szatnia
å synes synd på	współczuć, żałować (kogoś)
en togtur [tågtur]	podróż pociągiem
å sovne, sovnet [såvne]	zasypiać
(et) bråk	hałas
visst	najwyraźniej
et regiontog [tåg]	pociąg regionalny
et natttog [tåg]	pociąg nocny
å slippe, slapp, sluppet	uniknąć

hun å finne et hotell i Trondheim.

«Jeg tar nattoget, takk.»

«Én vei eller tur-retur?»

«Bare én vei.»

«Billetten koster seks hundre kroner.»

«Vær så god.»

Erna gir henne en femhundrelapp og en hundrelapp.

«Tusen takk. Her er billetten din.»

Erna tar billetten. Dama sier at toget går fra spor 14.

Bare hun ikke mister billetten! Hvor skal hun legge den? Å ja, i kofferten. Der er den trygg. Forsiktig åpner hun kofferten. «Ah! Å gud!» roper hun. Dama som solgte henne billetten, ser irritert på Erna. «Hva er det?» spør dama. «Eh ... jeg beklager», sier Erna. «Jeg trodde at jeg så en bevegelse i kofferten. Men det er jo helt umulig.»

Dama smiler. Gamle folk, altså ..., tenker hun.

én vei	w jedną stronę
tur-retur	powrotny
en hundrelapp	banknot stukoronowy
et spor	tor
bare hun ikke mister ...	oby tylko nie zgubiła...
trygg	bezpieczny
å gud!	O Boże!
å selge [selle], solgte [å], solgt	sprzedawać
irritert	zdenerwowany
hva er det?	Co się stało? Coś nie tak?
å beklage, beklaget	przepraszać

Czasowniki kończące się na -s.

Większość czasowników w czasie teraźniejszym kończy się na **-r**, choć istnieją też takie, które nie mają tej końcówki. Niewielka grupka czasowników nieregularnych kończy się na **-s** we wszystkich czasach:

å synes – synes – syntes – har syntes

å møtes – møtes – møttes – har møttes

Niektóre z nich pochodzą od czasowników regularnych i różnią się od nich tym, że wyrażają wzajemność:

vi ses/sees   zobaczymy się / do zobaczenia

vi snakkes   pogadamy / do usłyszenia

Hvem sier hva om seg selv?
Erna – Lars – Lise – Per – Susanne

Jeg har alltid syntes at det er veldig fint å jobbe med tøy, nål og tråd. Jeg var selvstendig i 32 år og ledet min egen bedrift. Da jeg gikk av med pensjon for noen år siden, var jeg redd for at jeg skulle kjede meg. Men livet som pensjonist er fint til tross for at pensjonspengene fra Folketrygden ikke er veldig mye å leve av og jeg må spare så godt jeg kan. Jeg savner jobben min som sydame, men av og til syr jeg noe for familiemedlemmene mine.

å jobbe, jobbet [å]	pracować
et tøy	materiał
en nål	igła
en tråd [trå]	nić
selvstendig [sellstendi]	samodzielny
selvstendig nærings-drivende	osoba prowadząca własną działalność gospodarczą
å lede, ledet	prowadzić
egen	własny
en bedrift	zakład, firma
å gå av med pensjon [pangsjon]	przejść na emeryturę
til tross [tråss] for at	mimo, że
pensjonspenger	emerytura
(en) Folketrygd [fålke-trygd]	*obowiązkowe ubezpieczenie społeczne i zdrowotne*
å spare penger, sparte	oszczędzać
en sydame	szwaczka
å sy, sydde	szyć

en bachelorgrad	studia licencjackie
en høyskole/høgskole	szkoła wyższa
(en) generell studiekompetanse	średnie wykształcenie
et studium, studiet, studier, studiene	studia
en ambulansearbeider	ratownik medyczny
slitsom [-såm]	męczący
et skift	zmiana
en vakt	dyżur
å være ansatt	być zatrudnionym
å vare, varte	trwać

Jeg liker å jobbe sammen med mennesker. For noen år siden begynte jeg å ta en bachelorgrad, som tok tre år, ved Høgskolen i Oslo. For å studere måtte jeg ha generell studiekompetanse. Ved siden av studiene jobbet jeg som ambulansearbeider. Det er litt slitsomt med skiftarbeid og vakter i helgene. Jeg er ansatt som sykepleier ved sykehuset i Oslo, og vaktene mine varer vanligvis i 12 timer.

Som barn ville jeg bli politimann, men da jeg var 15 år, var mitt eneste mål å tjene godt og ha gode jobbutsikter. Etter grunnskolen tok jeg en fireårig videregående opplæring med bygg- og anleggsteknikk og to år med murerfaget i et byggefirma. Da fikk jeg svennebrevet mitt som murer, og mesterbrevet fikk jeg seks år senere. I dag jobber jeg som prosjektleder i en byggebedrift og drømmer om å bli byggeleder snart.

en politimann, politimenn	policjant
et mål	cel
en utsikt	widok
en grunnskole = barneskole og ungdomsskole	*szkoła podstawowa + gimnazjum (6-16 lat)*
fireårig	czteroletni
en opplæring [åpp-]	szkolenie
et bygg	budowa
(en) anleggsteknikk	technika budowlana
et murerfag	zawód murarski
et firma	firma
et svennebrev	dyplom czeladnika
en murer	malarz
et mesterbrev	dyplom mistrza
senere	później
en prosjektleder	kierownik projektu
å drømme om, drømte	śnić o
en byggeleder	kierownik budowy

Jeg tjener ingenting, men jeg er glad for å stå opp hver dag og lære noe. Mange av mine venner vil utdanne seg til spesielle yrker i forskjellige videregående skoler. Etter eksamenen min i videregående skole (allmennfag) skal jeg søke på juss ved UiO for å bli advokat. Jeg gleder meg til russefeiringen i mai.

å utdanne seg, utdannet	kształcić się
et yrke	zawód
en videregående skole	*szkoła średnia (16-19/20 lat)*
en eksamen	egzamin, sprawdzian
eksamen i videregående skole	matura
et allmennfag	przedmiot ogólny
å søke (på), søkte	ubiegać się
juss	prawo
en advokat	prawnik
UiO	Uniwersytet w Oslo
en russefeiring	*zabawy organizowane w maju przez norweskich maturzystów*

å lære, lærte	uczyć (się)
en ungdomsskole [ong-dåm]	*szkoła na poziomie gimnazjum (14-16 lat)*
en karakter [karaktér]	*ocena*
ambisiøs	ambitny
en barneskole	szkoła podstawowa *(6-12/13 lat)*
en skolekamerat	kolega ze szkoły
en lærer, læreren, lærere, lærerne	nauczyciel
et yndlingsfag	ulubiony przedmiot
(en) kroppsøving [å]	wychowanie fizyczne
(en) matematikk	matematyka

Jeg lærer mye hver dag. Om fire år må jeg bytte til ungdomsskolen. Vi får ikke karakter på eksamenene våre, men jeg er likevel ambisiøs. Jeg er elev og begynte å gå på barneskolen da jeg var seks år gammel. Jeg liker skolekameratene mine og læreren min. Yndlingsfagene mine er kroppsøving, matematikk og norsk.

171

1 Finn passende svar på det mamma kan si til barnet sitt, og bruk imperativ. Bruk pronomen (*ham, henne, den, det, dem*) hvis nødvendig.

Eksempel: Du er ikke klar for skolen? → Kle på deg og gå!

Rommet ditt ser forferdelig ut! _____.

Du har ikke spist siden kl. 6.30? _____.

Du har ikke snakket med mormora di? _____.

Du ser på TV igjen? _____.

Du har ikke sagt «hei» til denne dama? _____.

Klokka er allerede 23.00, og du er ikke i seng? _____.

Du drikker Cola? _____ vann!

Du har ikke gjort leksene dine? _____.

Du ser at pappa trenger deg, men gjør ingenting? _____.

Du slår broren din? _____.

2 Lag forskjellige setninger med *mange* eller *mye* og substantivene.

Eksempel: ei jakke → Hun har mange svarte jakker.

tid – tanke – sko – følelse – venn – penger – underbukse – lyst – klær – gate – vann – møbler – idé – sannhet

3 Ułóż pytania z *synes du at…* lub *tror du at…* Odpowiedz na pytania *ja* lub *nei*. (Jeśli wydaje ci się, że mozliwości jest więcej, wypróbuj je wszystkie.)

Eksempel: Tror du at det finnes en Gud? – Ja, det tror jeg.

… søstra di er glad i gaven?

… det regner i dag?

… butikken er døgnåpen?

… poteter smaker godt?

… han vet hva han gjør?

… vi skal bytte TV-kanal snart?

… religion er viktig?

… vi finner veien tilbake?

… vi skal spise her igjen?

… det er viktig å gå på skolen?

… vi har glemt kvitteringen?

… filmen var god?

… postkontoret er åpent nå?

… jeg er pen?

4 Husker du forskjellen mellom *ut* og *ute*? (Hvis ikke, les kapittel 12.) Lag fire setninger med *ut* og fire setninger med *ute*, alle andre ord i setningene kan du velge selv.

5 Skriv fem korte tekstmeldinger (SMS) til bekjente og venner. Skriv f.eks. om været og hva du har planlagt for den neste helgen.

Nå er Nils lysvåken. Da han våknet på stasjonen, tenkte han at han var trygg i kofferten. Hvorfor måtte Erna legge billetten i kofferten? Da hun gjorde det, kunne han nesten ikke puste, så redd var han.

Hun så ham, men det gikk så fort at hun ikke skjønte det. Heldigvis!

Nå ligger denne «billetten» rett foran ham. Hva er egentlig en billett? tenker Nils. Den må være av papir. Nils husker det som Emil sa: Han har en papirlapp i magen. Har han altså en «billett» i magen? Hvorfor trenger man det? Nils skjønner ingenting.

Erna finner kupéen sin og setter seg ned. Burde det ikke være ei seng her? Hvor er den?

Det banker på døra. Erna åpner. Det er ei gammel dame i uniform. Hun må være konduktøren. «Billettkontroll», sier dama.

Nei! tenker Nils. Han gjemmer seg bak noen grå underbukser. Forhåpentligvis finner Erna ham ikke!

Erna åpner kofferten igjen, finner frem billetten og gir den til konduktøren. Hun virker helt rolig. Da har hun vel ikke sett Nils

«Hvor er senga mi?»

denne gangen? Nils føler at det blir vanskelig å slappe av. «Unnskyld, er dette ikke en sovevogn? Hvor er senga mi?» spør Erna. «Den er her», sier dama og trekker ut benken. Så snur hun den, og da ser Erna at det er ei seng på baksiden av benken. «Å, takk!» sier hun. «Bare hyggelig. God natt!» Dama går ut av kupéen og lukker døra.

lysvåken	rozbudzony
en kupé	przedział
sin	swój
å banke, banket	pukać
en uniform [-årm]	mundur
en konduktør	konduktor
(en) billettkontroll [-tråll]	kontrola biletowa
forhåpentligvis [-livis]	oby (wyraża nadzieję)
vel [vell]	*tutaj*: więc
en sovevogn [å-å]	wagon sypialny
å trekke ut, trakk, trukket [o]	wyciągać
en benk	ławka
en bakside	tył

Toget kjører sakte ut av Oslo S. Erna tar ut et ostesmør-brød som hun har kjøpt på Oslo S. Det er god kveldsmat. Men det var veldig dyrt – alt er dyrt på en jernbanestasjon.

Da hun er ferdig med ostesmørbrødet sitt, ser hun ut av vinduet igjen. «Neste stopp Lillehammer», sier den gamle konduktøren gjennom høyttaleren. Så stopper toget. Hun bestemmer seg for å sove litt.

Hun tar av seg klærne sine og legger seg i senga si. Det tar bare kort tid før hun sovner. Da klatrer Nils ut av kof-ferten – han vil se ut av vinduet. Men han er skuffet: Toget er i en tunnel. Det er ganske mørkt ute. Så klatrer han tilbake, og snart sovner han også.

sakte	powoli
Lillehammer	*miasto w Norwegii, leżące na północ od Oslo*
en høyttaler	głośnik
en tunnel	tunel

burde

Wiesz już, że ten czasownik modalny używaniu jest przy udzielaniu rad:

> Du bør lære norsk hver dag.

Aby rada zabrzmiała łagodniej, możesz użyć formy preteritum:

> Du burde lære norsk hver dag.

W poniższym zdaniu znaczenie jest trochę inne i wiąże się z oczekiwaniami.

> Burde det ikke være ei seng her?

sin

W rozdziale 10 uczyliśmy się o zaimkach dzierżawczych. Jeśli czytankę z tego rozdziału przeczytałeś uważnie (a zawsze to robisz, prawda?), zauważyłeś słówko **sin**:

Erna finner kupéen sin.

Dlaczego nie **kupéen hennes**? Dlatego, że to jej własny przedział. Jeśli powiemy **hennes**, mamy na myśli przedział kogoś innego.

Sin (oraz pozostałych form **si**, **sitt** i **sine**, które zmieniają swoją formę w zależności od rodzaju i liczby, tak jak **din**, **di**, **ditt**, **dine**) używamy tylko wtedy, gdy właścicielem danego przedmiotu jest podmiot.
Brzmi to trochę zawile. By łatwiej ci było zrozumieć, spójrz na poniższe zdanie:

Erna finner kupéen sin. Kupéen hennes er liten.

Mowa o tym samym przedziale, prawda? Mimo to, w drugim zdaniu użyłem **hennes**. Dlaczego? Bo w drugim zdaniu to **kupéen hennes** jest podmiotem. A że **sin** nigdy nie jest częścią podmiotu, musiałem napisać **hennes**.

Oto kolejny przykład:

Erna leter etter billetten sin. Den ligger i veska hennes.
Znowu to samo. Dlaczego w drugim zdaniu mamy **hennes**? W końcu to torba Erny. Spójrz jednak uważnie – co jest podmiotem w drugim zdaniu? Masz rację – **den**. Podmiot i właściciel torby nie są więc tym samym i dlatego nie możemy powiedzieć **sin**.

Transport – å planlegge en reise

Du planlegger en reise. Selvfølgelig planlegger du reisen selv, altså ikke i reisebyrået.

Velg ni forskjellige ruter fra startstedene til målstedene.

Startsted:
a) Parkveien, Bodø
b) Løwolds gate, Stavanger
c) Markvegen, Ålesund

Målsted:
1 Carl Berners plass, Oslo
2 Sjøgata, Kirkenes
3 Skippergata, Kristiansand

Svar på følgende spørsmål for alle rutene (ikke alle er like viktige for hver rute):

- Tar du bussen, toget eller flyet?
- Trenger du T-bane, trikk eller drosje?
- Hvor må du bytte tog/fly/trikk ...?
- Har du funnet de riktige stasjonene, holdeplassene og sporene for avgangen og ankomsten?
- Har du sjekket rutetabellen?
- Er toget (flyet ...) ditt i rute/presist eller forsinket?
- Trenger du egne kjøretøy? Bilen, sykkelen, motorsykkelen – eller går du til fots?
- Hvilke steder passerer du?
- Hvor lenge varer turen din?
- Hvor mye koster billettene eller drivstoffet?
- Får du rabatt på billettprisen?
- Må du validere billettene med stemplingsautomaten, eller finnes det en konduktør?

Her kan du få hjelp:
www.nsb.no
www.rutebok.no
www.sas.no
www.norwegian.no
maps.google.no
kart.gulesider.no

Eksempel: Jeg drar fra Parkveien til stasjonen med taxi. Til Oslo tar jeg toget. Toget går fra spor 2 kl. 11.20 ...

å planlegge, planla, har planlagt	planować
en reise	podróż
et reisebyrå	biuro podróży
en rute	trasa
et startsted	punkt początkowy
et målsted	cel podróży
en T-bane [tebane]	metro
en drosje [å]	taksówka
et middel, midler	środek
et transportmiddel	środek transportu
en rabatt	rabat
å validere, validerte	zatwierdzać, *tutaj*: skasować
en automat	automat, maszyna
en stemplingsautomat	kasownik
å bytte (tog), byttet	przesiadać się
en holdeplass [hålle-]	przystanek
en avgang	odjazd
en ankomst [å]	przyjazd
å sjekke, sjekket	sprawdzać
en rutetabell	rozkład jazdy
i rute/presis	na czas, punktualnie
forsinket	spóźniony
et kjøretøy	pojazd
en bil	samochód
en motorsykkel	motor
til fots	pieszo
å gå til fots, gikk, har gått	iść na piechotę
å passere, passerte	mijać, przejeżdżać przez
hvor lenge tar ...?	Jak długo trwa...?
(et) drivstoff [å]	paliwo

1 Dobierz odpowiedni czasownik modalny (*skal, må, burde, bør, kan, vil*).

Jeg klarer det ikke! Jeg _____ ikke bake kaker.

_____ han ikke kjøpe bursdagsgaven snart?

Hun er allergisk. Hun _____ ikke drikke melk.

Barn _____ ikke være ute etter kl. 22 om kvelden.

Du _____ spise grønnsakene dine selv om du ikke _____.

Man _____ drikke mye vann hver dag.

_____ det regne i dag? – Nei, det _____ snø.

Dere _____ rydde nå! Jeg _____ ikke gjøre det for dere igjen.

_____ du ikke ringe mora di når du er hjemme?

2 Sett inn det riktige eiendomspronomenet (*sin/si/sitt/sine – hans/hennes ...*).

Susanne er veldig glad i broren _____. _____ bror heter Per og er 16 år gammel. De har ei beste-
mor. Noen ganger kommer Erna, bestemora _____, på besøk. Lise er dattera _____ (*til Erna*) og mora
_____ (*til Per og Susanne*). Lars er faren i familien og liker _____ familie. Susanne er dattera _____. _____
datter er ikke veldig glad i nissen _____. _____ nisse ble lagd av Erna. Alle liker å bo i huset _____. Susan-
ne liker _____ rom. _____ rom er fint og gult. Per har også _____ rom, men han liker _____ (*Susan-
nes*) rom også. Mora og faren _____ (*til Per og Susanne*) har også et rom. Rommet _____ er større enn
_____ (*Susannes*) og _____ (*Pers*) rom.

3 Sett inn det riktige eiendoms- eller personlige pronomenet (*zaimek dzierżawczy lub osobowy*).

Vegard kan ikke finne nøklene ___. Han hadde ___ ennå i går, men nå er ___ ikke på bordet. Egentlig ligger
de alltid på bordet. Han snakker med Hilde, kjæresten ___: «Hilde, har ___ sett nøklene ___?»

   «Nei, Tor, men jeg kan ikke finne togbilletten ___. Vet du hvor _____ er?»

   «Nei, jeg har ikke sett _____. Vi må lete etter ___ og etter nøklene _____.»

   Vegard går rundt bordet. Har han allerede lett under ___? Nei! Han ser under bordet, og hva ligger der?
Nøklene ___! Nå må Hilde finne billetten _____. Hun sier:

   «Vegard, kan du ikke hjelpe ___?»

   «Nei», svarer Vegard. «Jeg kan ikke hjelpe _____, for jeg har ikke tid. Du må selv finne billetten _____ .»

4 Svar på spørsmålene.

Hvorfor er Erna skuffet og går fra familien uten å hilse?

Hvordan klarer Nils å være med Erna?

Hvorfor er det mye bråk da Nils våkner dagen etterpå?

Hvor mye koster billetten til Trondheim?

Hvordan ser en kupé ut?

Hva gjør Erna og hva gjør Nils på toget fra Oslo til Trondheim?

5 Hvordan kommer du til og tilbake fra jobben eller skolen?

Eksempel: Til jobben må jeg ta trikk 42 til holdeplassen Sykehuset. Der bytter jeg til T-bane 6 i retning Sentrum. Så går jeg av T-banen etter fire stasjoner og går til fots.

6 Lag setninger. Velg den riktige formen (*denne/dette/disse*) og husk å tilpasse substantivene og adjektivene.

Eksempel: hus – stor → Dette huset er stort.

a) spørsmål – viktig
b) genser – varm
c) familie – snill
d) jenter – snill
e) spørsmål – dum
f) veske – åpen
g) hotell – grønn
h) blomster – blå
i) beslutning – viktig
j) land – liten
k) storm – sterk
l) telefoner – ny
m) bord – billig
n) votter – varm
o) by – kjedelig
p) språk – vanskelig
q) bad – hvit
r) koffert – liten
s) reise – interessant
t) senger – liten
u) skjørt – lang
v) rom – mørk
w) dame – hyggelig
x) dusj – trang
y) tog – lang
z) bøker – tung
æ) kjøkken – stor
ø) kryss – farlig
å) møbler – liten

«En riktig god morgen, mine damer og herrer, da er vi i Trondheim om cirka en halv time. Toget er i rute, og beregnet ankomsttid er kl. 7.27. Vi minner våre passasjerer om å ikke glemme noe i toget. Dette toget korresponderer med NSB regiontog til Bodø, avgang kl. 7.53. Toget til Bodø kan være noe forsinket i dag.»

Allerede ved «mine damer og herrer» har Nils våknet. Han er fremdeles veldig forsiktig. Kanskje vil noen se billetten igjen? Han er klar for å skjule seg dypt i kofferten hvis det er nødvendig. Og da åpner Erna kofferten! Hun tar ut ei grå underbukse: ei av underbuksene hvor Nils skjulte seg i går. Heldigvis gjemmer han seg ikke der nå, men under en brun genser. Så tar Erna ut noen andre ting som Nils ikke kan se, og lukker kofferten igjen.

Erna har sovet veldig godt. Hun tar bort gardinen fra det lille vinduet sitt og ser ut. Sola skinner. Det må være varmt ute. En fantastisk dag! Hun står opp, pusser tennene og vasker seg. Så

Ikke noe spesielt, men greit nok.

banker det på døra igjen. Konduktøren gir henne frokosten hennes: en kopp kaffe med melk og sukker, to brødskiver, litt syltetøy og ost. Ikke noe spesielt, men greit nok, tenker Erna.

Hun er akkurat ferdig med frokosten da toget stopper. Erna og Nils er i Trondheim.

en herre [æ]	pan
beregnet [-ræj-net]	szacowany
en ankomsttid	godzina przyjazdu
å minne, minnet	przypominać, wspominać
en passasjer	pasażer
å korrespondere, korresponderte	odpowiadać, być odpowiednikiem
Bodø	*miasto w północnej Norwegii*
fremdeles	nadal, wciąż
en gardin	zasłona
(et) sukker (o)	cukier
greit nok	wystarczająco dobry
akkurat	dokładnie, właśnie

Kjærlighet og følelser
Miłość i uczucia

Silje og Odd snakker om Berit, Geir og Thomas. Det er et følelseskaos! Fyll inn **kjenne** eller **vite** i den passende formen og lær de nye ordene.

Odd: _____ du at Berit har fått seg kjæreste?

Silje: Nei! _____ du hvem han er? _____ du ham?

Odd: _____ du Thomas? Han _____ deg og _____ hva du heter.

Silje: Ah, hun er sammen med Thomas! Men er hun ikke gift med Geir?

Odd: Nei. De er skilt nå. Jeg _____ sikkert at Geir har vært forelsket i en kollega i mer enn ett år. Jeg så at han kysset henne da han ennå var gift med Berit.

Silje: _____ Berit den gang at Geir var forelsket i en kollega?

Odd: Ja, hun _____ det. Hun kranglet mye med Geir.

Silje: Stakkars Berit. Hun var sikkert skuffet og følte seg ensom. Man tror at man _____ noen, og så finner man ut at man ikke _____ noe om dette mennesket.

Odd: Ja, men det var jo også en sjanse. Hun har aldri følt ekte kjærlighet og vennskap. Hun har _____ Geir siden hun var 15 år, og de giftet seg tre år senere, fikk barn da de var unge ...

Silje: Du snakker så stygt om henne. Det er flaut. Vis litt medfølelse med henne!

Odd: Jeg viser jo medfølelse! Jeg er veldig glad for at hun nå elsker Thomas. Og jeg _____ at Thomas er veldig glad i henne. Hvordan er det forresten med deg og kjæresten din?

Silje: Kan jeg stole på deg? Jeg skal fortelle deg noe. Men ingen kan _____ det ...

(en) kjærlighet	miłość
et kaos	chaos
et følelseskaos	emocjonalny chaos
forelsket	zakochany
å være forelsket i	być zakochanym w
en kollega, kollegaen, kolleger, kollegene	kolega/koleżanka z pracy
å kysse, kysset	całować
å krangle, kranglet	kłócić się
ekte	prawdziwy
et vennskap	przyjaźń
gift [ji-] (med)	żonata/zamężny (z)
å skilles, skiltes, har skiltes	rozstawać się, rozwodzić
skilt	znak
stakkars, den stakkars ..., mange stakkars ...	biedny
stygg	brzydki
(en) medfølelse	współczucie
forresten	nawiasem mówiąc, przy okazji
å stole på, stolte	polegać na

1 En typisk lørdagskveld hos Vidar og Marte. De krangler fordi han vil gå på en konsert og hun vil være hjemme. Lag en dialog (6–7 setninger/person) mellom de to og tenk på mulige argumenter for og mot Vidars og Lindas planer. Tips: Tenk på interessene til Kari, Richard og Ragnhild i kapittel 20.

2 Lag setninger. Adjektiv eller adverb? Bruk den riktige formen, og husk setningsstrukturen.
a) rask hvis for går komme hun ikke sent Erna
b) dum spørre hun hvorfor så
c) arbeide kan ikke jobb fordi han han langsom få veldig
d) for jeg å lese e-postene hennes skrive så pen like hun
e) gå hvis det sterk ta vi men heller trikken kan vi regne
f) dusj morgenen like jeg en varm om
g) vil ikke ganske kjøre Stian fordi jeg han kjøre farlig med

3 Skriv setningene på nytt.
Eksempel: Han er klar for å skjule seg dypt i kofferten hvis det er nødvendig. / Hvis ...
→ *Hvis det er nødvendig, er han klar for å skjule seg dypt i kofferten.*
a) Hun er akkurat ferdig med frokosten da toget stopper. / Da ...
b) Toget til Bodø kan være noe forsinket i dag. / I dag ...
c) Forhåpentligvis finner Erna ham ikke! / Erna ...
d) Da hun gjorde det, kunne han nesten ikke puste. / Han ...
e) Hun ser ut av vinduet igjen da hun er ferdig med ostesmørbrødet sitt. / Da ...
f) Hun åpnet ikke håndvesken etter middagen. / Etter ...
g) Han hørte at Erna begynte å gråte da de var ute på gata. / Da ...
h) Han vet ikke at hun må kjøpe billett. / At ...
i) Det samme skjedde da hun la en lapp i et påskeegg som hun ga til Per. / Da ...

4 Przepisz zdania tak, by zachowały to samo znaczenie. Zastąp podkreślone słowa innymi.
Eksempel: Berit er veldig glad i Thomas. → Berit elsker Thomas.
a) Det skjønner jeg ikke.
b) Jeg husker ikke hva hun sa.
c) Togbilletten er dessverre ganske dyr.
d) Det er mulig at toget er forsinket.
e) Geir må finne seg jobb.
f) Jeg har mistet telefonen min.
g) På mandager har vi det alltid ganske travelt.
h) Jeg synes ikke at norsk mat er spesielt god.
i) Nils var ganske overrasket da han så Emil for første gang.
j) Hun trives i Oslo, selv om det er så dyrt å bo der.

Da Erna går ut av toget, legger hun merke til at det er kaldere enn i Oslo. Ikke mye, men hun kan føle det. Hvor skal hun gå? Det er ikke lettere å orientere seg her enn i Oslo.

Stasjonen i Trondheim er mye mindre enn Oslo S. Men Oslo er jo større enn Trondheim, tenker Erna. Det er også færre mennesker på perrongen. På parkeringsplassen utenfor stasjonen spør hun en eldre mann om veien. «Du må bare gå under sporene, så krysser du gata. Etter 200 meter svinger du til høyre, og ved rundkjøringen til venstre igjen. Så ser du båten din», sier mannen.

Erna takker høflig, tar kofferten sin og begynner å gå. Det tar ikke lang tid før hun ser skipet. Det er svart, hvitt og rødt, og det står «Hurtigruten» på det. Erna gleder seg til turen med Hurtigruten. Det var et godt råd av Hege å ta Hurtigruten istedenfor flyet. Det er mye kjedeligere å ta fly.

Hun spør en eldre mann om veien.

Hun går om bord. I resepsjonen viser hun billetten sin og får en lugarnøkkel. Lugaren er liten, men koselig. Den er litt større enn kupéen på toget.

Hun ser på klokka. Ti over ni. Hun har ennå mye tid, for båten går ikke før kl. 12. Rekker hun en liten tur inn til byen? Hun må ikke komme for sent – båten venter ikke. Men så bestemmer hun seg for å ta en titt på byen. Hun rekker mye i løpet av tre timer, tenker hun.

kaldere [kallere]	zimniej
lettere	łatwiej
å orientere seg, orienterte [å]	odnajdować się
mindre	mniejszy
færre	mniej
en perrong [æ]	peron
eldre	starszy
å svinge, svinget	skręcać
å takke, takket	dziękować
å ta tid, tok, har tatt	trwać
et skip	statek
et råd	rada
kjedeligere	nudniejszy
om bord	na pokład
en resepsjon	recepcja
en lugar	kajuta
en nøkkel, nøkler	klucz
koselig	przytulny, przyjemny
et løp	bieg
i løpet [løpet] av	w ciągu

Trondheim er finere enn den så ut fra toget. Hun liker de gule og røde husene ved elva. Så går hun opp til katedralen. Det er den største og fineste bygningen hun har sett. Katedralen er nesten tusen år gammel. Helt utrolig.

Før hun går tilbake til havna, vil hun handle litt mat i en butikk. Hun håper at det blir billigere enn smørbrødet hun kjøpte i går.

finere	ładniejszy
ei elv	rzeka
en katedral	katedra
største	największy
fineste	najładniejszy
en bygning	budynek
ei havn	port
billigere	tańszy

Stopień wyższy

Czas na porównania! Jeśli nie pamiętasz, jak porównujemy po norwesku, powtórz wiadomości z rozdziału 14.

Økonomi

Twój norweski przyjaciel Vegard znalazł się w kłopotach finansowych. Opowiada ci o wszystkich złych decyzjach, jakie podjął. Wsród zdań po prawej stronie znajdź odpowiednią radę i wyraź ją pełnym zdaniem (np. **du bør selge bilen din**).

å abonnere på, abonnerte	prenumerować
brukt	używany
å leie, leide	wynajmować
et lån	pożyczka
USA	USA

Jeg har ikke råd til å kjøpe leilighet.

Jeg har abonnert på to aviser.

Jeg må kjøpe ny bil.

Jeg kjøper alltid mat på bensinstasjonen.

Jeg må kjøpe nye møbler.

Jeg vil ta opp et lån for å reise til USA.

Det er bedre å handle på butikken.

Brukte møbler er mye billigere.

Du bør leie og ikke kjøpe.

Kan du ikke lese nyhetene på Internett?

Kan du ikke spare penger først?

Kan du ikke ta bussen?

1 Sett inn adjektiver i den rette formen (god – bedre – best).

kald/varm

Selv om Norge ligger langt mot nord, er det ikke så _____ om vinteren som man tror. Inne i landet kan det likevel være mye _____ enn for eksempel i Bergen eller Stavanger. Det _____ stedet i Norge er Karasjok.

Om sommeren er det _____ på Østlandet enn i Nord-Norge. Den _____ måneden er stort sett juli.

gammel/ung

Lise er _____ enn Susanne, men hun er omtrent like _____ som Lars. I familien er Erna _____. Susanne er _____ enn Per, men Nils er _____.

lang/kort

Den _____ dagen i Norge – som i alle andre land i Europa – er den 21. juni, og den _____ dagen er den 21. desember. Om vinteren er nettene _____ i Nord-Norge enn på Sørlandet, men om sommeren er dagene _____ på Sørlandet enn i Nord-Norge.

tung/lett

For Erna er det _____ å snakke om hemmeligheten hennes. Det er _____ for henne å snakke om den enn å skrive den på en papirlapp. Hun synes det er _____ å snakke med Hege enn med familien. Men det _____ er at hun ikke klarer å snakke om den.

få/mange/lite/mye

I Bergen bor det _____ mennesker enn i Stavanger, men _____ mennesker enn i Oslo.

På Østlandet har vi _____ dager med regn enn i Nord-Norge, men de _____ regndagene har vi på Vestlandet. I Bergen regner det _____ enn i alle andre byer i Europa. Men i Bergen er det _____ snø enn i Oslo.

bra/god

Kjenner du et _____ utested? Jeg har lyst til å spise noe _____ enn i går, men jeg kjenner ingen _____ restaurant. Mange sier at det er _____ å spise italiensk mat, men jeg liker meksikansk mat _____. Hva er den _____ middagen du noensinne har spist? Hva likte du _____?

ille/ond/vond

Jeg husker ikke én rett som var god, jeg husker bare den _____ retten, og den var enda _____ enn hurtigmat. Den så _____ ut, luktet (smelled) enda _____ og smakte _____. Etterpå hadde jeg vondt i magen, og det ble _____ dagen etter. Det var aller_____ da jeg prøvde å spise noe.

stor/liten

Marit, kan du hjelpe meg? Jeg har et _____ problem. I går kjøpte jeg en genser, men nå ser jeg at den er for _____. Jeg har vasket den, men nå er den enda _____. Den er blitt den _____ genseren jeg noensinne har hatt! Mener du at jeg kan sende den tilbake til den _____ butikken hvor jeg har kjøpt den? Jeg må kjøpe en annen genser som er litt _____. Men det _____ problemet er at jeg ikke finner kvitteringen. Kan du hjelpe meg med å lete etter den?

kjedelig

Jeg synes denne boka er _____, men denne oppgaven er den _____ oppgaven i hele boka.

2 Når ønsker du hva?

Eksempel: Gratulerer med dagen! → «Gratulerer med dagen» sier man når noen har bursdag.

Hurra for Norge!

Godt nyttår!

God helg!

Vi snakkes!

Gledelig jul!

Stakkars kjære – la meg gi deg en klem!

God påske!

Vennlig hilsen

3 Hvor gamle er de? Hvor mye tjener de?

- Bjørn er 55 år gammel. Han tjener mer enn Anna, men mindre enn Wenche.
- Terje tjener så mye som Anna.
- Linda og Anna er yngre enn 30 år, men Linda er yngre enn Anna.
- Svein er ni år eldre enn Mona.
- Wenche er så gammel som Terje.
- Hun som er yngst, tjener også minst.
- Han som er eldst, tjener mindre enn Svein, men mer enn alle andre.
- Alle er eldre enn Mona.
- Wenche tjener mindre enn Anders, men mer enn Bjørn. Linda tjener mindre enn Terje.

23 år	27 år	28 år	32 år	47 år	47 år	55 år	63 år
_____	_____	_____	_____	_____	_____	_____	_____

130 000 kr	244 000 kr	327 000 kr	327 000 kr
_____	_____	_____	_____

350 000 kr	411 000 kr	487 000 kr	530 000 kr
_____	_____	_____	_____

4 Sett inn *om/på/i/for ... siden.*

Vi trener fotball to ganger per uke, stort sett _____ mandager og _____ torsdager. _____ sommeren trener vi egentlig ikke, men _____ sommer må vi trene likevel.

   Nå trener vi også _____ fredager. _____ en uke _____ tapte vi mot et lag fra Bergen. _____ en uke skal vi spille mot Trondheim. Vi skal dra dit _____ mandag.

26

Erna går inn i en liten butikk som ligger i ei trang gate midt i Trondheim. Det første hun ser, er frukt og grønnsaker. «Ja, man må jo leve litt sunt», tenker hun og tar to epler, ei pære og en banan. Så går hun inn i en avdeling hvor de har kjøtt, fisk og ost. Hun bestemmer seg for å kjøpe ei pølse og noen skiver røkt laks. Det passer godt som pålegg, tenker hun. Syltetøy og frokostblanding har hun ikke lyst på. Men hun vil kjøpe litt melk. Foran fryseren nøler hun litt – lettmelk, skummet melk, ekstra lett? Nei, hun tar bare H-melk. Hun er jo ikke tjukk, tvert imot.

Så vil hun gjerne betale, men hun må vente litt fordi det er kø i kassa. Hun kan ikke finne kredittkortet i lommeboka – derfor betaler hun kontant. Forhåpentligvis finner hun kortet i lugaren.

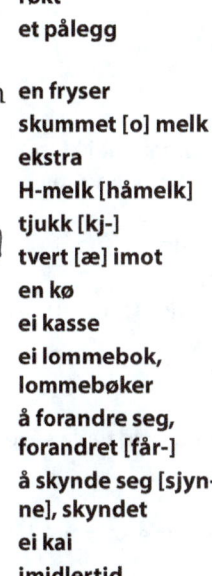

Ute på gata legger hun merke til at været har forandret seg. Det er overskyet og ser ut som det vil regne ganske snart. Hun skynder seg tilbake til båten.

Endelig er klokka 12, og Hurtigruta er klar for avgang. Langsomt beveger den store båten seg fra kaia og ut fjorden. Erna er begeistret.

Så tar han sjansen.

Nils er imidlertid ikke begeistret. Han har sittet ved lugarvinduet hele formiddagen. Men båten lå ved kaia, så han så bare det stygge kaiområdet. Da Erna kom tilbake, måtte han selvfølgelig klatre inn i kofferten, så han ser ingenting nå som båten går fra Trondheim. Nå er han alene igjen, for Erna spiser lunsj.

sunn	zdrowy
en avdeling	oddział
ei pølse	kiełbasa, parówka
røkt	wędzony
et pålegg	*wszelkie dodatki do kanapek*
en fryser	zamrażalnik
skummet [o] melk	mleko odtłuszczone
ekstra	ekstra
H-melk [håmelk]	mleko pełnotłuste
tjukk [kj-]	gruby
tvert [æ] imot	wręcz przeciwnie
en kø	kolejka
ei kasse	kasa
ei lommebok, lommebøker	portfel
å forandre seg, forandret [får-]	zmieniać się
å skynde seg [sjynne], skyndet	śpieszyć się
ei kai	keja
imidlertid	jednakże
et område	teren, region
nå som	teraz, gdy

Nils har en idé. Han vet at det er farlig, men idéen er likevel fristende: Burde han kanskje prøve å komme seg ut av lugaren? Hva er det verste som kan skje? Hva skal han gjøre hvis noen ser ham?

Skipet er stort. Det er sikkert mange muligheter for å skjule seg.

Han åpner døra forsiktig. Gangen er helt tom. Han kan ikke se noen. Nils nøler litt – men så tar han sjansen.

tom	pusty
å ta en sjanse, tok, har tatt	zaryzykować

Så, så, så ...

Słówko **så** to jedno z najbardziej kłopotliwych słów w języku norweskim, gdyż może mieć wiele różnych znaczeń. Podsumujmy:

1. Så vil hun gjerne betale.
så = następnie, potem
Dla miłośników gramatyki: **så** jest tutaj okolicznikiem czasu.

2. ..., så han ser ingenting.
så = więc
Z gramatycznego punktu widzenia **så** jest spójnikiem podrzędnym i zajmuje miejsce zerowe (jak **og** lub **men**).

3. Så han så bare det stygge kaiområdet.
så = zobaczył
Pierwsze **så** wspomnieliśmy już wcześniej, a drugie to forma czasu przeszłego od **å se**.

4. Han gleder seg så mye. (tak bardzo)

5. Han går ut så han kan se noe. (aby)

Prawdę mówiąc słówko to ma jeszcze kilka innych znaczeń, ale pięć to chyba wystarczająco dużo na dzisiaj.

Livsstil & kosthold
Styl życia i dieta

Les hva Erik, Hilde og Siv sier om livsstil og kosthold.

Erik: Jeg har bare et lite budsjett for meg og kona mi, rundt 2500 kroner per måned for å kjøpe mat. Men jeg passer på at maten min er sunn og variert. Jeg lager middagen min selv hver dag og spiser matpakken min på jobben. Det blir billigere enn å spise i kantina eller ute hver dag. Jeg sammenligner prisene og tilbudene i aviser og har mange kokebøker med enkle og sunne oppskrifter. Jeg synes at det er meningsløst å holde diett. Man skal spise rimelig og bevege seg noen ganger i uka. Mitt motto er: billig, men velbalansert!

en livsstil	styl życia
et kosthold [kåsthåll]	dieta, nawyki żywieniowe
et budsjett	budżet
variert	różnorodny
å spise ute, spiste	jeść poza domem
å sammenligne, sammenlignet	porównywać
en pris	cena
et prospekt	ulotka
ei kokebok, kokebøker	książka kucharska
enkel, enkelt, enkle	łatwy, prosty
en oppskrift [å]	przepis
å holde [å] diett, holdt, har holdt	być na diecie
meningsløs	bezsensowny
rimelig [-li]	rozsądnie
et motto	motto
velbalansert	zrównoważony

Hilde: Generelt spiser jeg uregelmessig og bryr meg ikke om kupp og tilbud. Jeg er veldig lat, derfor lager jeg mest ferdigmat. Jeg bruker rundt 3000 kroner per måned på mat, men i tillegg bruker jeg 2000 kr på restauranter. Jeg foretrekker restauranter også fordi man kan spise sammen med venner. For å bli i form har jeg meldt meg inn i helsestudio og trener én til to ganger per uke. Mitt motto er: Nyt måltidet selv om det er hurtigmat!

Hva foretrekker du? Hva er ditt motto, og hvordan er ditt kosthold? Skriv en tekst slik som en av disse tre om deg selv.

Siv:
Jeg kjøper bare økologisk mat fra bønder i nærheten av meg. Etter at barnet mitt ble født, bestemte jeg meg for å spare på andre ting, så jeg har råd til å leve sunt. Jeg hadde lagt på meg noen kilo etter svangerskapet, og nå teller jeg kalorier for å få tilbake idealfiguren min. Derfor finner jeg sjelden noe å spise på restauranter og leter mest etter oppskrifter på nettet. De er ofte vegetariske, og det liker jeg. Jeg driver idrett minst hver annen dag. Mitt motto er: Ikke spar på helsen, lev bevisst og sunt hver dag!

generelt [sje-]	zazwyczaj, ogólnie
å (ikke) bry seg om noe, brydde	(nie) przejmować się czymś
et kupp	okazja, korzystny zakup
lat	leniwy
talentløs	pozbawiony talentu
(en) frysemat	mrożonka
å bruke penger, brukte	wydawać pieniądze
å foretrekke [får-], foretrakk, har foretrukket [o]	woleć
ei gruppe	grupa
å være i form [å]	być w formie
å være meldt på	być zapisanym/zarejestrowanym
et helsestudio	siłownia
å nyte, nøt, har nytt	cieszyć/rozkoszować się czymś
et måltid	posiłek
(en) hurtigmat	fast food
økologisk [økolågisk]	ekologiczny
biologisk [biolågisk]	biologiczny
en bonde [bonne], bønder	rolnik
å bli født, ble, har blitt	rodzić się
å ha råd til	móc sobie na coś pozwolić (finansowo)
å legge på seg, la, har lagt	przybrać na wadze, przytyć
et svangerskap	ciąża
å telle, telte	liczyć
en kalori	kaloria
ideal	idealny
en figur	figura
sjelden	rzadko
vegetarisk	wegetariański
å drive idrett, drev, har drevet	uprawiać sport
(en) helse	zdrowie
bevisst	świadomy, świadomie
vital	zasadniczy, istotny

1 Sett inn *så* i disse setningene (én eller flere ganger).

Kjøpte Erna en billett. Nils ikke ut av vinduet. Han ville gjerne se noe, for han likte TV-programmet om Norge mye. Tar han sjansen han kan se noe. Han var nervøs at det nesten gjorde vondt i magen. Han ingenting, men hoppet han på en stol og hus og mennesker. Gledet han seg mye fordi han ut av båten. Nils var fornøyd at han bestemte seg for å gå ut mye som mulig.

2 Finn mulige spørsmål.

«Du må bare gå under sporene, så krysser du gata.»
Hun liker de gule og røde husene ved elva.
Katedralen er nesten tusen år gammel.
Hun tar to epler, ei pære og en banan.
Hun skynder seg tilbake til båten.
Nils nøler litt – men så tar han sjansen.

3 Lag setninger. Bruk komparativ.

Eksempel: mye regn – Bergen / Moss – god jakke
→ I Bergen er det mer regn enn i Moss. Derfor trenger man ei bedre jakke i Bergen.
få dager med sol – Molde / Arendal – lang bukse
sterk vind – Ålesund / Hamar – varm genser
lav temperatur – Røros / Kristiansand – tjukke sokker
snø – Tromsø / Trondheim – gode sko
tåke – Stavanger / Fredrikstad – gode briller
varme dager – Fredrikstad / Bodø – korte T-skjorter

4 Sett inn ord som passer.

Karina _____ som lege. Hun _____ medisin i seks år. Da hun var ferdig, måtte hun først _____ etter jobb. Men nå har hun _____ en god jobb. Hun _____ på jobben, men hun liker ikke å arbeide i helgene. Hun _____ bra og kunne derfor kjøpe leilighet for to måneder siden.

    Øyvind _____ med reklame. Han _____ seg til kokk først, men han hadde problemer _____ å arbeide sent på kvelden. Derfor _____ han jobb. Nå er han _____ med jobben sin, selv om han tjener _____ enn Karina.

Co się stanie z Nilsem?

Czy wyjście z kajuty było dobrym pomysłem?
Dlaczego Erna płynie do Tromsø?
Co jest napisane na tejemniczej karteczce?

Jeśli chcesz się dowiedzieć – kontynuuj swoją naukę norweskiego!

Druga część podręcznika,
Mysteriet om Nils, jest
dostępna pod numerem
ISBN 978-3-945174-03-6.
www.skapago.eu/nils

Lista słówek

abonnere på, abonnerte	prenumerować	25
absolutt	absolutnie	8
advokat, en	prawnik	22
agurk, en	ogórek	11
aha	aha	3
akkurat	dokładnie, właśnie	24
aktivitet, en	zajęcie, czynność	20
aldri	nigdy	12
alene	sam, samemu	19
all slags	wszelki	20
alle	wszyscy, wszystkie	8
allerede	już	2
allmennfag, et	przedmiot ogólny	22
alltid [-ti]	zawsze	8
alt	wszystko	9
altså	zatem	15
ambisiøs	ambitny	22
ambulansearbeider, en	ratownik medyczny	22
anbefale, anbefalte	polecać	13
ane, ante	mieć pojęcie, wiedzieć	19
ankomst [å], en	przyjazd	23
ankomsttid, en	godzina przyjazdu	24
anleggsteknikk, (en)	technika budowlana	22
anmelde, anmeldte	zgłaszać	21
anna, ei	inna	12
annet, et	inne	12
ansikt, et	twarz	12
apotek, et	apteka	11
apparat, et	aparat, maszyna	19
appelsin, en	pomarańcza	11
arbeid, (et)	praca	9
arbeide, arbeidet	pracuje	1
arbeidsuke, ei	tydzień pracy	20
Argentina	Argentyna	11
arm, en	ramię	10
at	że	8

automat	automat, maszyna	23
av [a]	z, od	4
av og til	od czasu do czasu, czasem	9
av papir	z papieru, papierowy	10
av tre	z drewna, drewniany	9
avbryte, avbrøt, avbrutt	przerywać	21
avdeling, en	oddział	26
avgang, en	odjazd	23
avis, ei	gazeta	11
avtale, en	umowa	8
bachelorgrad, en	studia licencjackie	22
bad, et	łazienka	9
bak	za	8
bake, bakte	piec	7
bakeri, et	piekarnia	11
bakgård [-går], en	podwórko	9
bakside, en	tył	23
bamse, en	pluszowy miś	7
banan, en	banan	11
bank, en	bank	21
banke, banket	pukać	23
bar, en	bar	12
bare	tylko	3
bare	*tutaj*: po prostu	21
bare hun ikke mister ...	oby tylko nie zgubiła...	22
barn, et, mange barn, barna	dziecko	8
barnehage, en	przedszkole	21
barneskole, en	szkoła podstawowa (6-12/13 lat)	22
basketball, (en)	koszykówka	20
be, ba, har bedt om	prosić o	21
bedre	lepszy	3
bedrift, en	zakład, firma	22
begeistret [æi]	zachwycony	16
begynne [bejy-]	zaczynać	2

begynnelse [bejy-], en	początek	21
behandle, behandlet [-hannle]	traktować	16
beholder [-håller], en	pojemnik	8
beklage, beklaget	przepraszać	22
bekrefte, bekreftet	potwierdzać	13
benk, en	ławka	23
bensin, (en)	benzyna	11
bensinstasjon, en	stacja benzynowa	11
beregnet [-ræjnet]	szacowany	24
beskjed [beskje], en	wiadomość	21
beslutning, en	decyzja	21
besteforeldre [å]		5
bestemme seg, bestemte	decydować się	16
bestemor, ei	babcia	3
bestille, bestilte	zamawiać	13
besøk, et	odwiedziny	11
besøke, besøkte	odwiedzać	13
betale, betalte	płacić	11
betale kontant / med kort	płacić gotówką	11
bety, betydde	znaczyć	2
bevege seg, beveget	ruszać się	6
bevegelse, en	ruch	7
bevisst	świadomy, świadomie	26
bibliotek, et	biblioteka	21
bil, en	samochód	23
bilde, et	obrazek, zdjęcie	3
bilder	obrazki, zdjęcia	3
billett, en	bilet	11
billettkontroll [-tråll], (en)	kontrola biletowa	23
billig [-li]	tani	11
binders, en	spinacz	9
biologisk [biolågisk]	biologiczny	26
blanding [blanning], en	mieszanka	16

197

bli, ble, har blitt	zostawać	8	
bli født	rodzić się	26	
bli kjent (med)	poznawać	16	
blid [bli]	radosny	12	
blomst [å], en	kwiat	21	
blå	niebieski	9	
blåse, blåste	wiać	13	
bo, bodde	mieszkać	5	
bod, en	magazynek, składzik	8	
Bodø	*miasto w północnej Norwegii*	24	
bok, ei; bøker	książka	10	
bokhylle, ei	regał/półka na książki	4	
boks [å], en	pudełko	15	
bonde [bonne], en; bønder	rolnik	26	
bord [bor], et	stół	4	
bort	tutaj: oznacza przejście z jednego miejsca w drugie	11	
borte	tutaj: o czymś oddalonym	12	
bra	dobrze	5	
Brasil	Brazylia	11	
brev, et	list	21	
bris, en	bryza	16	
bror, en	brat	5	
bruke (som) [såm], brukte	używać (jako)	10	
bruke penger	wydawać pieniądze	26	
brukt	używany	25	
brun	brązowy	7	
brun	brązowy	9	
bry seg om noe / (ikke) bry seg om noe, brydde	(nie) przejmować się czymś	26	
bryst, et	klatka piersiowa	10	
brød [-ø], et	hałas	22	
brødskive [brø-], ei	hałasować	14	
bråk, (et)	chleb	2	
bråke, bråkte/bråket	kromka chleba	2	
budsjett, et	budżet	26	
bukse [o], en	spodnie	18	

burde, bør, burde, har burdet	powinno się	10	
bursdag, en	urodziny	1	
bursdagsgave, en	prezent urodzinowy	9	
buss, en	autobus	7	
butikk, en	sklep	11	
by, en	miasto	7	
bygg, et	budowa	22	
byggeleder, en	kierownik budowy	22	
bygning, en	budynek	25	
bytte, byttet	zmieniać	15	
bytte (tog)	przesiadać się	23	
bytte kanal	zmienić kanał	15	
bære, bar, har båret	zarówno – jak i	13	
bølge, en	łódź	17	
børste, en	nieść	12	
bøtte, ei	fala	12	
både – og	szczotka	11	
båt, en	wiadro	14	
Canada	Kanada	11	
chatte [æ]	czatować	15	
da	wtedy	7	
da	*tutaj*: gdy	20	
dagdrøm, en	sen na jawie	12	
dagens fisk	ryba dnia	13	
dame, ei	pani, kobieta	5	
dansk	duński	17	
datamaskin, en	komputer	4	
dataspill, et	gra komputerowa	20	
datter, ei	córka	5	
deg [dæj]	ciebie/tobą	5	
deilig	wspaniale	20	
del, en	część, tutaj: sporo	17	
delvis skyet	częściowe zachmurzenie	16	
dem	ich/nimi	5	
den	on/ona (o rzeczach, patrz wyjaśnienie gramatyczne)	3	
den gang	wtedy	12	
den/det/de andre	inny, inna, inne, inni	12	
denne	ten, ta	12	

der [æ]	tam	5	
dere	wy	5	
deretter [dær-]	następnie	12	
derfor [dærfår]	z tego powodu, dlatego	1	
derfra [dær-]	stamtąd	17	
dersom [dærsåm]	jeśli	19	
dessert [dessær], en	deser	11	
dessverre [-ærre]	niestety	13	
det [de]	to	1	
det blir ...	to będzie...	13	
det er på tide å ...	(najwyższy) czas...	13	
det er synd	szkoda	5	
Det gjør vondt her.	Boli tutaj.	10	
Det går dårlig.	Nie najlepiej.	4	
Det holder med én skjorte.	Wystarczy jedna koszula.	18	
det høres ... ut	to brzmi...	19	
det stemmer ikke	to się nie zgadza	6	
Det vil si ...	To znaczy...	13	
dette	to	9	
din	twój	7	
din/di/ditt/dine	twój, twoja, twoje, twoi	10	
direkte	bezpośredni	7	
do, en	toaleta, klozet	14	
dra, dro, har dratt	tutaj: wyruszać w podróż, jechać	12	
drikke, drakk, har drukket [o]	pić	13	
drive, drev, har drevet	zajmować się	7	
drive idrett	uprawiać sport	26	
drive med	zajmować się czymś	7	
drivstoff [å], (et)	paliwo	23	
drosje [å], en	taksówka	23	
druer (mange)	winogrona	11	
drøm, en; drømmer	sen	12	
drømme om, drømte	śnić o	22	
du	ty	1	
dukke, en	lalka, kukiełka	8	
dum [o]	głupi	6	
dusj, en	prysznic	9	
dusje, dusjet	brać prysznic	7	

dyp	głęboki	17	fantastisk	fantastyczny	16	forelsket	zakochany	24
dyr	drogi	5	far, en; fedre	ojciec	5	foretrekke [får-], foretrakk, har foretrukket [o]	woleć	26
dø, døde, har dødd	umrzeć	8	farlig [-li]	niebezpieczny	8			
døgnåpen	całodobowy	11	fast	mocny, pewny	14	forferdelig [fårfær-deli]	straszny	10
dør, ei	drzwi	4	feie, feide [æ]	zamiatać	14			
e-post [å], (en)	e-mail	3	ferdig [æ]	gotowy	1	forhåpentligvis [-livis]	oby (wyraża nadzieję)	23
egen	własny	22	figur, en	figura	26			
egentlig [-li]	właściwie	5	fikse, fikset	tutaj: załatwić	20	forklare [får-], forklarte	tłumaczyć	7
egg, et	jajko	2	film, en	film	12			
eksamen, en	egzamin, sprawdzian	22	fin	ładny, miły	9	formiddag, en	przedpołudnie	20
eksamen i videre-gående skole	matura	22	finne, fant, har funnet	znaleźć	7	fornøyd [får-]	zadowolony	9
			finne fram noe	znaleźć, wyciągnąć	15	forresten	nawiasem mówiąc, przy okazji	24
ekstra	ekstra	26	finne ut	dowiedzieć się	7			
ekte	prawdziwy	24	fiolin, en	skrzypce	20	forsiktig [å]	ostrożny	10
eldre	starszy	25	fireårig	czteroletni	22	forsinket	spóźniony	23
elektrisk	elektryczny	17	firma, et	firma	22	forskjellig [får-]	różny	18
elektronisk	elektroniczny	3	fisk, (en)	ryba	7	forstå [får-], forsto, har forstått	rozumie	1
elev, en	uczeń	5	fiske, fisket	łowić ryby	20			
eller	lub, albo	4	fiskesuppe, ei	zupa rybna	11	forsvinne, forsvant, har forsvunnet [får-]	znikać	15
ellers	poza tym	8	fjell, et	góra	16			
elske, elsket	kochać	20	fjellsko, en	obuwie turystyczne	18	fort	szybko	8
elv, ei	rzeka	25	fjernkontroll [fjærn-kontråll], en	pilot	15	fortau, et	chodnik	11
en	[rodzajnik nieokreślony]	1	fjord [fjor], en	fiord	16	fortelle [å], fortalte, har fortalt (om)	opowiadać (o)	8
endelig [-li], en	nareszcie, w końcu	6	flaske, ei	butelka	20			
energi [enersji], (en)	energia	20	flau [æu]	zażenowany, krępujący	20	fortsatt [å]	nadal, wciąż	10
eneste	jedyny	20	flire, flirte	uśmiechać się drwiąco	6	fortsette, fortsatte, har fortsatt [fårtsj-]	kontynuować	16
engelsk	angielski	11	flott [å]	fajny, świetny	20			
enkel, enkelt, enkle	łatwy, prosty	26	fly, et	samolot	17	fortvilelse [får-], (en)	wątpliwość	21
enn: (mer) enn	(więcej) niż	10	flytte, flyttet	przeprowadzać się	20	forvirre, forvirret [å]	wprawiać w zakłopotanie, zbijać z tropu	12
ennå	jeszcze	12	fløte, (en)	śmietana	20			
ensom [å]	samotny	20	folk [å] (plural)	ludzie	8	forvirret [å]	zakłopotany, zbity z tropu	12
enten – eller	albo – albo	13	Folketrygd [fålke-trygd], (en)	obowiązkowe ubezpieczenie społeczne i zdrowotne	22			
eple, et	jabłko	2				fot, en; føtter	stopa	10
er	jest	1	for ... siden	... temu	12	fotball, (en)	piłka nożna	20
eske, en	pudełko	8	for eksempel	na przykład	8	fotballtrening, en	trening piłki nożnej	20
etter	po	5	for en ...	cóż za...	21	fra	z, od	4
etterpå	potem	7	forandre seg, forandret [får-]	zmieniać się	26	fra nå av	odtąd	21
europeisk	europejski	17				fransk	francuski	20
faktisk	faktycznie, rzeczywiście	8	forbauset	zdziwiony	15	fredag	piątek	6
familie, en	rodzina	5	fordi [å]	ponieważ	11	fredagskveld, en	piątkowy wieczór	20
fantasi, (en)	wyobraźnia, fantazja	6				frekk	zuchwały, bezczelny	5
						fremdeles	nadal, wciąż	24
						frimerke [-mærke], et	znaczek pocztowy	21
						frisk	zdrowy	10

fristende [-enne]	zachęcający	13	gift [ji-] (med)	żonata/zamężny (z)	24	gå	przejść na emeryturę	22
fritid, (ei)	czas wolny	20	gifte [ji-] seg [sæj], giftet	wychodzić za mąż / żenić się	5	gå av med pensjon [pangsjon]	wysiąść	20
fritidsaktivitet, en	zajęcie, któremu oddajemy się w czasie wolnym	20	gitar [g-i], en	gitara	20	gå av, gikk, har gått	pójść na spacer	14
frokost [-kåst], (en)	śniadanie	2	gjemme [je-] (seg)	chować (się)	8	Det går dårlig.	Nie najlepiej.	4
frokostblanding, (ei)	płatki śniadaniowe	2	gjennom [jennåm]	przez	17	gå en tur, gikk, har gått	"wejść" do Internetu, surfować po Internecie	3
frukt, (ei)	owoc	11	gjenta [jen-], gjentok, har gjentakk	powtarzać	7	gå på Internett	iść na piechotę	23
frustrert	sfrustrowany	20	gjerne [jær-]	chętnie	4	gå til fots, gikk, har gått	wesoły	15
frysemat, (en)	mrożonka	26	gjette, gjettet [je-]	zgadywać	18			
fryser, en	zamrażalnik	26	gjøre [jø-], gjør, gjorde, har gjort	robić	4	H-melk [håmelk]	mleko pełnotłuste	26
full (av)	pełen	19				ha, hadde, har hatt	mieć	4
fullstendig [-di]	kompletnie, całkowicie	20	gjøre notater	robić notatki, notować	9	ha det [ha de]	na razie (pożegnanie)	2
fylke, et	jednostka podziału administracyjnego w Norwegii	17	glad [gla]	szczęśliwy, wesoły	3	ha det bra	na razie, do zobaczenia	2
			glass, et	szklanka	7	ha det gøy	baw się dobrze	15
færre	mniej	3	glede seg, gledet	cieszyć się	6	ha det travelt	być zajętym	20
født	urodzony	25	glemme, glemte	zapominać	12	ha en fin dag	miłego dnia	13
føle, følte	czuć	17	god [go]	dobry	2	ha lyst til å ...	mieć ochotę na...	17
følelse, en	uczucie	3	God helg!	Miłego weekendu!	4	ha råd til	móc sobie na coś pozwolić (finansowo)	26
følelseskaos, et	emocjonalny chaos	12	god kveld [kvell]	dobry wieczór	2			
før	przed	24	god morgen	dzień dobry	2	ha vondt	dosł.: mieć ból	10
først	pierwszy	10	god natt	dobranoc	2	hals, en	szyja	10
få, fikk, har fått	dostać, otrzymać	3	grad, en	stopień	16	halv [hall]	pół	15
gaffel, ei	widelec	7	gratulerer med dagen	wszystkiego najlepszego z okazji urodzin	2	ham	jego, go, nim	5
gal	szalony	7				handle om [åm], handlet	dotyczyć, opowiadać o	17
galt	źle	8	greit nok	wystarczająco dobry	24			
gammel	stary	2	grep, et	chwyt	14	hans	jego	10
gang, en	korytarz	9	gresk	grecki	11	hate, hatet	nienawidzić	20
gang, én	jeden raz	10	grunnskole, en = barneskole og ungdomsskole	szkoła podstawowa + gimnazjum (6-16 lat)	22	havn, ei	port	25
ganske	dość, dosyć	13				hei	cześć	2
garderobe, en	garderoba, szatnia	22	gruppe, ei	grupa	26	hektisk	nerwowy, ruchliwy, zapracowany	20
gardin, en	zasłona	24	grønn	szary	9			
gate, ei	ulica	9	grønnsaker (liczba mnoga)	płakać	18	heldigvis [-divis]	na szczęście	16
gatelys, et	latarnia	17				Hellas	Grecja	11
gave, en	prezent	1	grå	zielony	9	heller	raczej, bardziej	5
generell studiekompetanse, (en)	średnie wykształcenie	22	gråte, gråt, har grått	warzywa	11	heller ikke	też nie	8
			gud!	O Boże!	22	helse, (en)	zdrowie	26
generelt [sje-]	zazwyczaj, ogólnie	26	gul	żółty	9	helsestudio, et	siłownia	26
genser, en	sweter	18	gulrot, ei; gulrøtter	marchewka	11	helst	najlepiej, chętniej	18
genser, en; genseren, gensere, genserne	sweter	18	gulv, et	podłoga	9	helt	całkiem	6
			gutt, en	chłopak	5	hemmelig [-li]	tajemniczy, sekretny	13
gi [ji], ga, har gitt	dawać	5	gøy	iść	3	hemmelighet, en	tajemnica	13

henne	nią, jej	5
hennes	jej	10
hente, hentet	przynosić	5
her [æ]	tutaj	3
herre [æ], en	pan	24
hest, en	koń	20
hete, het, har hett	nazywać się	3
historie, en	historia, opowieść	6
hjelpe [je-]	pomagać	7
hjem [jem]	dom, do domu	12
hjemme [je-]	w domu	14
hode, et	głowa	10
holde [hålle], holder, holdt, har holdt	trzymać	13
holde [å] diett	być na diecie	26
holde med	wystarczyć	18
holdeplass [hålle-], en	przystanek	23
honning [å], (en)	miód	2
hoppe [å], hoppet	skakać	7
hos	u (kogoś)	11
hotell, et	hotel	12
hoved-	główny	17
hovedstad, en	stolica	17
hun	ona	1
hund [hunn], en	pies	14
hundrelapp, en	banknot stukoronowy	22
hurtigmat, (en)	fast food	26
hurtigrute [hurtiru-te], ei	*norweskie statki wycieczkowo-towarowe pływające wzdłuż zachodniego wybrzeża*	17
hus, et	dom, do domu	7
huske	pamiętać	9
hva [va]	co	1
Hva betyr ... på polsk?	Co znaczy... po polsku?	1
Hva driver du med?	Czym się zajmujesz?	9
hva er det?	Co się stało? Coś nie tak?	22
Hva gjør du?	Co robisz?	4
Hva heter du?	Jak się nazywasz?	4
Hva med deg? [dæj]	A ty?	4
hva sier du?	Słucham?	11
Hva skal hun i Tromsø?	*tutaj*: Po co ona jedzie do Tromsø?	19
hvem [vem]	kto	7
hver [vær]	każdy	17
hver eneste	każdy	20
hvilken, hvilket, hvilke	który, która, które	11
hvis [viss]	jeśli	17
hviske, hvisket [vis-]	szeptać	20
hvit	biały	9
hvor [vor]	gdzie	4
Hvor bor du?	Gdzie mieszkasz?	4
hvor er det blitt av ...	Gdzie się podział...	15
hvor gammel	Ile lat...? (*dosł.* jak stary...?)	4
Hvor gammel er du?	Ile masz lat?	4
Hvor kommer du fra?	Skąd pochodzić?	4
Hvor lenge tar ...?	Jak długo trwa...?	23
Hvordan?	Jak?	4
Hvordan går det?	Jak się masz?	4
Hvordan står det til?	Jak leci?	20
hvorfor [vorfår]	dlaczego	3
hyggelig [-li]	miło	5
Hyggelig å hilse på deg. [-li]	Miło cię poznać.	4
Hyggelig å treffe/møte deg.	Miło cię widzieć.	4
hylle, ei	półka	14
hysj	ciii!	19
hytte, ei	domek, chatka	13
høflig [-li]	grzeczny, uprzejmy	4
høre, hørte	słyszeć	10
høst	jesień	20
høy	wysoki	22
høyskole/høgskole, en	szkoła wyższa	20
høyttaler, en	głośnik	21
hånd [hånn], ei; hender	dłoń	12
håndball, (en)	piłka ręczna	16
håndveske [hånn-], en	torebka	16
håpe, håpet	mieć nadzieję	22
håpløs	beznadziejny	23
i	w	4
i bursdagsgave	w prezencie urodzinowym	21
i dag	dziś	2
i går	wczoraj	6
i hvert fall	w każdym razie	4
I like måte! [lige måde]	nawzajem!	4
i løpet [løpet] av	w ciągu	25
i morgen [mårn]	jutro	6
i rute / presis	na czas, punktualnie	23
i tillegg	w dodatku	18
i vår	wiosną, tej wiosny	16
idé, en	idealny	26
ideal	idiotyczny	21
idiotisk	pomysł	9
igjen [ijen]	znowu	6
ikke	nie	1
ikke ... enda	jeszcze nie	18
ikke ... lenger	już nie	4
ikke sant?	... nieprawdaż?	3
imidlertid	jednakże	26
indrefilet [-filee], en	polędwica	20
informasjon, en	informacja	17
ingenting	nic	4
inn	do (środka)	11
innbygger, en	mieszkaniec	17
inneholde [hålle], -holder, -holdt, -holdt	zawierać	18
interessant	interesujący	15
invitere, inviterte	zapraszać	18
irritert	zdenerwowany	22
Island	Islandia	11
islandsk	islandzki	11
isteden	zamiast	18
italiensk	włoski	11

ja	tak	1
jakke, ei	kurtka	18
Jaså.	Aha.	17
jazz	jazz	20
jeg [jæj]	ja	1
jente, ei	dziewczyna	5
jernbane [jæ-], en	kolej	11
jernbanestasjon, en	stacja kolejowa	11
jo	tak (*w odpowiedzi na pytanie z* **ikke**)	3
jo	*tutaj:* ależ	8
jobb [å], en	praca	7
jobbe, jobbet [å]	pracować	22
juice, (en)	sok	2
julenisse, en	*postać mitologiczna podobna do Świętego Mikołaja*	16
juss	prawo	22
kafé, en	kawa	2
kaffe, (en)	ekspres do kawy	4
kaffemaskin, en	kawiarnia	13
kai, ei	keja	26
kake, ei	ciasto	7
kaldere [kallere]	zimniej	25
kalori, en	kaloria	26
kamera, et	kamera	16
kanal, en	kanał	15
kanskje	być może	4
kaos, et	chaos	24
karakter [karaktér], en	ocena	22
karbonade, en	tradycyjne norweskie klopsy	11
kasse, ei	kasa	26
kasserer, en; mange kasserere	kasjer	11
kasserolle [-rålle], en	garnek	20
katedral, en	katedra	25
katt, en	kot	14
kilometer, en	kilometr	17
kino, en	kino	12
kiosk, en	kiosk	11

kjede seg, kjedet	nudzić się	15
kjedelig [-li]	nudny	4
kjeller, en	piwnica	8
kjempe-	bardzo, niezwykle (służy podkreśleniu czegoś)	15
kjempefin	wspaniały, świetny	15
kjenne, kjente	znać	9
kjenne på	dotykać	10
kjent	znajomy, znany	12
kjæreste, en	chłopak (ukochany), dziewczyna (ukochana)	5
kjærlighet, (en)	miłość	24
kjøkken, et	kuchnia	5
kjøkkenbenk, en	blat kuchenny	7
kjøleskap, et	lodówka	4
kjøpe, kjøpte	kupować	11
kjøpe på kreditt	kupować na kredyt	11
kjøre, kjørte	jechać, prowadzić (pojazd)	17
kjøretøy, et	pojazd	23
kjøtt, (et)	mięso	11
kjøttkake, ei	klops	13
klare, klarte	uporać się z czymś	13
klart	tu: jasne niebo	16
klassisk	klasyczny	20
klatre, klatret	wspinać się	20
klem, en	uścisk	3
klesbutikk, en	sklep z ubraniami	11
klesskap, et	szafa na ubrania	18
klokke [å], ei	zegar	6
Klokka er seks.	Jest szósta.	6
klær (liczba mnoga)	ubrania	11
knapp, en	przycisk	15
kne, et; knær	kolano	10
kniv, en	nóż	7
kode, en	kod	11
koffert, en	walizka	12
koke [å], kokte	gotować	7
kokebok, ei; kokebøker	książka kucharska	26

kollega, en, kollegaen, kolleger, kollegene	kolega/koleżanka z pracy	24
komfyr, en	kuchenka	4
komme [å], kom, har kommet	przychodzić	2
komme [å] på besøk	przychodzić w odwiedziny	11
komme fram	przybywać na miejsce	20
komme seg	znaleźć się	19
kommode, en	komoda	4
kommune, en	gmina	20
komplisert	skomplikowany	17
konduktør, en	konduktor	23
kone, ei	żona	5
konge [å], en	król	
konsert, en	koncert	20
konserthus, et	sala koncertowa	20
konto, en	kontro	21
kontor, et	biuro	7
kopp [å], en	filiżanka	2
kopp sjokolade, en	filiżanka czekolady	2
korrespondere, korresponderte	odpowiadać, być odpowiednikiem	24
kort [å], et	karta	11
kortleser, en; mange kortlesere	czytnik kart	11
koselig	przytulny, przyjemny	25
kosmetikk, (en)	kosmetyk	11
koste [å], kostet	kosztować	3
kosthold [kåsthåll], et	dieta, nawyki żywieniowe	26
kraftig [-ti]	mocno	13
krangle, kranglet	kłócić się	24
kroppsøving [å], (en)	wychowanie fizyczne	22
kryss, et	skrzyżowanie	12
krysse, krysset	przechodzić (na drugą stronę)	20
kuldegrad, en = minusgrad	stopień (poniżej zera)	16
kuling, en	silny wiatr	16
kulturmenneske, et	osoba zainteresowana kulturą	20
kunde [kunne], en	klient	9

kunne, kan, kunne, har kunnet	móc	3
kunstner, en; kunstnere	artysta	17
kupé, en	okazja, korzystny zakup	26
kupp, et	przedział	23
kvalm	(mający) mdłości	10
kveld [kvell], en	wieczór	20
kveldsnyhetene [kvell-]	wieczorne wiadomości	15
kvittering, en	paragon	11
kylling, (en)	kurczak	11
kysse, kysset	całować	24
kø, en	kolejka	26
lag, et	drużyna	20
lage, lagde/laget	robi, przygotowuje	1
laks, (en)	łosoś	11
lampe, ei	lampa	4
land [lann], et	kraina, kraj	16
landsdel, en	region	17
lang	długi	9
langt fra	daleko od	17
langsomt [å]	powoli	15
lat	leniwy	26
lav	niski	20
le, lo, har ledd	śmiać się	15
lede, ledet	prowadzić	22
ledig [-di]	wolny	13
lege, en	lekarz	5
legemiddel, et; legemidler	lekarstwo	11
legge, la, har lagt	kłaść	8
legge kortene på bordet	kłaść karty na stół	21
legge merke [mærke] til	zauważać	21
legge på seg	przybrać na wadze, przytyć	26
leie, leide	wynajmować	25
leilighet [leilihet], en	mieszkanie	8
leke, lekte	bawić się	4
lenge	długo	20
lenge siden	dawno	20

lese, leste	czytać	15
lete (etter), lette, har lett	szukać	5
lett	łatwy	22
leve, levde	żyć	6
levere, leverte	dostarczać, tu: oddać	21
ligge, lå, har ligget	leżeć	10
like, likte	lubić	5
likevel	jednakże, mimo to	20
Lillehammer	miasto w Norwegii, leżące na północ od Oslo	23
liten/lita/lite/lille/små	mały, mała, małe	1
litt	trochę	3
liv, et	życie	13
livsstil, en	styl życia	26
lommebok, ei; lommebøker	portfel	26
lue, ei	czapka	18
luft, (ei)	powietrze	17
lugar, en	kajuta	25
lukke, lukket [o]	zamykać	21
lunge [o], en	płuco	10
lysvåken	rozbudzony	23
lytte på, lyttet	słuchać	10
lære, lærte	uczyć (się)	25
lærer, en, læreren, lærere, lærerne	nauczyciel	21
løk, (en)	cebula	22
løp, et	bieg	22
lørdag	sobota	11
lån, et	pożyczka	25
låne, lånte	pożyczać	6
mage, en	brzuch	10
mamma	mama	6
man	(forma bezosobowa)	9
mandag	poniedziałek	6
Mange takk!	Wielkie dzięki!	3
mann, en	mężczyzna	5
mann, en	tu: mąż	5
mat, (en)	jedzenie	11
matbutikk, en	sklep spożywczy	11
mate, matet	karmić	14

matematikk, (en)	matematyka	22
med [me]	z	2
med en gang	od razu, natychmiast	10
medfølelse, (en)	współczucie	24
medisin, en	lek	18
medlem, et, medlemmet, mange medlemmer	członek	11
medlemskort, et	karta członkowska	11
meg [mæj]	mnie, mi	5
melk, (ei)	mleko	2
mellom	pomiędzy	8
melon, en	melon	11
men	ale	3
mene, mente	mieć na myśli	21
meningsløs	bezsensowny	26
menneske, et	człowiek	7
mens	podczas, gdy	20
meny, en	menu	13
mer	więcej	9
mesterbrev, et	dyplom mistrza	22
mesterskap, et	mistrzostwa	20
middag, (en)	obiad (w Norwegii jedzony zazwyczaj między 15:00 a 18:00)	11
middel, et; midler	środek	23
midt på natta	w środku nocy	10
million, en	milion	17
min (mi/mine/mitt)	mój	5
mindre	mniejszy	25
minne, et	wspomnienie	12
minne, minnet	przypominać, wspominać	24
miste, mistet	gubić	20
mobiltelefon, en	telefon komórkowy	19
moderne [modær-]	nowoczesny	9
mor, ei	matka	5
morgen [mårn], en	poranek	2
mot	tutaj: w stronę, do	7
motorsykkel, en	motor	23
motto, et	motto	26
mulig [-li]	możliwy	8

munn, en	buzia	10
murer, en; murere	malarz	22
murerfag, et	zawód murarski	22
musiker, en; musikere	muzyk	17
musikk, (en)	muzyka	15
mye	dużo	3
møbler (liczba mnoga)	meble	10
mørk	ciemno	22
mål, et	cel	26
målsted, et	cel podróży	3
måltid, et	posiłek	9
måtte, må, måtte, har måttet	musieć	8
nabo, en	sąsiad	17
natt, ei; netter	noc	10
natttog [tåg], et	pociąg nocny	22
natur, (en)	natura	20
ned [ne]	w dół	10
nei	nie	2
nei da	ależ nie	20
nemlig [-li]	mianowicie	8
nervøs [nær-]	zdenerwowany, zestresowany	14
nese, ei	nos	10
neste	następny	20
nesten	prawie	1
nettet= (et) Internett	Internet	15
nettopp [å]	właśnie	13
nisse, en	istota z norweskich legend. Tutaj: lalka przypominająca taką istotę	1
noe	coś	6
noe rart	coś dziwnego	8
noen	ktoś	7
noensinne	kiedykolwiek	19
nok [å]	dość	6
nok [å]	tutaj: pewnie	15
nord [noor]	północ	17
Norge [å]	Norwegia	4
norsk	norweski	11
ny	nowy	11

nyhet, en	wiadomość	15
nyte, nøt, har nytt	cieszyć/rozkoszować się czymś	26
nærhet, en	pobliże, sąsiedztwo	20
nærmere	bliżej	26
nøkkel, en; nøkler	klucz	25
nøle, nølte	wahać się	8
nøyaktig [-ti]	dokładnie, zupełnie	4
nå	teraz	1
nå som	teraz, gdy	10
nål, en	igła	22
når	gdy, kiedy	15
offentlig [å]	publiczny	17
ofte [å]	często	12
og [å]	i	1
også [åså]	też, także	3
okse, en	wół, tu: wołowina	20
om bord	na pokład	25
om våren	na wiosnę	16
ombestemme [åm-] seg, ombestemte	rozmyślić się	18
område, et	teren, region	26
omtrent	około	12
onsdag	środa	2
opphold [åpphåll]	patrz: objaśnienie	16
opplæring [åpp-], en	szkolenie	22
oppskrift [å], en	przepis	26
opptatt [å]	zajęty	16
oppvaskbørste [åpp-], en	szczotka do mycia naczyń	11
oppvaskmaskin, en	zmywarka	7
oransje	pomarańczowy	9
ord [or], et	słowo	21
ordne, ordnet [å]	porządkować	12
orientere seg, orienterte [å]	odnajdować się	25
orkan, en	huragan	16
Oslo	stolica Norwegii	17
oss [å]	nas, nam	5
ost, (en)	ser	2
over [å]	nad	8

overdrive, overdrev, overdrevet [å]	przesadzać	21
overraskelse [åv-], en	niespodzianka	21
overrasket [å]	zaskoczony	8
overskyet [å]	pochmurnie	16
ovn [å], en	piekarnik	4
pakke, en	paczka	21
panne, ei	czoło	15
papir, (et)	papier	10
papirarbeid, (et)	papierkowa robota	9
papirlapp, en	karteczka	10
paprika, en	papryka	11
par, et	para, kilka	10
et par ganger	kilka razy	10
parkeringsplass, en	parking	12
passasjer, en	pasażer	24
passe på, passet	uważać na coś, dopilnować	8
passere, passerte	mijać, przejeżdżać przez	23
pasta, (en)	makaron	11
pen	piękny	21
penger	pieniądze	5
pensjonist, en	emeryt	5
pensjonspenger	emerytura	22
perrong [æ], en	peron	25
person [æ], en	osoba	7
planlegge, planla, har planlagt	planować	23
plass, (en)	miejsce	4
plutselig [-li]	nagle	7
Polen	Polska	11
politi, (et)	policja	21
politimann, en, politimenn	policjant	22
polsk	polski	11
portugisisk	portugalski	11
pose, en	torebka	11
potet, en	ziemniak	11
pris, en	cena	26
problem, et	problem	17
prosjektleder, en	kierownik projektu	22
prospekt, et	ulotka	26

prøve	próbować	8
pudding, en	pudding	11
pusse	szczotkować, myć	6
puste, pustet	oddychać	17
Pust inn / pust ut.	Zrób wdech/wydech.	10
pute, ei	poduszka	10
pære, ei	gruszka	3
pølse, ei	kiełbasa, parówka	8
på	na, w	3
på Internett	w Internecie	6
på jobb	w pracy	6
på mandag	w poniedziałek	11
på mandager	w poniedziałki	11
på tilbud	w przecenie	26
pålegg, (et)	*wszelkie dodatki do kanapek*	10
påskeegg, et	jajko wielkanocne	26
rabatt, en	rabat	23
radio, en	radio	15
rapport, en	sprawozdanie	9
rar	dziwny	8
raskt	szybko	15
redaktør, en	redaktor	5
redd	przestraszony	6
region, en	region	17
regiontog [-tåg], et	pociąg regionalny	22
regjering [reje-], en	rząd	17
regn [ræjn], (et)	deszcz	16
regnbyge, en	ulewa	16
regning [ræj-], en	rachunek	13
regnjakke [ræjn-], ei	kurtka przeciwdeszczowa	18
reinsdyr, et	renifer	17
reise til, reiste	jechać do	17
reise, en	podróż	23
reisebyrå, et	biuro podróży	23
reke, ei	krewetka	11
rekke, rakk, rukket [o]	sięgać, zdołać coś zrobić	20
reklame, en	reklama	15
resepsjon, en	recepcja	25
rest, en	reszta	13

restaurant [-rang], en	restauracja	12
rett	prosto	11
rett fram	prosto	12
rett, en	danie	13
ri, red, har ridd	jeździć konno	20
ridetime, en	lekcja jazdy konnej	20
riktig [-ti]	prawidłowy, prawdziwy	17
rimelig [-li]	rozsądnie	26
ringe, ringte	dzwonić	3
ris, (en)	ryż	13
rolig [-li]	spokojny	6
rom, et, rommet, mange rom, rommene	pokój	9
rope, ropte	krzyczeć, wołać	6
rundkjøring [runn-], en	rondo	12
rundstykke [runns-], et	bułka	2
rundt	około	7
russefeiring, en	*zabawy organizowane w maju przez norweskich maturzystów*	22
russisk	rosyjski	11
Russland	Rosja	11
rute, en	trasa	23
rutetabell, en	rozkład jazdy	23
rydde, ryddet	sprzątać	7
rydde opp	sprzątać	8
rød	rada	25
rødvin, (en)	czerwony	9
røkt	czerwone wino	13
råd, et	wędzony	26
sak, en	sprawa	13
saks, ei	nożyczki	9
sakte	powoli	23
salami, en	salami	2
salat, en	sałatka	11
samme	ten sam	8
sammen	razem	5
sammenligne, sammenlignet	porównywać	26
sammenlignet med	w porównaniu z	21

samtidig [-di]	jednocześnie	13
sannhet, en	prawda	13
sant	prawdziwy	3
savne, savnet	tęsknić	19
se, så, har sett	patrzeć, oglądać	3
se på TV	oglądać telewizję	5
se seg rundt	rozglądać się	7
seg selv [sæj sell]	siebie	9
selge [selle], solgte [å], solgt	sprzedawać	22
selv om [sell]	mimo, że	20
selvfølgelig [sellfølgelli]	oczywiście	2
selvsagt [sellsagt]	oczywiście	18
selvstendig [sellstendi]	samodzielny	22
selvstendig næringsdrivende	osoba prowadząca własną działalność gospodarczą	22
sende [senne], sendte	wysyłać	3
senere	później	22
seng, ei	łóżko	4
sent, for sent	późno, za późno	13
sent på våren	późną wiosną	16
servitør, en	kelner	13
sette, satte, har satt	posadzić	4
si, sier, sa, har sagt	mówić	4
sikkert	na pewno	10
sin	swój	23
sitte, satt, har sittet	siedzi	1
sjakk, (en)	szachy	20
sjanse, en	szansa	15
sjekke, sjekket	sprawdzać	23
sjelden	rzadko	26
sjokkert	zszokowany	6
sjokolade, (en)	czekolada	2
skade, skadet	ranić, uszkadzać	16
skap, et	szafka	4
skift, et	zmiana	22
skikkelig [sj]	dość, porządnie	18
skilles, skilles, skiltes, har skiltes	rozstawać się, rozwodzić	24

205

skilt	znak	24	
skinke, (ei)	szynka	6	
skip, et	statek	25	
skje, ei	łyżka	7	
skje, skjedde	dziać się	14	
skjerf [sjærf], et	szalik	18	
skjerm [æ], en	ekran	15	
skjorte, ei	koszula	10	
skjule noe (for), skjulte	chować coś (przed)	8	
skjult	schowany	13	
skjønne, skjønte	rozumieć	7	
skjørt, et	spódnica	18	
sko, en, mange sko	but	11	
skobutikk, en	sklep obuwniczy	11	
skog, en	las	4	
skolekamerat, en	kolega za szkoły	22	
skolen	szkoła	2	
skrekk, (en)	strach	8	
skremme, skremte	straszyć	7	
skremt	przestraszony	6	
skrik, et	krzyk	7	
skrive, skrev, har skrevet	pisać	10	
skrivebord [-r], et	biurko	4	
skuffet	zawiedziony	4	
skulle, skal, skulle, har skullet	musieć, powinno się	4	
skummel	straszny, przerażający	17	
skummet [o] melk	mleko odtłuszczone	26	
skynde seg [sjynne], skyndet	śpieszyć się	26	
slags, en	rodzaj	11	
slappe av, slappet	odpoczywać	6	
slik	tak, w ten sposób	12	
slippe, slapp, sluppet	uniknąć	22	
slitsom [-såm]	męczący	22	
sludd	śnieg z deszczem	16	
slutte, sluttet	kończyć	6	
slå, slo, har slått	uderzać, *tutaj*: wprowadzić	11	
slå koden	wprowadzić kod	11	

smake, smakte	smakować	13	
smart	sprytny	21	
smarttelefon, en	smartfon	3	
smerte [æ], en	ból	10	
smile, smilte	uśmiechać się	7	
smør, (et)	masło	2	
snakke, snakket	mówić, rozmawiać	6	
snakke om [åm]	rozmawiać o	9	
snart	wkrótce	2	
snike inn, snek, sneket	wkraść się	19	
snill	miły	16	
snu, snudde	odwracać	10	
snø, (en)	śnieg	16	
snø, snødde	padać (śnieg)	13	
sofa, en	kanapa	8	
sokk [å], en	skarpeta	18	
som [å]	jako	5	
sommer, en	lato	16	
sopp [å], en	grzyb	11	
sove [å], sov, har sovet	spać	7	
soverom [såv-], et	sypialnia	9	
sovevogn [å-å], en	wagon sypialny	23	
sovne, sovnet [såvne]	zasypiać	22	
spansk	hiszpański	11	
spare penger, sparte	oszczędzać	22	
spennende [-enne]	wspaniały, ekscytujący	19	
spesiell	specjalny, wyjątkowy	18	
spille, spilte	grać	7	
spille en rolle, spilte	odgrywać rolę	19	
spille sjakk, spilte	grać w szachy	20	
spise, spiste	jeść	2	
spise ute, spiste	jeść poza domem	26	
spor, et	tor	22	
sport, (en)	sport	20	
språk, et	język	12	
spørre, spør, spurte, har spurt	pytać	5	
spørre etter veien	pytać o drogę	12	
stadig [stadi]	ciągle	19	

stakkars, den stakkars ..., mange stakkars ...	biedny	24	
startsted, et	punkt początkowy	23	
stasjon, en	stacja	11	
sted, et; mange steder	miejsce	8	
steke, stekte	smażyć	7	
stemme, stemte	zgadzać się	6	
stemplingsautomat, en	kasownik	23	
stenge, stengte	zamykać	21	
sterk [ær]	mocny	13	
stille, stile	cichy, spokojny	6	
stille spørsmål	zadawać (pytanie)	13	
stjele, stjal, har stjålet	kraść	21	
stol, en	krzesło	4	
stole på, stolte	polegać na	24	
stolt [stålt]	dumny	18	
stopp [å]	stop	7	
stoppe, stoppet [å]	zatrzymać się, przestać	20	
stor	duży	8	
Storbritannia	Wielka Brytania	11	
storm [å], en	sztorm	16	
stryke, strøk, har strøket	prasować	14	
student, en	student	5	
studere, studerte	studiować, uczyć się	5	
studium, et, studiet, studier, studiene	studia	22	
stue, ei	salon	5	
stund [-unn], en	chwila	19	
stygg	brzydki	24	
stykke, et	kawałek	10	
største	największy	11	
støvsuger, en	odkurzacz	1	
stå, sto, har stått	stać	25	
stå opp	wstawać	14	
sukker (o), (et)	cukier	24	
sulten	głodny	20	
sunn	zdrowy	26	
super	super	20	

suppe, ei	zupa	7
svak	słaby	10
svangerskap, et	ciąża	26
svare, svarte	odpowiadać	3
svart	czarny	9
Sveits	Szwajcaria	11
svennebrev, et	dyplom czeladnika	22
svensk	szwedzki	11
Sverige	Szwecja	11
svigersønn, en	zięć	20
svinekjøtt, (et)	wieprzowina	11
svinge, svinget	skręcać	25
svært	bardzo	9
sy, sydde	szyć	22
sydame, en	szwaczka	22
syk	chory	10
sykehus, et	szpital	17
sykepleier, en	pielęgniarka	5
sykkel, en	rower	21
syltetøy, (et)	dżem	2
synd [synn]	szkoda	5
synes synd på	współczuć, żałować (kogoś)	22
synes, synes, syntes, har syntes	uważać	15
særlig [-li]	szczególnie	3
søke (på), søkte	ubiegać się	8
søndag	niedziela	13
sønn, en	syn	17
søsken, et	rodzeństwo	8
søster, ei	siostra	21
så	następnie	11
så fort som mulig	jak najszybciej	13
så klart	oczywiście	22
så vidt ...	o ile	6
sånn	*tutaj:* no dobrze	5
såpass	aż tak	5
såpe, (ei)	mydło	5
T-bane [tebane], en	metro	23
T-skjorte [te-sjorte], en	koszulka	18

T-skjorte, ei	koszulka	18
ta, tok, har tatt	brać	3
ta av	zdjąć	10
ta en sjanse	zaryzykować	26
ta en titt på	rzucić okiem na	17
ta sjansen	ryzykować	15
ta tid	trwać	25
takk	dziękuję	2
Takk for maten!	Dziękuję za posiłek!	3
Takk for sist!	Dziękuję za ostatni raz!	3
Takk skal du ha!	Dziękuję!	3
Takk, det går bra.	Dziękuję!	3
Takk, ikke så verst. [æ]	Dziękuję, dobrze.	4
takke, takket	dziękować	25
talentløs	pozbawiony talentu	26
tallerken, en	talerz	7
tanke, en	myśl	12
tann, ei, tanna, tenner, tennene	ząb	18
tannbørste, en	szczoteczka do zębów	18
tannkrem, (en)	pasta do zębów	18
te, (en)	herbata	2
teater, et, teatret, teatre, teatrene	teatr	20
tekst, en	tekst	13
tekstmelding [-melling], en	sms	15
telefon, en	telefon	3
telle, telte	liczyć	26
temperatur, (en)	temperatura	16
Temperaturen din er høy.	Masz wysoką temperaturę.	10
tenke, tenkte	myśleć	6
tenk deg	wyobraź sobie	19
tennene	zęby	6
tennis	tenis	7
teppe, et	dywan	9
tid, en	czas	13
tidlig på våren	wczesną wiosną	16
tidsskrift, et	czasopismo	11
til	dla	1

til	*tu:* jeszcze	8
til	*tutaj:* aż	14
til fots	pieszo	23
til høyre	na prawo, w prawo	12
til og med	nawet	8
til tross [tråss] for at	mimo, że	22
til venstre	na lewo, w lewo	12
tilbake	z powrotem	7
tilbud, et	okazja, oferta specjalna	11
time, en	godzina	13
ting, en, mange ting	rzecz	8
én ting til	jeszcze jedno	8
tirsdag	wtorek	6
titt, en	rzut oka, spojrzenie	17
Tja!	no tak	17
tjene, tjente	zarabiać	17
tjukk [kj-]	gruby	26
toalett, et	toaleta	9
toalettpapir	papier toaletowy	11
tog [tåg], et	pociąg	17
togtur [tågtur], en	podróż pociągiem	22
tom	pusty	26
tomat, en	pomidor	11
torsdag [å]	czwartek	2
trang	wąski	9
transportmiddel, et	środek transportu	23
trapp, ei	schody	14
treffe, traff, har truffet	spotkać	7
trekke ut, trakk, har trukket [o]	wyciągać	23
trene, trente	trenować	20
trenge, trengte	potrzebować	1
trening, en	trening	20
trikk, en	tramwaj	17
trist	smutny	3
trives, trives, trivdes, trivdes	dobrze się gdzieś czuć	20
tro, trodde	wierzyć	6
Tromsø	*miasto w północnej Norwegii*	13

207

Trondheim [Trånn-heim]	miasto w środkowej Norwegii	17
trygg	bezpieczny	22
trykke, trykket	uciskać, wciskać	10
tråd [trå], en	nić	22
tulle, tullet	wygłupiać się, żartować	6
tung [o]	ciężki	12
tunnel, en	tunel	23
tur-retur	powrotny	22
turist, en	turysta	12
turn	gimnastyka sportowa	20
tusen	tysiąc	2
tusen takk	dziękuję bardzo	2
TV [teve], en	telewizja, telewizor	4
TV-serie, en	serial telewizyjny	15
tvert [æ] imot	wręcz przeciwnie	26
typisk	typowy	13
Tyrkia	Turcja	11
tyrkisk	turecki	11
tysk	niemiecki	11
tømme, tømte	opróżniać	14
tøy, et	materiał	22
tåke, (ei)	mgła	16
tåpelig [-li]	niemądry, głupi	21
uansett	w każdym razie	10
UiO	Uniwersytet w Oslo	22
uke, ei	tydzień	19
umulig [-li]	niemożliwy	21
under [unner]	pod	8
underbukse [unner-bokse], en	slipy, majtki	18
underskjorte [un-ner-], en	podkoszulek	18
undertøy [unner-], (et)	bielizna	18
ung [o]	młody	7
ungdomsskole [ong-dåm], en	szkoła na poziomie gim-nazjum (14-16 lat)	22
uniform [-årm], en	mundur	23
unnskyld [-yll]	przepraszam	7
unnskyldning, en	usprawiedliwienie	21
urealistisk	nierealny	21

USA	USA	25
usikker	niepewny	7
ut	na zewnątrz	4
utdanne seg, ut-dannet	kształcić się	22
ute	na zewnątrz	17
utenfor	na zewnątrz	17
utkant, en	wyjaśnienie znajdziesz w rozwiązaniu quizu	17
utkjørsel, en	zjazd	12
utland [utlann], (et)	zagranica	17
utrolig [-li]	niewiarygodny	12
utsikt, en	widok	22
uttale, en	wymowa	12
uvanlig [-li]	nietypowy, niezwykły	12
vakt, en	dyżur	22
validere, validerte	zatwierdzać, tutaj: skasować	23
vanilje	wanilia	11
vanligvis [-livis]	zazwyczaj	16
vanskelig [-li]	trudny	12
var (→ være)	był	12
vare, varte	trwać	22
variert	różnorodny	26
varm	ciepły	2
varme opp, varmet	podgrzewać, ogrzewać	17
varmegrad, en = plussgrad	stopień (powyżej zera)	16
vask, en	zlew	4
vaske, vasket	zmywać	6
Vatikanstaten	Watykan	11
ved [ve]	przy	4
ved siden av	obok	4
vegetariansk	wegetariański	13
vegetarisk	wegetariański	26
vei, en	droga	12
én vei	w jedną stronę	22
vel [vell]	tutaj: więc	23
velbalansert	zrównoważony	26
veldig [-di]	bardzo	5
velkommen til ... [å]	witamy w...	15
venn, en	przyjaciel	1

venninne, ei	przyjaciółka	15
vennskap, et	przyjaźń	24
vente, ventet	czekać	3
verken ... eller [vær-]	ani... ani...	10
verre [æ]	gorzej	10
veske, en	torebka	19
vi	my	2
Vi ses! = Vi sees!	Do zobaczenia!	15
videre	dalej	9
videregående skole, en	szkoła średnia (16-19/20 lat)	22
viktig [-i]	ważny	8
ville, vil, ville, har villet	chcieć	3
vin, (en)	wino	20
vind [vinn], en	wiatr	16
vindu, et	okno	4
vinter, en	zima	16
virke, virket	zdawać się (być)	20
virkelig [-li]	naprawdę	16
vise, viste	pokazywać, okazywać	8
visst	najwyraźniej	22
vital	zasadniczy, istotny	26
vite, vet, visste, har visst	wiedzieć	5
voksen [å], en, mange voksne	dorosły	8
vondt (i magen)	ból (brzucha)	10
vott [vått], en	rękawiczka z jednym palcem	18
være, er, var, har vært	być	5
vær så god	proszę	13
vær så snill	proszę (dosł. bądź tak miły)	11
være ansatt	być zatrudnionym	22
være enig [eni]	zgadzać się	16
være forelsket i	być zakochanym w	24
være i form [å]	być w formie	26
være meldt på	być zapisanym/zareje-strowanym	26
være sikker på	być pewnym	21
være spent	być podekscytowanym	15
våkne, våknet	budzić się	2

vår, en	wiosna	16
yndlingsfag, et	ulubiony przedmiot	22
yr, (et)	mżawka	16
yrke, et	zawód	22
ødelagt	zniszczony	11
økologisk [økolågisk]	ekologiczny	26
økonomi	ekonomia	5
øl, (et)	piwo	13
øl, en	szklanka/kufel piwa	13
ønske, ønsket	życzyć	16
øre, et	ucho	10
Østerrike	Austria	11
øy, ei	wyspa	16
øye, et; øyer/øyne	oko	10
øyeblikk, et	chwila, moment	13
Ålesund	*miasto w zachodniej Norwegii*	20
åpenbart	otwarcie	20
åpne, åpnet	otwierać	3
åpningstider	godziny otwarcia	11
år, et	rok	2
åtte	osiem	2
åtte år	osiem lat	2

Klucz do ćwiczeń

W wielu ćwiczeniach więcej niż jedna odpowiedź jest poprawna. Może ci je poprawić jeden z naszych nauczycieli. By dowiedzieć się więcej, zajrzyj na www.skapago.eu/nils lub wyślij e-mail na adres info@skapago.eu.

1

1

Erna lager en gave til Susanne. Susanne har bursdag. Det er en nisse.
Lise forstår ikke. Erna sitter og arbeider. Hun er nesten ferdig.

2

a) Lise forstår ikke.
b) Erna er nesten ferdig.
c) Susanne trenger en liten venn.
d) Susanne har bursdag, og Erna lager en gave.

3

a) Nå lager hun en gave til Susanne.
b) Nå har Susanne bursdag.
c) Nå trenger Susanne en liten venn.
d) Nå arbeider Erna.
e) Nå er Erna nesten ferdig.

2

1

a) en gave
b) et egg
c) ei brødskive
d) et rundstykke
e) en kopp

2

a) Nei, det er torsdag i dag.
b) Nei, Susanne er åtte år gammel.
c) Hun spiser et egg, et rundstykke og ei brødskive med ost.

4

0	null
1	en
2	to
3	tre
4	fire
5	fem
6	seks
7	sju
8	åtte
9	ni

5

Vi arbeider.
Han har bursdag.
Dere våkner.
Hun sitter.
De spiser.
Dere kommer ikke.
Vi står opp.

3

2

a) Ja.
b) Ja.
c) Jo.
d) Ja.

3

a) Koster en smarttelefon mye? – Ja, den koster mye.
b) Har du et rundstykke? – Ja, her er det .
c) Spiser Susanne ei brødskive? – Ja, hun spiser den .
d) Det er torsdag i dag.
e) Hva er det ? – Det er et egg.

4

a) Susanne vil ikke vente.
b) Susanne venter ikke.
c) Susanne vil ikke ha en nisse.
d) Hun spiser et rundstykke med ost.
e) Erna gratulerer.
f) Susanne åpner en gave.
g) Erna forstår ikke.
h) Kan jeg spise et rundstykke?
i) Jeg vil ikke stå opp.
j) Susanne svarer ikke.
k) En telefon koster mye.

5

Susanne åpner en gave.
Jeg forstår ikke.
Hun spiser ei brødskive.
Det er ikke sant.
En telefon koster mye.
Susanne er åtte år gammel.
Kan du gjenta?
Gratulerer med dagen.
Erna drikker en kopp kaffe.
Jeg snakker bare litt norsk.

4

1

a) Hvor kommer du fra?
b) Hva heter hun?
c) Hva vil hun spise?
d) Hva sier Nils?
e) Hvor sitter du?
f) Hvor gammel er du?
g) Hvor kommer dere fra?
h) Hva heter de?

2

a) skapet
b) telefonen
c) brødskiva (brødskiven)
d) kommoden
e) døra (døren)
f) gaven
g) vennen
h) egget
i) bordet
j) koppen
k) stolen
l) rundstykket
m) hånda (hånden)
n) senga (sengen)
o) vinduet

3

Nils er en nisse. Susanne er ikke glad i nissen. Hun vil gjerne ha en telefon. Men en telefon koster mye.
*(Teoretycznie moglibyśmy napisać **Men telefonen koster mye**, o ile chodziłoby o konkretny telefon. Tutaj jednak chcemy wyrazić, że jakikolwiek telefon byłby drogi.)*
Susanne ser ut av vinduet.
*(Moglibyśmy powiedzieć **et vindu**, jeśli miałaby w pokoju kilka okien. Ma jednak tylko jedno, jasne jest więc, że chodzi właśnie o nie. Dlatego używamy formy określonej.)*
Hun tar Nils i hånda.
(Nie ma wątpliwości, co do tego, że to jej ręka. Mogłaby to być co prawda ręka lewa lub prawa, ale na pewno nie jakakolwiek ręka.)
Susanne har ei seng. Kan Nils sitte på senga?
Nei. Han kan sitte ved siden av døra.
*(Podobnie jak w przypadku **vindu**, jeśli drzwi jest kilka, możemy powiedzieć **ei dør**).*

4

a) Ved bordet vil jeg ikke sitte.
b) Det er ikke plass på bordet.
c) Et egg vil jeg ikke spise.
d) Erna sitter ved vinduet.
e) Nå vil hun ikke leke med Nils.
f) I dag har hun bursdag.

5

Hva heter du? – Jeg heter Truls.
Hvor gammel er du? – Jeg er 36 år.

Hvor bor du? – I Bergen.
Hvordan går det? – Takk, ikke så verst. Hva med deg?
Hva gjør du? – Jeg er elektriker.
Jeg må gå. – Ha det bra!
Hvor kommer du fra? – Jeg er fra Oslo.
God helg! – I like måte!
Hei, jeg heter Irene. – Hyggelig å treffe deg! Jeg er Nils.

5

1

18 atten
80 åtti
17 sytten
27 tjuesju
14 fjorten
93 nittitre
22 tjueto
46 førtiseks
64 sekstifire
98 nittiåtte
12 tolv
16 seksten
23 tjuetre
836 åttehundreogtrettiseks
5322 femtusentrehundreogtjueto
8818 åttetusenåttehundreogatten
312 trehundreogtolv
4067 firetusenogsekstisju
9900 nitusennihundre
2147 totusenetthundreogførtisju
1987 ettusennihundreogåttisju
1818 ettusenåttehundreogatten
1511 ettusenfemhundreogelleve
951 nihundreogfemtien
777 sjuhundreogsyttisju
787 sjuhundreogåttisju

2

a) Her kommer Per. Ser du ham (han)?
b) Jeg er her. Ser du meg?
d) Vet du hvor Per og Susanne er? Jeg kan ikke se dem.
e) Nina! Anders! Hyggelig å treffe dere.
f) Her er et rundstykke. Vil du spise det?

3

a) Maria er glad: Martin kommer til henne i dag. Han kommer kl. 07. Maria vil spise frokost sammen med ham (han).
b) Jeg vet ikke hvor Runar og Karina er. Skal jeg ringe dem?
c) Liker du Karina? Jeg liker ikke henne, men jeg liker Marthe.
d) Jan og jeg spiser frokost med Runar og Karina. Vi spiser med dem.

4

a) søster
b) far
c) mor
d) sønn
e) bestefar
f) morfar
g) mann

6

Susanne er søstera til Per.
Per er broren til Susanne.
Per er sønnen til Lise.
Susanne er dattera til Lars.
Erna er bestemora/mormora til Per.
Lise er mora til Susanne.
Lars er faren til Susanne.
Lars er mannen til Lise.
Lise er kona til Lars.

6

1

a) Jeg vasker meg.
b) Vi vasker oss.
c) Dere vasker dere.
d) Du vasker deg.
e) Han vasker seg.
f) De vasker seg.
g) Hun vasker seg.

2

08.00	åtte
12.00	tolv
06.00	seks
19.00	sju
21.00	ni

14.00	to
15.30	halv fire
07.30	halv åtte
10.30	halv elleve
22.30	halv elleve
21.15	kvart over ni
09.15	kvart over ni
03.10	ti over tre
15.50	ti på fire
09.45	kvart på ti
08.55	fem på ni
16.50	ti på fem
05.05	fem over fem
17.25	fem på halv seks
13.40	ti over halv to
13.00	ett
06.40	ti over halv sju
11.35	fem over halv tolv
23.25	fem på halv tolv

3

Kl. 06.30 står jeg opp.
Kl. 11.30 spiser jeg lunsj.
Kl. 20.00 spiser jeg kveldsmat.
Kl. 08.00 begynner skolen.
Kl. 06.45 spiser jeg frokost.
Kl. 16.00 spiser jeg middag.
Kl. 22.30 legger jeg meg.

4

Per sier:
Jeg heter Per. Jeg kommer fra Norge. Jeg er 16 år gammel og bor i Oslo. Jeg går på skolen. Skolen begynner kl. 08, mandag til fredag. Jeg liker skolen, men jeg er ikke glad i engelsk. Jeg har ei (en) søster. Hun heter Susanne. Hun er bare åtte år gammel. Egentlig liker jeg henne, men hun er ofte frekk.

5

a) faren til Lise
b) Susannes familie
c) telefonen til Erna
d) Ernas kommode
e) skapet til Lars
f) koppen til Susanne
g) Pers dør
h) brødet til Kristine
i) Lises kjøkken

6

a) Jeg må vaske opp.
b) Hun slutter å flire.
c) Nils kan ikke høre noe.
d) Vil du endelig være stille?
e) Når vil du stå opp?
f) Lars begynner å arbeide kl. 8.00.

8

Klokka var seks. Nils hørte noe. Hva var det? Å ja. Det var Lars, faren til Susanne. Han laget/lagde kaffe. Så spiste familien frokost. Lars spiste brød med smør og syltetøy, Susanne spiste frokostblanding med melk. Per og Lise spiste brød med ost og skinke.

Nils sluttet å bevege seg og satt helt stille. Endelig var familien ferdig med frokosten. Nå kunne han slappe av og bevege seg igjen.

7

1

mange senger
mange bord
mange kommoder
mange stoler
mange egg
mange rundstykker
mange år
mange kopper
mange brødskiver
mange gaver
mange telefoner
mange bilder
mange skap
mange rom
mange dører
mange kjøkkener
mange historier
mange stuer
mange hender
mange mødre
mange brødre
mange fedre
mange søstre

2

Hvert menneske har en far og ei mor. Vi har to bestefedre og to bestemødre: en farfar, ei farmor, en morfar og ei mormor.

Noen har også søstre og brødre
Susanne har bare en bror: Han heter Per. Faren heter Lars, og mora heter Lise.

Bestemora heter Erna. Hun er mora til Lise. Derfor er hun mormora til Susanne.

Susanne er dattera til Lise og Lars, og Per er sønnen til Lise og Lars.

3

Jeg trenger gafler, kniver, asjetter ... for å dekke bordet.
Jeg trenger en oppvaskmaskin for å vaske opp.
Jeg trenger en kopp for å drikke kaffe.
Jeg trenger ei skje for å spise suppe.
Jeg trenger en gaffel og en kniv for å spise fisk.

4

Du må gå.
Du må svare nå.
Ring meg i dag.
Du må spørre Erik.
Spis frokost.
Du må vente på meg.
Kom til meg.
Du må sitte og ta litt mat.
Sitt og arbeid.
Du må gjøre noe.

8

1

ei (en) stor seng
et stort rom
ei (en) stor dør
et stort rundstykke
en stor kopp
ei (en) stor brødskive
en stor gave
en stor telefon
et stort bilde
et stort kjøkken
ei (en) stor stue

et stort bord
en stor kommode
en stor stol
et stort egg
et stort skap

2

For eksempel:
en ung far
en hyggelig far
en stor skog
en mørk skog
et stort rom
en hyggelig person
en viktig person
en mørk kjeller
en stor leilighet
en stor eske
et stort vindu

4

a) Han lager ofte mat.
b) Jeg trenger ei seng for å sove.
c) Jeg begynner å arbeide kl. 7.00.
d) Du skal ikke åpne døra.
e) Frokostblandingen koster ikke mye.
f) Barnet vil leke med en venn.
g) Jeg kommer fra England
h) Jeg bor gjerne i Oslo.
i) Du kan spørre meg.
j) Jeg hører noen i kjelleren.
k) Jeg tenker ofte på deg.
l) Jeg skal forklare det.
m) Vi må rydde i stua.
n) Nils vil hjelpe familien. / Familien vil hjelpe Nils. *(w zależności od tego, kto chce pomóc komu)*

5

3. etasje: Lise – Per – boden
2. etasje: badet – foreldre – besteforeldre
1. etasje: kjøkken – dør – stue

9

1

svart 6 – brun 4 – gul 2 – hvit 5 – blå 7 –
grå 3 – grønn 8 – rød 9 – oransje 1

3

Koppen er blå.
Egget er brunt.
Asjetten er grønn.
Kniven er svart.
Bordet er brunt.
Telefonen er hvit.
Huset er gult.

5

a) Emil kjenner Nils.
b) Nils kjenner ikke Oslo.
c) Emil vet mye.
d) Nils vet hvor han kommer fra.

10

2

For eksempel:
Emil sover i sofaen.
Nils har smerter i magen.
Derfor må han snakke med Emil.
Han snur seg et par ganger.
Smertene blir verre.
Han har ikke vondt i brystet.
...

3

Nils sier til Emil: «Kan du hjelpe meg?»
Emil sier: «Ja, jeg kan hjelpe deg.»
Emil hjelper Nils. Han hjelper ham (han).
Vi er syke. Kan legen hjelpe oss?
Ja – legen sier: «Jeg kan hjelpe dere.»
Susanne er syk. Kan Emil hjelpe henne?
Susanne og Per er syke. Kan legen hjelpe dem?

4

Det var natt. Nils sov i senga. Det var egentlig ikke hans seng – det var ei lita pute på Lises stol på kjøkkenet. Men han brukte puta hennes som seng.

Plutselig våknet han. Rommet var mørkt. Han så nesten ingenting. Men han hadde veldig vondt i magen. Og han var kvalm, så kvalm. Hva skulle han gjøre?

Han hoppet ut av senga. Smertene ble ikke bedre av det – nei, de ble bare verre.

Kanskje kunne Emil hjelpe? Ja, selvfølgelig. Han måtte finne Emil. Men Nils måtte også være forsiktig. Menneskene måtte ikke våkne. Han husket historien med kaffekoppen og oppvaskmaskinen. Han gikk til stua. Der så han ingen. Men han hørte noe. Noen lå på sofaen og sov. Var det Emil? Nils gikk litt nærmere. Ja, han kjente ham igjen. «Emil!» ropte han. Bamsen våknet med en gang. (...)

Nils gjorde det. Da begynte Emil å trykke på magen. (...)

Emil la øret på brystet hans.

«Nei, det er ikke noe galt her, tror jeg.» Han kjente på magen igjen. (...)

Nils satte seg ned på sofaen og snudde seg. En gang, to ganger, tre ganger, fire ganger. Han følte seg fortsatt kvalm, men smertene var bedre. Kanskje ble han snart frisk igjen?

5

Ja, vi forstår mye fransk.
Nei, ikke så mange.
Ja, mye mat, takk.
Ja, jeg har mange venner der.
Ja, jeg vil spise mange rundstykker.
Ja, jeg har mange brødre.
Nei, ikke så mange personer.
Nei, ikke så mye smør.

6

a) For å jobbe trenger jeg ...
mine kunder, kundene mine,
min saks, saksa mi,
min binders, bindersen min,
mine idéer, idéene mine,
mitt rom, rommet mitt.
b) For å jobbe trenger du ...
din kaffe, kaffen din,
dine e-poster, e-postene dine,
ditt skrivebord, skrivebordet ditt
i din stue, i stua di,
din rapport, rapporten din.
c) Vi liker ...
vårt arbeid, arbeidet vårt,
vår mor, mora vår,
våre jobber, jobbene våre,
vår bror, broren vår,
vårt barn, barnet vårt.

7

a) vårt kjøkken/kjøkkenet vårt
b) mine brødre/brødrene mine
c) hennes kniv/kniven hennes
d) hans gafler/gaflene hans
e) deres skje/skjea (skjeen) deres
f) dine tallerkener/tallerkenene dine
g) deres glass/glasset (glassene) deres
h) min mat/maten min
i) hans bord/bordet (bordene) hans
j) deres restaurant/restauranten deres
k) din kake/kaka di (kaken din)
l) vårt syltetøy/syltetøyet vårt
m) deres kaffe/kaffen deres
n) hennes skinke/skinka hennes (skinken hennes)

11

Kraje

Norge – norsk
Hellas – gresk
Brasil – portugisisk
Canada – fransk/engelsk
Tyrkia – tyrkisk
Sveits – fransk/tysk/italiensk
Storbritannia – engelsk
Østerrike – tysk
Russland – russisk
Argentina – spansk
Polen – polsk
Island – islandsk
Vatikanstaten – italiensk/latin
Sverige – svensk

1

a) det brune skapet
b) den varme koppen
c) det store brødet
d) den røde døra
e) de røde sengene
f) de store vinduene
g) den rare personen
h) det rolige huset
i) den mørke skogen

2

Brødet er godt.
Rundstykkene er billige.
Jeg vil ha en liten leilighet.
Huset er stort.
Jeg vil kjøpe fem gode rundstykker.
Vi trenger mange fine poteter.
Dette huset er dyrt.
Dette er et billig hus.

3

Det irske flagget er grønt, hvitt og oransje.
Det svenske flagget er blått og gult.
Det greske flagget er blått og hvitt.
Det italienske flagget er grønt, hvitt og rødt.
Det tyske flagget er svart, rødt og gult.
Det sørafrikanske flagget er rødt, hvitt, grønt,
    gult, svart og blått.
Det østerrikske flagget er rødt og hvitt.

6

a) Hvilket hus bor du i?
b) Hvilken telefon ringer?
c) Hvilke bilder liker du?
d) Hvilken oppvaskmaskin er god?
e) Hvilken jobb vil du ha?
f) Hvilke smerter er farlige?
g) Hvilken butikk er billig?
h) Hvilket bord vil du kjøpe?

12

2

Hva skal Erna kjøpe? Kanskje disse gulrøttene? Eller disse potetene?
Denne oppvaskbørsten er for dyr. Men hun skal i hvert fall kjøpe denne osten. Er dette brødet godt?

3

Jeg sto opp klokka 7. Så spiste jeg frokost og dusjet. Kl. 8 gikk jeg ut av huset og tok bussen til byen. Jeg var på kontoret kl. 9. Der arbeidet jeg til kl. 11. Da spiste vi lunsj. Fra kl. 11.30 til kl. 17 arbeidet jeg igjen. Etterpå tok jeg bussen hjem og spiste middag. Kl. 19 spilte jeg tennis med en venn. Så så jeg på TV og spiste kveldsmat. Kl. 23 la jeg meg og sov.

5

a) Er butikken der?
b) Du må gå ned denne gata.
c) Apoteket ligger her.
d) Kommer du hjem?
e) Skal han vente der?
f) Det er to senger her, men jeg vil ikke sove oppe.
g) Vi må sende ut mange e-poster i dag.
h) Vil du gå ut med oss på lørdag?
i) Må vi sitte inne i dag?
j) I dag arbeider Stian hjemme.
k) Kommer du hit?
l) Bakeriet er der borte.

13

Posiłek w restauracji

Har du et ledig bord for fire personer? – Ja,
    her ved vinduet.
Kan vi sitte her? – Ja, selvfølgelig.
Vil dere spise? – Ja. Kan vi få menyen?
Kan du anbefale noe? – Ja, dagens fisk, for
    eksempel.
Hva vil du drikke? – Jeg tar et glass øl, takk.
Har dere italiensk rødvin? – Ja, men den står
    ikke på menyen.
Er det mulig å få dagens suppe uten kjøtt? –
    Selvfølgelig. Det er mulig.
Er det svinekjøtt i denne retten? – Nei, bare
    kylling.
Har dere vegetariansk mat også? – Nei,
    dessverre.
Kan jeg få regningen? – Ja, det kan du. Hvordan vil du betale?

3

Pamiętaj o szyku zdania. Używając perfektum, automatycznie wprowadzasz do zdania drugi czasownik.

a) Per har våknet.
b) Maria har kommet til kaféen.
c) Hun har spist sjokolade.
d) Hun har ikke begynt å arbeide.
e) Stefan har åpnet vinduet.
f) Han har sendt en e-post.
g) Susanne har fått en gave.
h) Hun har gått på Internett.

i) Jeg har tatt bussen kl. 6.40.
j) Jeg har ventet i en time.
k) De har ikke sett det grønne huset.
l) Jeg har gjort mye i dag.
m) Martha har bodd i Bergen.
n) Hun har ikke sagt mye.
o) Jeg har spurt etter veien.
p) Jeg hat sett det på TV.
q) Jeg har hørt deg.
r) Stefan har sluttet å arbeide.
s) Han har snakket med meg.
t) Barnet har prøvd å gjemme seg.
u) Nils har følt seg bedre.
v) Jeg har lyttet på radio.
w) Pål har skrevet ei bok.
x) Det har snødd i to timer.
y) Erna har kjøpt mat.
z) Familien har kommet på besøk.
æ) Hun har betalt 345 kroner.
ø) Jeg har dratt til Oslo.
å) Mannen har stått på fortauet.

4
a) f.eks.: Kan du hjelpe meg?
b) f.eks.: Vær så snill og kom til meg.
c) f.eks.: Jeg vil gjerne ha en kopp kaffe.
d) f.eks.: Kunne jeg få menyen?
e) f.eks.: Jeg vil gjerne betale, takk.

5
a) Om to timer skal jeg treffe en venn.
b) For en time siden var jeg ferdig på jobben.
c) Om to dager skal jeg reise til Oslo.
d) I tre dager skal jeg være i Oslo.
e) For to dager siden var jeg i Bergen.
f) I to timer skal jeg snakke med Tor.
g) Om seks timer skal jeg legge meg.

6
a) Dagens suppe er ikke særlig dyr/så dyr/
koster ikke mye.
b) Det er veldig rolig i huset.
c) Den unge mannen spør mye.
d) Erna har gjemt papirlappen i Nils.
e) Det er ikke riktig.
f) Jeg har bodd i Oslo i 20 år.
g) Kan du gi meg menyen?/Kunne du ...?
h) Det koster 340 kroner.
i) Han har en eske i hendene.
j) Maten koster omtrent 200 kroner.

k) Så/Etterpå skal jeg legge meg.
l) Erna kommer fra Norge.

7
Med øynene kan man se.
Med føttene kan man gå.
Med nesen kan man lukte.
Med fingrene kan man gripe.
Med munnen kan man spise og drikke.
Med tunga kan man smake.
Med ørene kan man høre.
Med hodet kan man nikke.
Med hjernen kan man tenke.
Med lungene kan man puste.
Med tennene kan man bite.
Med huden og med fingrene kan man føle.

14

1
a) Kan du snakke fransk?
b) Liker du å lage mat?
c) Mia prøver å skrive norske tekster.
d) Har du prøvd å ringe meg?
e) Skal jeg hjelpe deg med oppvasken?
f) Min far begynner å arbeide kl. 7.00.
g) Hva vil du ha til middag?
h) I går måtte vi dra til legen med sønnen vår.
i) Han kan ikke se.
j) Jeg vil reise til Amerika.
k) Er du glad i å lage mat?

2
I dag må/vil Stefan rydde opp. Det ser ikke
bra ut på rommet hans. Telefonen ligger
på gulvet, og man kan nesten ikke se ut av
vinduene. Først må/skal han vaske vinduene.
Men han kan ikke åpne dem. Det snør ute!
Derfor begynner han med gulvet. Skal han
bare støvsuge eller bør han også vaske gul-
vet? Marit, Stefans kone, sier: «Du skal/bør/må
også vaske, ikke bare støvsuge.»
*Jak widzisz, w niektóre luki można wpisać
różne wyrazy, w zależności od tego, co takiego
chcemy wyrazić..*

3
Det var ganske sent. Nils hørte dusjen. Lise

pusset tennene. Så kom hun ut av badet. Hun
bar ei bøtte med vann. På kjøkkenet begyn-
te hun å vaske gulvet. Så gikk hun tilbake
til badet med bøtta, tømte den i doen og
tok støvsugeren ut av et skap. Støvsugeren
bråkte/bråket forferdelig. Endelig slo Lise av
støvsugeren. Med et fast grep tok Lise Nils,
gikk inn i stua, satte seg på sofaen sammen
med Nils og slo på TV-en.

4
Stian våknet kl. 5.00. Han hadde veldig vondt
i magen, og han var kvalm. Hva skulle han
gjøre?
   Han sto opp. Skulle han vente? Han prøvde
å lese ei bok. Men det/smertene ble bare
verre.
   Han måtte snakke med en lege. Kl. 7.00
ringte han til legekontoret.
   Han sa: «Hei, jeg heter Stian Jensen. Jeg
føler meg kvalm, og jeg har veldig vondt i
magen.»
   «Har du vondt/smerter i brystet også?»
   «Nei, det har jeg ikke.»
   «Det er bra. Kan du komme kl. 9.30?»
   «Ja, det kan jeg.»
   «Takk, ha det bra!»
   Nå er Stian hos legen. Legen trykker på
magen og sier:
   «Gjør det vondt her?»
   «Ja, litt.»
   «Kan du åpne munnen?»
   Stian åpner munnen.
   Legen sier: «Temperaturen er normal. Du
har spist noe galt. Legg deg i senga og vent til
i morgen, så blir det bedre/bra.»

15

1
a) Turisten spurte høflig.
b) Hun beveget/bevegde seg rart.
c) Susanne snakket frekt.
d) Lise gikk raskt.
e) Fredrik arbeidet godt.
f) De gikk langt.

2

a) En lærer snakker høflig med Susanne. Den høflige læreren sier: «Du arbeider raskt, Susanne.» Læreren er god. Han forklarer godt.
b) Hvorfor snakker denne mannen så rart? Han må være gal.
c) Er klokka 19.00 allerede? – Nei, klokka går galt.

3

interessant	kjedelig
huske	glemme
dyr	billig
bak	foran
opp	ned
langsom	rask
ung	gammel

4

På kjøkkenet har vi en stor komfyr.
Gulvet i gangen er av tre.
Vi må kjøpe et nytt teppe til stua.
Oppvaskmaskinen er ødelagt.
På dette soverommet er det to senger.
Fra vinduet ser man bakgården.
Vil du sitte i sofaen i stua?
Glassene er i det lille skapet ved døra.

6

a) Disse møblene er fine, synes jeg.
b) Telefonen ringer. Hvem er det? – En kunde, tror jeg.
c) Hvor er saksa? – Den ligger på bordet, tror jeg.
d) Han synes det var en dårlig idé.
*(W zależności od sytuacji, moglibyśmy też wpisać **tror**, na przykład jeśli osoba ta nie wie, jakie konsekwencje miał ten pomysł, ale wie, że wskazują one jednoznacznie na to, czy pomysł był dobry, czy zły.)*
e) Når sendte han denne e-posten? – I går, tror han.
f) Hva gjør Marthe? – Jeg tror hun er kokk.
g) Er hun en god kokk? – Ja, det synes jeg.
*(**Synes** oznacza, że spróbowałeś przygotowanego przez nią jedzenia. Jeśli odpowiesz **det tror jeg**, sugerujesz się jedynie jej reputacją, choć tak naprawdę nie wiesz, czy gotuje dobrze czy źle.)*

16

1

a) Jeg vil ikke kjøpe dette huset – jeg vil kjøpe et annet hus.
b) Ser du denne mannen? Nei, ikke denne – den andre mannen.
c) Per vil ha en annen telefon.
d) Den andre telefonen er ganske dyr.
e) Han vil også ha ei anna klokke.
f) Her har de bare en slags sjokolade, men i den andre butikken har de mange andre slags sjokolade.

2

I Oslo er det regn./I Oslo regner det.
I Kristiansand er det tåke.
I Bergen er det vind/blåser det.
I Ålesund skinner sola/er det sol.
I Bodø er det sludd.
I Tromsø er det opphold.
I Kirkenes er det snø.

5

a) Det vil/kommer til å regne i morgen.
b) På torsdag vil jeg besøke min tante, men jeg må ringe henne først.
c) Vil du få denne jobben?/Kommer du til å få denne jobben?
d) Jeg har så mye å gjøre! Jeg skal vaske opp, mate hunden og skrive en e-post til beste-faren min.
e) Når skal/vil du gå hjem?/Når kommer du til å gå hjem?
f) Hvor skal/vil du bo?/Hvor kommer du til å bo?
g) Skal/vil du spise lunsj med oss?
h) Martin skal/vil betale kontant.
i) Jeg skal/vil studere økonomi.
*Wybór pomiędzy vil i skal zależy od okoliczności – podjąłeś już decyzję, czy jeszcze nie? Wyraże-nia **kommer til å** możemy użyć jedynie, gdy coś wydarzy się na pewno. Na przykład w ostatnim zdaniu móglbyś nim zastąpić skal, ale brzmi to bardzo kategorycznie (nic nie powstrzyma cię przed studiowaniem ekonomii).*

17

Hva vet du om Norge?

1c – 2b – 3a – 4c – 5c – 6b – 7a – 8c –9c – 10a –11a – 12b

1

a) Kari har en bror som heter Stian.
b) De bor i en leilighet som er i Stavanger.
c) Jeg vil spise dette eplet som ligger på bordet.
d) Er det din sønn som venter foran huset?
e) Her er en kunde som vil kjøpe en billett.
f) Kunden kjøper en billett som koster 390 kr.
g) Jeg har kjøpt avisa som du leser hver dag.
h) Han sitter i sofaen som står i stua.
i) Han forklarer det som er viktig for henne.

4

Tor er en norsk gutt på 18 år. Han er snart ferdig med skolen. Han liker ikke skolen. Etter den kjedelige skoletida vil han gjerne oppleve noe gøy.

I sommer vil han derfor reise til England. Han kjenner noen engelske gutter fra før. Han vil besøke disse vennene.

Men i dag føler han seg ikke bra. Han har vondt i magen. Kanskje fordi han har spist mange grønne epler? De grønne eplene var ikke gode. Eller kanskje har han spist for mye suppe? Det var mye smør i suppa. Kjenner han en god lege? Ja, broren hans er lege. Broren heter Ivar. Han må gå til ham.

Ivar undersøker Tor. Han sier: «Alt er bra med magen din. Du må bare finne deg en god kokk.»

«Kan jeg dra til England, Ivar?»

«Ja, selvfølgelig. Men du må bare spise god mat. Et(t) rødt eple per dag er godt.»

5

a) I går fikk jeg besøk av en venn.
b) Du må snakke med Helge. – Jeg har allere-de snakket med ham.
c) Jeg har levd i Norge i femten år og trives fortsatt.
d) Ta av deg skoene! Jeg har vasket gulvene.
e) Kjøpte du fisk?/Har du kjøpt fisk? Jeg kan ikke se den.

*Używając **perfektum**, pod-
kreślasz rezultat, czyli to że nie
widzisz ryby.*

f) Marit bodde i Bergen fra 2005 til 2008.
g) Mange turister var i byen på søndag.
h) Kredittkortet er ødelagt. – Har du slått den riktige koden?
i) På tirsdag sendte jeg e-post til mange kunder.
j) Jeg hentet barna og besøkte Ida etterpå.
k) I går gikk jeg til legen.
l) Hvor er Emil? – Han dro/har dratt.

*Używając **perfektum**, pod-
kreślasz rezultat, czyli to że go
nie ma.*

m) Hjalp Emil deg med å rydde i stua i går?
n) Hvor er Nils? – Jeg har ikke sett ham.
o) Så du filmen om Paris på lørdag?

6

Kjeder du deg? Da kan du hjelpe Anne og meg. Vi vil lage mat. Vi har poteter her. Kan du vaske dem? De ligger ennå på bordet. Vi har også kjøpt kjøtt. Kan du skjære det opp? Nei, først kan du hjelpe oss med å vaske kjøkkenet. Det ser ganske dårlig ut. Etterpå må vi vaske gulrøttene. Men hvor er de? Har du sett dem? Å, vi har kanskje glemt å kjøpe dem! Kan du gå til butikken? Den ligger ved jernbanestasjonen. Du kan allerede se den når du går ut fra huset. Gleder du deg til maten? Jeg gleder meg, og Anne gleder seg også.

7

a) Om vinteren er det kaldt i Norge, men i vinter var det ganske varmt.
b) På mandag var det litt regn.

c) På søndager går vi ofte på tur.
d) I tre måneder har det bare vært snø.
e) Om tre måneder begynner sommeren.
f) På mandager har vi alltid mange kunder.

18

1

a) Han glemte at Lises bror ikke spiser frokost hver dag.
b) Vi ønsker at dere snart finner en leilighet i byen.
c) Hun tenker at svart kaffe ikke er fristende.
d) Du kommer hvis dattera di blir frisk.
e) De synger når noen har bursdag.
f) Han liker det når servitøren på kaféen er høflig.
g) Han gjør som om han ikke husker dagdrømmen.
h) Det føles som om ingen kjenner Ernas store hemmelighet.
i) Du ser ut som om du er syk og trenger medisin.
j) Jeg ringer alltid når alle er opptatt og spiser.
k) Hun bestiller når servitøren gir henne menyen.
l) Vi fortsetter å snakke når du endelig slutter å arbeide.

2

a) Han har kanskje lyst på kjøttkaker i tillegg./Kanskje har han lyst på kjøttkakter i tillegg./Kanskje han har lyst på kjøttkaker i tillegg.
b) Vil hun kanskje åpne vinduet?/Kanskje vil hun åpne vinduet?/Kanskje hun vil åpne vinduet?
c) Du trenger kanskje noen som hjelper deg./Kanskje trenger du noen som hjelper deg/

Kanskje du trenger noen som hjelper deg.
d) Jeg rydder kanskje stua i dag hvis du er snill/Kanskje rydder jeg stua i dag hvis du er snill./Kanskje jeg rydder stua i dag hvis du er snill.
e) Har du kanskje allerede ryddet?/Kanskje har du allerede ryddet?/Kanskje du har allerede ryddet?

3

a) Når det snør, trenger man varme votter.
b) Når det er sludd, trenger man ei god lue, et skjerf og ei regnjakke.
c) Når det er klart, trenger man ei fin skjorte.
d) Når det er svak vind, trenger man en varm genser.
e) Når det er orkan, trenger man gode sokker og fjellsko.
f) Når det er regnbyger, trenger man lange bukser.
g) Når det er varmt ute, trenger man et kort skjørt.

4

Hun leste noe om været i en avis og spiste noen småkaker. Plutselig ringte noen på døra.

«Hei du! Har du lyst til å gjøre noe i kveld?» sa hennes venninne.

«Åh, det er synd! Jeg sa til noen av naboene at jeg hjelper med å bære noen møbler og noen klær.»

«Men jeg kan kanskje hjelpe med noe? Kanskje hente noen bøker ned fra hyllene eller lage noe mat?»

«Det er en bra idé. Jeg skal spørre noen om de trenger deg.»

«Vent, skal vi ta noen småkaker og kaffe med oss? Noe å spise og drikke er alltid bra!»

19

1

Oslo er en fin by jeg ønsker å se snart.
Hurtigruta er en båt som går hver dag.
En lærer er en person som arbeider i skolen.
Jeg lagde ei kake du ikke ville smake.
Tromsø er en interessant by som ligger i Nord-Norge.
Du likte TV-serien om Norge vi så på i går.
Nils så en film som var helt fantastisk.
Den handlet om et veldig fint land han hadde lyst til å se.

2

f.eks.:
Hver dag lager vi alltid mat og spiser sammen./Vi lager mat hver dag og spiser alltid sammen.

Han har av og til gode idéer, men gjør ikke notater./Han gjør av og til notater, men har ikke gode idéer.

Hver dag tenker Susanne at hun gleder seg til skolen./At hun gleder seg til skolen, tenker Susanne hver dag.

Hvis man har vondt i magen, må man være forsiktig./Man må være forsiktig hvis man har vondt i magen.

3

I en skobutikk finner man: Støvler
På et apotek finner man: En hudkrem, en hodepinetablett, en parfyme
I en teknikkbutikk finner man: En DVD, en mobillader, et batteri, ei lampe

I en matbutikk finner man: En agurk, et (rund-stykke,) (en hodepinetablett), (toalettpapir), småkaker, (et brød,) kjøtt, et godteri

I en klesbutikk finner man: Bukser, en genser, en hårbørste

I en kiosk finner man: En bussbillett, et bykart

I et bakeri finner man: Et rundstykke, et brød

På posten/posthuset finner man: En konvolutt, en eske for å sende en pakke, et frimerke

I en interiørbutikk finner man: Ei seng

5

a) f. eks. «Ja, det kan du.»/«Nei, han er dessverre ikke hjemme.»

b) f.eks.: «Jeg kan godt komme bortover.»/«I dag har jeg ikke tid.»

c) f.eks.: «Jeg kan kjøpe noen poteter til deg.»/«Nei, det rekker jeg ikke.»/«Jeg har dessverre ikke poteter hjemme.»

d) f.eks.: «Ring legevakta, jeg kommer bortover til deg i mellomtiden.»

e) f.eks. svar: «Jeg har ikke tid i dag, men du kan ringe Henriette.»/«Ja, så klart kan jeg det! Vi sees!»

20

Codzienne zwroty
4–6–9–7–14–3–8–2–11–13–10–5–12–1

1

Lise ønsket alltid å bli lærer. Nå er hun en god sykepleier. I forgårs traff hun en russisk mann, en amerikaner og en italiener. Russeren er en bra lege, amerikaneren er tannlege og italieneren er en ung student. Hun snakket også med en muslim og en ung katolikk. Hun jobber som redaktør og gleder seg til å bli pensjonist snart. De har kjøpt leilighet. De må ta bussen til byen og vil kjøpe bil snart.

2

På lørdag var jeg lenge på en bursdagsfest hos en venn. Festen var på et sted langt fra huset mitt. Først så vi lenge på en film, så spiste vi ute lenge. Bordet sto langt fra huset. Før festen prøvde jeg lenge å treffe min venn. Da vi spiste, satt han langt fra meg. Vi kunne ikke snakke mye og lenge denne kvelden. Klokka kvart på to ringte jeg en drosje, men måtte vente lenge til den kom. Veien var lang, derfor tok det lang tid å komme hjem.

4

a) Morten har et fint hus som er i Hamar.
b) Stine går på tur selv om sola ikke skinner.
c) Bjørn kan ikke dra på ferie fordi han ikke har penger.
d) Birgitte har en hund som ofte er syk.
e) Når været er dårlig, kan vi ikke dra på tur.
f) Hilde sier at hun ikke kan komme i kveld.
g) Hilde kan ikke komme på besøk fordi hun ikke føler seg bra.
h) Før jeg går på jobb, skal jeg spise frokost.
i) På lørdager og søndager vil jeg ikke arbeide.
j) Hvis det ikke snør, kan vi gå på tur.
k) Før Erna skal reise til Tromsø, vil hun komme på besøk.
l) Tromsø er en by hvor sola ikke skinner om vinteren.

5

Jeg heter Liv og arbeider som lege på sykehuset. Vanligvis må jeg allerede stå opp rundt kl. 5.00, for vi begynner å arbeide kl. 6.00. Jeg spiser frokost og dusjer før jeg drar på jobben, men jeg leser ikke avisa. Der er det bare dårlige nyheter! Jeg liker å ta bussen til sykehuset, for det går ganske fort med bussen. Men etter jobben liker jeg å gå. Da kan jeg slappe av og være i naturen.

Når jeg begynner på jobben, må jeg først snakke med de andre legene. Etterpå vet jeg hva jeg må gjøre. Så besøker jeg pasientene mine og snakker med sykepleierne. Kl. 11.30 spiser jeg lunsj. Etter det arbeider jeg fram til kl. 14.00. Jeg spiser middag med familien min når jeg kommer hjem. Sønnen min liker å lage mat. Det er veldig bra for meg og mannen min – da har vi ikke så mye å gjøre hjemme.

21

1

Dagen før reisen besøker Erna familien. Hun går inn i stua. Der ser hun et bord, fire stoler, en sofa og en kommode. Lise sitter i sofaen. Lars er på kjøkkenet og steker kjøtt i kasserollen/en kasserolle. Susanne sitter ved bordet. Erna spør Susanne hvordan det går på skolen. Men Susanne vil ikke snakke så mye om skolen. Hun vil heller snakke om hester. Hun har nemlig begynt å ta ridetimer. De snakker også om Nils – Nils er en gave fra Erna. Da kommer Lars med maten.

2

a) Har Lise kjøpt et brød? – Hun har kjøpt sju/syv brød.
b) Har du et glass? – Jeg har 21 glass.
c) Kan vi se en film? – Vi kan se to filmer.
d) Har Lars lest ei bok? – Han har lest 13 bøker.
e) Har Stine en bror? – Hun har tre brødre.
f) Har Lars og Lise et barn? – De har to barn.
g) Kan dere gi meg en kniv? – Vi kan gi deg atten kniver.
h) Har Lars og Lise et soverom? – De har to soverom.
i) Skal du ringe en kunde i dag? – Jeg skal ringe elleve kunder i dag.
j) Kan jeg få et stykke papir? – Du kan få fjorten stykker papir.
k) Finnes det et bakeri i denne byen? – Det finnes åtte bakerier i denne byen.

5

a) Har du funnet en leilighet allerede?
b) I morgen skal Knut kjøre til Oslo.
c) I 1990 gikk jeg ennå på skolen.
d) Jeg vil gjerne ha en kopp kaffe, takk.
e) I dag har jeg mye å gjøre.
f) Jeg la meg kl. 21 og sov rett etterpå.
g) Han ringte meg kl. 22, men da lå jeg allerede i senga.
h) Marthe, jeg kan dessverre ikke komme på besøk i kveld.
i) Som sykepleier måtte jeg skrive mange rapporter.
j) Jeg hører deg dårlig. Hva sa/sier du?
k) I går sto jeg opp kl. 5.00 allerede.

219

l) Er Martin fra England? – Det vet jeg ikke.

m) Kom inn og sett deg. Her har vi en stol.

n) Er Tove her? – Nei, hun dro til Bergen.

o) Har du prøvd å ringe meg?

p) Nå har jeg sittet i sofaen i nesten to timer.

q) Var du hos mora di i går? – Nei, jeg måtte arbeide i går.

r) På mandag fikk jeg en interessant e-post av en venn.

s) Hvorfor tok du ikke bussen hit?

6

Jeg har to venner – Bente og Geir. Med vennene mine gjør jeg mange ting. Ofte lager vi mat på Bentes kjøkken. Kjøkkenet hennes er ganske stort. Geir har også et stort kjøkken, men kjøkkenet hans er ikke så pent. Og kjøkkenet mitt er veldig lite.

I dag vil vi lage suppe for kjærestene våre. Vi har invitert dem, og de kommer snart. Geir har kjøpt alt vi trenger. Men han har ikke fått pengene fra oss/meg ennå. Bente arbeider allerede. Hun er en god kokk. Geir er ikke en så god kokk, men det går fint å arbeide med ham.

Geir er glad i litteratur, og han forteller oss/meg ofte om nye bøker. Men bøkene hans er kjedelige, synes jeg. Jeg liker å gå på skiturer, og jeg vil heller snakke om turene mine. Av og til går jeg på tur med Geir og Bente, men arbeidsuka deres er så lang, og da har de ikke så mye tid.

Nå kommer kjærestene våre. Jeg skal åpne døra for dem.

Har du også gode venner? Hva gjør du med vennene dine?

7

a) Hun sa at hun måtte arbeide.

b) Han visste at han ikke kunne komme på besøk.

c) Han måtte ta trikken.

d) Han spurte om han burde snakke med en lege.

e) Hun tenkte at hun jobbet for mye.

8

a) Han tenker på å lete etter ny jobb.

b) Hun gleder seg til å gå på Bach-konserten.

c) Den unge læreren arbeider med å skrive ei bok om Norge.

d) I dag må jeg begynne med å vaske gulvene.

22

3

Tror du at søstra di er glad i gaven?

Synes du at vi skal bytte TV-kanal snart?

Tror du at vi har glemt kvitteringen?

Tror du at det regner i dag?

Synes du at religion er viktig?

Synes du at filmen var god?

Tror du at butikken er døgnåpen?

Tror du at vi finner veien tilbake?

Tror du at postkontoret er åpent nå?

Synes du at poteter smaker godt?

Synes du vi skal spise her igjen?

Synes du at jeg er pen?

Tror du at han vet hva han gjør?

Synes du at det er viktig å gå på skolen?

4

f.eks.:

Jeg går ut!

Blir du med ut på byen?

Gå ut av døra og lukk den etter deg.

Ut på tur, aldri sur.

Jeg liker å være ute.

Kan vi spille fotball ute?

Ute er det frisk luft.

Sol ute, sol inne, sol i hjertet, sol i sinnet.

23

1

Jeg klarer det ikke! Jeg kan ikke bake kaker. Skal/burde/bør han ikke kjøpe bursdagsgaven snart?

Hun er allergisk. Hun må/burde/bør/kan ikke drikke melk.

Barn skal/burde/bør ikke være ute etter kl. 22 om kvelden.

Du skal/må/burde/bør spise grønnsakene dine selv om du ikke vil.

Man burde/bør drikke mye vann hver dag.

Vil det regne i dag? – Nei, det vil snø.

Dere skal/må/burde/bør rydde nå! Jeg vil/skal ikke gjøre det for dere igjen.

Skal/burde/bør/vil du ikke ringe mora di når du er hjemme?

(Jak widzisz, możliwości jest wiele, w zależności od tego, co takiego chcemy wyrazić.)

2

Susanne er veldig glad i broren sin. Hennes bror heter Per og er 16 år gammel. De har ei bestemor. Noen ganger kommer Erna, bestemora deres/hennes, på besøk. Lise er dattera hennes og mora deres. Lars er faren i familien og liker sin familie. Susanne er dattera hans. Hans datter er ikke veldig glad i nissen sin. Hennes nisse ble lagd av Erna. Alle liker å bo i huset sitt. Susanne liker sitt rom. Hennes rom er fint og gult. Per har også sitt rom, men han liker hennes rom også. Mora og faren deres har også et rom. Rommet deres er større enn hennes og hans rom.

3

Vegard kan ikke fine nøklene sine. Han hadde dem ennå i går, men nå er de ikke på bordet. Egentlig ligger de alltid på bordet. Han snakker med Hilde, kjæresten sin: «Hilde, har du sett nøklene mine?»

«Nei, Tor, men jeg kan ikke finne togbilletten min. Vet du hvor den er?»

«Nei, jeg har ikke sett den. Vi må lete etter den og etter nøklene mine.»

Vegard går rundt bordet. Har han allerede lett under det? Nei! Han ser under bordet, og hva ligger der? Nøklene hans! Nå må Hilde finne billetten sin. Hun sier:

«Vegard, kan du ikke hjelpe meg?»

«Nei», svarer Vegard. «Jeg kan ikke hjelpe deg, for jeg har ikke tid. Du må selv finne billetten din.»

6

a) Dette spørsmålet er viktig.

b) Denne genseren er varm.

c) Denne familien er snill.

d) Disse jentene er snille.

e) Dette spørsmålet er dumt.

f) Denne vesken er åpen.

g) Dette hotellet er grønt.
h) Disse blomstene er blå(e).
i) Denne beslutningen er viktig.
j) Dette landet er lite.
k) Denne stormen er sterk.
l) Disse telefonene er nye.
m) Dette bordet er billig.
n) Disse vottene er varme.
o) Denne byen er kjedelig.
p) Dette språket er vanskelig.
q) Dette badet er hvitt.
r) Denne kofferten er liten.
s) Denne reisen er interessant.
t) Disse sengene er små.
u) Dette skjørtet er langt.
v) Dette rommet er mørkt.
w) Denne dama er hyggelig.
x) Denne dusjen er trang.
y) Dette toget er langt.
z) Disse bøkene er tunge.
æ) Dette kjøkkenet er stort.
ø) Dette krysset er farlig.
å) Disse møblene er små.

24

Kjærlighet og følelser

Odd: Vet du at Berit har fått seg kjæreste?

Silje: Nei! Vet du hvem han er? Kjenner du ham?

Odd: Kjenner du Thomas? Han kjenner deg og vet hva du heter.

Silje: Ah, hun er sammen med Thomas! Men er hun ikke gift med Geir?

Odd: Nei. De er skilt nå. Jeg vet sikkert at Geir har vært forelsket i en kollega i mer enn ett år. Jeg så at han kysset henne da han ennå var gift med Berit.

Silje: Visste Berit den gang at Geir var forelsket i en kollega?

Odd: Ja, hun visste det. Hun kranglet mye med Geir.

Silje: Stakkars Berit. Hun var sikkert skuffet og følte seg ensom. Man tror at man kjenner noen og så finner man ut at man ikke vet/visste noe om dette mennesket.

Odd: Ja, men det var jo også en sjanse. Hun har aldri følt ekte kjærlighet og venn-

skap. Hun har kjent Geir siden hun var 15 år, og de giftet seg tre år senere, fikk barn da de var unge ...

Silje: Du snakker så stygt om henne. Det er flaut. Vis litt medfølelse med henne!

Odd: Jeg viser jo medfølelse! Jeg er veldig glad for at hun nå elsker Thomas. Og jeg vet at Thomas er veldig glad i henne. Hvordan er det forresten med deg og kjæresten din?

Silje: Kan jeg stole på deg? Jeg skal fortelle deg noe. Men ingen kan vite det ...

2
a) Hvis Erna går raskt, kommer hun ikke for sent.
b) Hvorfor spør hun så dumt?
c) Han kan ikke få jobb fordi han arbeider veldig langsomt.
d) Jeg liker å lese e-postene hennes for hun skriver så pent.
e) Vi kan gå, men hvis det regner sterkt, tar vi heller trikken.
f) Om morgenen liker jeg en varm dusj.
g) Jeg vil ikke kjøre med Stian fordi han kjører ganske farlig.

3
a) Da toget stopper, er hun akkurat ferdig med frokosten.
b) I dag kan toget til Bodø være noe forsinket.
c) Erna finner ham forhåpentligvis ikke!
d) Han kunne nesten ikke puste da hun gjorde det.
e) Da hun er ferdig med ostesmørbrødet sitt, ser hun ut av vinduet igjen.
f) Etter middagen åpnet hun ikke håndvesken.
g) Da de var ute på gata, hørte han at Erna begynte å gråte.
h) At hun må kjøpe billett, vet han ikke.
i) Da hun la en lapp i et påskeegg som hun ga til Per, skjedde det samme.

4
a) Det forstår jeg ikke.
b) Jeg har glemt hva hun sa.
c) Togbilletten koster dessverre ganske mye./ Togbilletten er dessverre ikke billig.
d) Kanskje toget er forsinket.
e) Geir leter etter jobb.

f) Jeg kan ikke finne telefonen min.
g) På mandager har vi det alltid ganske hektisk.
h) Jeg synes ikke at norsk mat er særlig/så/ veldig god.
i) Nils var ganske forbauset da han så Emil for første gang.
j) Hun trives i Oslo, men det er så dyrt å bo der.

25

Økonomi

Jeg har ikke råd til å kjøpe leilighet. – Du bør leie og ikke kjøpe.

Jeg har abonnert på to aviser. – Kan du ikke lese nyhetene på internett?

Jeg må kjøpe ny bil. – Kan du ikke ta bussen?

Jeg kjøper alltid mat på bensinstasjonen. – Det er bedre å handle på butikken.

Jeg må kjøpe nye møbler. – Brukte møbler er mye billigere.

Jeg vil ta opp et lån for å reise til USA. – Kan du ikke spare penger først?

1
Selv om Norge ligger langt mot nord, er det ikke så kaldt om vinteren som man tror. Inne i landet kan det likevel være mye kaldere enn for eksempel i Bergen eller Stavanger. Det kaldeste stedet i Norge er Karasjok. Om sommeren er det varmere på Østlandet enn i Nord-Norge. Den varmeste måneden er stort sett juli.

Lise er eldre enn Susanne, men hun er omtrent like gammel som Lars. I familien er Erna eldst. Susanne er yngre enn Per, men Nils er yngst.

Den lengste dagen i Norge – som i alle andre land i Europa – er den 21. juni, og den korteste dagen er den 21. desember. Om vinteren er nettene lengre i Nord-Norge enn på Sørlandet, men om sommeren er dagene kortere på Sørlandet enn i Nord-Norge.

For Erna er det tungt å snakke om hemmeligheten hennes. Det er tyngre for henne å snakke om den enn å skrive den på en papirlapp. Hun synes det er lettere å snakke med

Hege enn med familien. Men det tyngste er at hun ikke klarer å snakke om den.

I Bergen bor det flere mennesker enn i Stavanger, men færre mennesker enn i Oslo. På Østlandet har vi færre dager med regn enn i Nord-Norge, men de fleste regndagene har vi på Vestlandet. I Bergen regner det mer enn i alle andre byer i Europa. Men i Bergen er det mindre snø enn i Oslo.

Kjenner du et bra/godt utested? Jeg har lyst til å spise noe bedre enn i går, men jeg kjenner ingen bra/god restaurant. Mange sier at det er bra/godt å spise italiensk mat, men jeg liker meksikansk mat bedre. Hva er den beste middagen du noensinne har spist? Hva likte du best?

Jeg husker ikke én rett som var god, jeg husker bare den verste retten, og den var enda verre enn hurtigmat. Den så ille/vond ut, luktet enda verre og smakte ille/vondt. Etterpå hadde jeg vondt i magen, og det ble verre dagen etter. Det var aller verst da jeg prøvde å spise noe.

I går så jeg en liten gutt med en hund. Hunden var nesten så stor som en hest – i hvert fall mye større enn gutten. Det var den største hunden jeg noensinne har sett. Den lille gutten hadde store problemer med å holde den store hunden. Men et lite øyeblikk senere kom det ei lita jente – hun var mindre enn hunden, men litt større enn gutten. sammen klarte de å holde hunden.

Marit, kan du hjelpe meg? Jeg har et stort/lite problem. I går kjøpte jeg en genser, men nå ser jeg at den er for liten. Jeg har vasket den, men nå er den enda mindre. Den er blitt den minste genseren jeg noensinne har hatt! Mener du at jeg kan sende den tilbake til den lille/store butikken hvor jeg har kjøpt den? Jeg må kjøpe en annen genser som er litt større. Men det største problemet er at jeg ikke finner kvitteringen. Kan du hjelpe meg med å lete etter den?

Jeg synes denne boka er kjedelig, men denne oppgaven er den mest kjedelige oppgaven i hele boka.

3

Bjørn	55 år	350 000
Svein	32 år	530 000
Terje	47 år	327 000
Anders	63 år	487 000
Anna	28 år	327 000
Linda	27 år	244 000
Wenche	47 år	411 000
Mona	23 år	130 000

4

Vi trener fotball to ganger per uke, stort sett på mandager og på torsdager. Om sommeren trener vi egentlig ikke, men i sommer må vi trene likevel.

Nå trener vi også på fredager. For en uke siden tapte vi mot et lag fra Bergen. Om en uke skal vi spille mot Trondheim. Vi skal dra dit på mandag.

26

1

Så kjøpte Erna en billett. Nils så ikke ut av vinduet. Han ville så gjerne se noe for han likte TV-programmet om Norge så mye. Så tar han sjansen så han kan se noe. Han var så nervøs at det nesten gjorde vondt i magen. Han så ingenting, men så hoppet han på en stol og så hus og mennesker. Så gledet han seg (så) mye fordi han så ut av båten. Nils var så fornøyd at han bestemte seg for å gå ut så mye som mulig.

3

I Molde er det færre dager med sol enn i Arendal. Derfor trenger man lengre bukser i Molde.

I Ålesund er det sterkere vind enn på Hamar. Derfor trenger man en varmere genser i Ålesund.

I Røros er det lavere temperatur enn i Kristiansand. Derfor trenger man tjukkere sokker i Røros.

I Tromsø snør det mer/er det mer snø enn i Trondheim. Derfor trenger man bedre sko i Tromsø.

I Stavanger er det mer tåke enn i Fredrikstad. Derfor trenger man bedre briller i Stavanger.

I Fredrikstad er det varmere dager/er dagene varmere enn i Bodø. Derfor trenger man kortere T-skjorter i Fredrikstad.

4

Karina jobber/arbeider som lege. Hun studerte medisin i seks år. Da hun var ferdig, måtte hun først lete etter jobb. Men nå har hun funnet/fått en god jobb. Hun trives på jobben, men hun liker ikke å arbeide i helgene. Hun tjener bra og kunne derfor kjøpe leilighet for to måneder siden.

Øyvind jobber/arbeider med reklame. Han utdannet seg til kokk først, men han hadde problemer med å arbeide sent på kvelden. Derfor byttet/skiftet han jobb. Nå er han fornøyd med jobben sin, selv om han tjener mindre enn Karina.

Czasowniki nieregularne

infinitiv	presens	preteritum	perfektum
å bære		bar	har båret
å be		ba/bad	har bedt
å bli		ble	har blitt
å bryte		brøt/brøyt	har brutt
å dra		dro/drog	har dratt
å drikke		drakk	har drukket
å drive		drev	har drevet
å få		fikk	har fått
å finne		fant	har funnet
å forsvinne		forsvant	har forsvunnet
å gå		gikk	har gått
å gi		ga/gav	har gitt
å gjøre	gjør	gjorde	har gjort
å ha		hadde	har hatt
å hjelpe		hjalp	har hjulpet
å kunne	kan	kunne	har kunnet
å le		lo	har ledd
å legge		la	har lagt
å ligge		lå	har ligget
å nyte		nøt/nøyt	har nytt
å rekke		rakk	har rukket
å ri		red/rei	har ridd
å se		så	har sett
å selge		solgte	har solgt
å sette		satte	har satt
å si		sa	har sagt
å sitte		satt	har sittet
å skjære		skar	har skåret
å skrive		skrev/skreiv	har skrevet
å skulle	skal	skulle	har skullet
å slå		slo	har slått
å slippe		slapp	har sluppet
å snike		snek/sneik	har sneket
å spørre	spør	spurte	har spurt
å stå		sto/stod	har stått
å stjele		stjal	har stjålet
å stryke		strøk/strøyk	har strøket
å ta		tok	har tatt
å telle		talte/telte	har talt/telt
å treffe		traff	har truffet
å trekke		trakk	har trukket
å være	er	var	har vært
å ville	vil	ville	har villet
å vite	vet	visste	har visst

å avbryte	→å bryte
å foretrekke	→ å trekke
å forstå	→ å stå
å fortelle	→ å telle
å fortsette	→ å sette
å gjenta	→ å ta
å overdrive	→ å drive

Musisz się ich nauczyć. Wiem, że to nudne.

Gramatyka w pigułce

Rzeczowniki i przymiotniki

en (stor) kopp	(den store) koppen	(store) kopper	(de store) koppene
ei (stor) dør	(den store) døra	(store) dører	(de store) dørene
et (stort) hus	(det store) huset	(store) hus	(de store) husene
et (stort) vindu	(det store) vinduet	(store) vinduer	(de store) vinduene

Końcówki -t nie mają:
- przymiotniki kończące się na -ig, -sk
- wiele przymiotników kończących się na -t
- ny, blå, grå
- długie przymiotniki, np. moderne

100 kr	200 kr	300 kr
dyr	dyrere	dyrest
interessant	mer interessant	mest interessant

Susanne er rask. (przymiotnik)
Susanne går raskt. (przysłówek)

Zaimki

jeg — meg
du — deg
han — ham (han)
hun — henne (seg)
den — den (seg) } liker
det — det (seg)
vi — oss
dere — dere
de — dem (seg)

min/din/hans/hennes/sin/dets/dens/vår/deres/deres kopp
dør
mitt/ditt/hans/hennes/sitt/dets/dens/vårt/deres/deres hus
mine/dine/hans/hennes/sine/dets/dens/vårt/deres/deres dører

lub:

koppen min/din ...
døra mi/di...
huset mitt/ditt ...
dørene mine/dine ...

Czasowniki

infinitiv	presens	preteritum	perfektum		imperativ
å spise	jeg spiser	jeg spiste	jeg har spist		spis!
		jeg våknet	jeg har våknet		
		jeg bodde	jeg har bodd		
		jeg levde	jeg har levd		

Czasowniki modalne:

å ville	jeg vil	jeg ville		**!!!** *Jeg vil ~~å~~ spise ...*
å måtte	jeg må	jeg måtte		*... må ~~å~~ spise ...*
å kunne	jeg kan	jeg kunne		*...*
å skulle	jeg skal	jeg skulle		
å burde	jeg bør	jeg burde		

Zdania

Zdanie główne

pierwszy element · czasownik · (podmiot) · okolicznik · czasownik · dopełnienie · reszta

Zdanie główne i zdania podrzędne

Hun · tror · at · det · ikke · holder · med de to skjortene.

podmiot · czasownik · spójnik podrzędny · podmiot · okolicznik · czasownik · reszta

Wymowa

Norweska litera	Przykład	Regularna wymowa	Przykład nieregularnej wymowy	Nieregularna wymowa	Nieregularna wymowa oznaczona jako
a	å lage	jak **a** w polskim "tak"			
e	å trenge	jak **e** w polskim "ten"	her	jak norweskie **æ**	[æ]
krótkie e przed r	mer	połączenie dźwięku **e** oraz **r**	her	jak norweskie **æ**	[æ]
æ	å være	dźwięk między polskim **a** oraz **e**			
i	til	jak **i** w polskim "lis"			
o	onsdag	jak **u** w polskim "tu"	tog	jak norweskie **å**	[å]
u	du	dźwięk pomiędzy polskim **u** oraz **i**	nummer	jak norweskie **o**	[o]
ø	å føle	dźwięk pomiędzy polskim **e** oraz **o**			
å	å gå	jak **o** w polskim "rok"			
y	å bety	dźwięk **i** wymawiany ze ściągniętymi ustami			
ei	nei	połączenie dźwięku **æ** oraz **i**			
au	fortau	połączenie dźwięku **æ** oraz **u**			
øy	syltetøy	połączenie dźwięku **ø** oraz **y**			
ng	å ringe	podobnie do **n** w polskim "bank"			
r	å ringe	jak **r** w polskim "ryś"			
rt, rd, rl, rn	ferdig	**r** jest bezdźwięczne			
rs	først	jak **sz** w polskim "szyk"			
sl	Oslo	jak **szl** w polskim "szlak"			
skj, sj	kanskje	jak **sz** w polskim "szyk"			
ski, sky	brødskive	jak **sz** w polskim "szyk" poprzedzające norweskie **i/y**			
v	vei	jak **w** w polskim "wers"	selv	na końcu wyrazu często nieme	[sell]
ig	ligge	połączenie i oraz **g**	selvfølgelig	na końcu wyrazu wymawiamy tylko **i**	[selfølgelli]
kj	kjeller	jak **ś** w polskim "świat"			
ki, ky	kylling	jak **kj** poprzedzające norweskie **i/y**			
gj	gjøre	jak **j** w polskim "jak"			
gi	gi	jak **j** poprzedzające **i**	gitar	**g** oraz **i** wymawiane oddzielnie	[g-itar]
gy	gyldig	jak **j** poprzedzające norweskie **y**	gymnas	**g** oraz **y** wymawiane oddzielnie	[g-ymnas]
hj	å hjelpe	jak **j** w polskim "jak"			
d	dag	jak **d** w polskim "daj"	god	często nieme na końcu wyrazu oraz po **r** i długiej samogłosce	[goo]
ld	kveld	jak podwójne **l**			[kvell]
nd	blanding	jak podwójne **n**			[blanning]
en	magen	jak krótkie **e** przed **n**	morgen	czasem nieme na końcu wyrazu	[mårn]
et	snakket	jak połączenie **e** oraz **t**	eplet	w przypadku form określonych końcowe t jest nieme	nie oznaczone – zapamiętaj
eg	deg	połączenie dźwięku **æ** oraz **i**			[dæj]
hv	hvor	**h** jest nieme			[vor]
tj	tjene	jak **ć** w polskim "ćma"	tjue	jak norweskie **kj**	[kj]

Za trudne? Rzuć okiem na nasze filmiki objaśniające wymowę: www.skapago.eu/nils

Indeks słownictwa

Liczby oznaczają ćwiczenia z danego rozdziału, które obejmują wskazane słownictwo. X oznacza, że temat jest objaśniony w danym rozdziale.

rozdział	1	2	3	4	5	6	7	8	9	10	11	12	13	14	15	16	17	18	19	20	21	22	23	24	25	26
uprzejmość			x										x, 4													
ciało / wizyta u lekarza										x, 2, 3			7	4												
ubrania																		x, 3								3
kolory									x, 1, 2, 3		3															
kraje, narodowości											x, 3															
kierunki												x														
codzienne obowiązki									x		6					x, 2										
rodzina					x, 4, 6		2	5			6	4									1		2			
uczucia																					3			x		
jedzenie		3		2		3	x	1			x, 5	2	2								1					
meble/dom				x				1, 5	6		4				4					6	1					
hobby i wypoczynek																				x, 3		6			1	4
w kuchni				2			1, 3		3	7																
instytucje																				x						
styl życia / dieta																										x
media															x, 5					5						
pieniądze/finanse																							x, 3			
Norwegia																	x							1		3
liczby		4			x, 1				1, 2							3, 4			4		2					
w restauracji													1, 2													
szkoła/edukacja/praca																				5		x				4
pory roku, miesiące, święta															x4									2		
zakupy											x										3	x				
codzienne zwroty		x		x, 5		4															5	x				
mówienie o sobie				5					x														x			
czas / rozkład dnia						x, 2, 3, 7	x					3	x, 5							5						
transport																							x, 5			
pogoda															x, 2			3								3
pisanie tekstów		3		4							4, 5	3			5	4				3, 6			4, 5	5	1	

Indeks zagadnień gramatycznych

rozdziały	1	2	3	4	5	6	7	8	9	10	11	12	13	14	15	16	17	18	19	20	21	22	23	24	25	26
przymiotniki								x, 1, 2	x, 3	x	x, 1, 2, 3			x	2		4	3					6	2	1, 3	3
przysłówki															x, 1, 2								2			
alfabet																			x							
annen/annet																x, 1										
rodzajniki/rzeczowniki		x, 1		x, 2, 3			x, 1	x, 1, 2			1						4	3	3	x, 1	1, 2		6			
denne/dette/disse												x, 2											6			
przyszłość											x				x	5					5					
hvilken, hvilket, hvilke											x, 6															
ja/jo			2																							
kanskje																					x, 2					
kjenne/vite									x, 5															x		
langt/lenge																					x, 2					
like/vaere glad					5																					
man										x																
mange/mye										x, 5												2				
rzeczowniki/rodzajniki		x, 1		x, 2, 3			x, 1	x, 1, 2			1						4	3	3	x, 1	1, 2		6			
noe/noen (+ rzeczownik)							x									x		x, 4								
przyimki (hos/med/ved)																			x							
przyimki (i/på, over, under, bak)								x, 5	4								7								4	
przyimki (ruch, bezruch)												x, 5										4				
zaimki (det/den)			x, 3																							
zaimki (osobowe)		5			x, 2, 3	1				3							6				2, 6		3			
zaimki (dzierżawcze)					x, 6	x, 5				x, 6, 7											6		x, 2, 3			
pytania		2	x	x, 1			3																			2
szyk zdania	x, 2, 3			x, 4			3	x, 4		2						2	5	x, 1, 3	x, 2	4				2, 3		
slags											x															
som																	1		x, 1							
synes/tro														x, 6								3				
czasowniki (tryb rozkazujący)							x, 4														1					
czasowniki (bezokolicznik)			x, 4			6	3						1							8						
czasowniki (modalne)			x			x, 6						7	2											x, 1		
czasowniki (czas przeszły)						x, 8				4		x, 3, 4		3	1		5				5, 7					
czasowniki (czas teraźniejszy dokonany)													x, 3				5				5					
czasowniki (czas teraźniejszy)	x, 1		4																		5					
czasowniki (kończące się na -s)																							x			

www.ingramcontent.com/pod-product-compliance
Lightning Source LLC
Chambersburg PA
CBHW081655120626
46550CB00010B/2915

* 9 7 8 3 9 4 5 1 7 4 0 5 0 *